最新财会系列教材
LIXIN CAIKUAI XILIE JIAOCAI

KUAIJIXUE JICHU
会计学基础

（第五版）

丁元霖 主编

立信会计出版社
LIXIN ACCOUNTING PUBLISHING HOUSE

图书在版编目(CIP)数据

会计学基础/丁元霖主编. —5 版. —上海：立信会计出版社,2016.7
ISBN 978-7-5429-5195-3

Ⅰ.①会… Ⅱ.①丁… Ⅲ.①会计学 Ⅳ.①F230

中国版本图书馆 CIP 数据核字(2016)第 189945 号

策划编辑　蔡莉萍
责任编辑　蔡莉萍
封面设计　南房间

会计学基础(第五版)

Kuaijixue Jichu

出版发行	立信会计出版社
地　　址	上海市中山西路 2230 号　　邮政编码　200235
电　　话	(021)64411389　　传　真　(021)64411325
网　　址	www.lixinaph.com　　电子邮箱　lxaph@sh163.net
网上书店	www.shlx.net　　电　话　(021)64411071
经　　销	各地新华书店
印　　刷	上海肖华印务有限公司
开　　本	787 毫米×960 毫米　　1/16
印　　张	17.5
字　　数	320 千字
版　　次	2016 年 7 月第 5 版
印　　次	2018 年 6 月第 2 次
印　　数	3101—5200
书　　号	ISBN 978-7-5429-5195-3/F
定　　价	35.00 元

如有印订差错,请与本社联系调换

最新财会系列教材编写说明

为了满足高等财经类专业教学的需要,我们在立信会计出版社的支持下,出版了最新财会系列教材。该套教材包括:《会计学基础》、《财务会计》、《成本会计》、《税务会计》、《财务管理》和《管理会计》共六本,并同步出版了与教材相配套的习题与解答。

该套丛书的特点是:理论联系实际,深入浅出,通俗易懂;遵循循序渐进的原则,合理安排各门学科的教学内容,详略得当;教材之间既衔接紧密,又保持相对独立。各本教材的主要内容均由丁元霖执笔编写,连贯性好,系统性强;能根据会计改革的需要,不断地修订、充实、更新教材内容,因此深受读者欢迎。

目前,《财务会计》一书已出了第九版,印数达 35.26 万册;《会计学基础》一书已出了第四版,印数达 10.5 万册;《财务管理》一书也已出了第三版,印数达 5.1 万册;《成本会计》一书已出了第三版,印数已达 4.6 万册。总之,这套书的市场效应和社会效应都相当好。其中,《财务会计》荣获华东地区大学出版社第七届优秀教材、学术专著二等奖;《管理会计》一书荣获华东地区大学出版社第八届优秀教材、学术专著一等奖。

丁元霖
2016 年夏

第五版前言

　　本书自 2000 年 12 月出版以来,承蒙广大读者的厚爱,已印刷了 26 次,印数达 10.5 万册。

　　本书第四版问世已近 5 年,为了体现教材的先进性,作者对本书又进行了第四次修订,即为现在的第五版,并可提供与本书配套的教学课件。与本书配套的《会计学基础习题与解答》一书也将进行修订。

　　本书全面、系统地阐述了会计的含义、职能、对象和目标,会计基本假设、会计基础和会计信息质量要求,会计的方法,会计学及其体系,会计要素和会计等式,账户和复式记账,工业企业的会计核算,会计凭证和会计账簿,编制财务报告前的准备工作,账户的分类,财务报告,会计核算程序和会计工作的组织等内容。

　　本书的特点是,内容新颖、重点突出、详略得当,注重理论联系实际,注重基础知识、基本理论和基本方法的训练,做到深入浅出,通俗易懂。最突出的是财务报告一章,整个报表体系数据来源清楚,各个报表之间数据联系紧密,便于教师教学,也便于学生理解和掌握。本书修订后,结构更趋合理,内容也更趋完善。

　　本书共分十一章,第一章由丁辰修订,第二章至第十章由丁元霖修订,第十一章由刘芳源修订。刘芳源、杨炜之、潘桂群、丁辰、刘骥、应红梅、马淇照、孙伟桓、傅秋菊和吴峥参加了部分思考题和练习题的修订。全书由丁元霖主编并定稿。

　　因作者水平有限,疏漏之处在所难免,恳请广大读者通过电子信箱 dingyuanlin@hotmail.com 与我们联系。

编　者

初版前言

财政部1992年颁发的《企业会计准则》和《企业财务通则》，揭开了我国财务会计与国际会计接轨的序幕。8年来我国的会计工作处在不断地变革和完善之中。为了适应改革的需要，在21世纪之初，我们编写了这本《会计学基础》。本书可作为高等财经院校的教材，也可作为经济管理人员自学参考用书。

《会计学基础》是学习会计学专业的入门教材，其主要内容是阐述会计的基本理论、基本方法和基本技能，为学习《财务会计》和《成本会计》等后续教材打好基础。此外，本书也可以作为《工业会计》、《商品流通企业会计》等专业会计课程的基础教材。

本书涉及的知识面广，在编写过程中，采取抓住重点、详略适当的表现手法，对后续教材中不再涉及的内容进行详细阐述，而对后续教材中要详细阐述的内容，只略作铺垫，为后续教材打好基础即可，以避免不必要的重复。

本书共分十二章，第一章至第十一章由丁元霖编写，第十二章由陈德伍编写，刘芳源、丁辰和傅秋菊参加了部分习题的编写，全书由丁元霖主编并定稿。

由于作者水平有限，缺点错误在所难免，恳请广大读者批评指正。

编　者

目　　录

第一章　总论 ··· 1
　第一节　会计的含义和职能 ··· 1
　第二节　会计的对象和目标 ··· 5
　第三节　会计基本假设、会计基础和会计信息质量要求 ··············· 8
　第四节　会计的方法 ·· 13
　第五节　会计学及其体系 ··· 15
　思考题 ·· 17

第二章　会计要素和会计等式 ··· 18
　第一节　会计要素 ··· 18
　第二节　会计等式 ··· 26
　思考题 ·· 30
　练习题 ·· 31

第三章　账户和复式记账 ··· 34
　第一节　会计科目 ··· 34
　第二节　账户 ··· 37
　第三节　复式记账 ··· 39
　思考题 ·· 46
　练习题 ·· 46

第四章　工业企业的会计核算 ··· 49
　第一节　资金投入企业的核算 ··· 49
　第二节　供应过程的核算 ··· 52
　第三节　生产过程的核算 ··· 57
　第四节　销售过程的核算 ··· 66
　第五节　利润的核算 ·· 69

— 1 —

第六节　资金退出企业的核算 ·································· 73
　　思考题 ··· 76
　　练习题 ··· 77

第五章　会计凭证 ··· 84
　　第一节　会计凭证概述 ·· 84
　　第二节　原始凭证 ··· 85
　　第三节　记账凭证 ··· 90
　　第四节　会计凭证的传递和保管 ······························ 97
　　思考题 ··· 100
　　练习题 ··· 100

第六章　会计账簿 ··· 103
　　第一节　会计账簿概述 ·· 103
　　第二节　会计账簿的设置与登记 ······························ 106
　　第三节　记账规则和更正错账的方法 ························· 120
　　思考题 ··· 124
　　练习题 ··· 125

第七章　编制财务报告前的准备工作 ···························· 128
　　第一节　编制财务报告前准备工作概述 ······················ 128
　　第二节　确定期末存货成本 ··································· 130
　　第三节　期末账项调整 ·· 134
　　第四节　对账和结账 ··· 136
　　第五节　财产清查 ··· 140
　　思考题 ··· 150
　　练习题 ··· 150

第八章　账户的分类 ··· 155
　　第一节　账户分类概述 ·· 155
　　第二节　账户按经济内容分类 ································· 156
　　第三节　账户按用途结构分类 ································· 159
　　思考题 ··· 172
　　练习题 ··· 172

第九章 财务报告 ··········· 174
第一节 财务报告概述 ··········· 174
第二节 资产负债表 ··········· 177
第三节 利润表 ··········· 180
第四节 现金流量表 ··········· 185
第五节 所有者权益变动表 ··········· 195
思考题 ··········· 197
练习题 ··········· 197

第十章 会计核算程序 ··········· 201
第一节 会计核算程序概述 ··········· 201
第二节 记账凭证核算程序 ··········· 202
第三节 汇总记账凭证核算程序 ··········· 220
第四节 科目汇总表核算程序 ··········· 236
第五节 多栏式日记账核算程序 ··········· 243
思考题 ··········· 248
练习题 ··········· 249

第十一章 会计工作的组织 ··········· 254
第一节 组织会计工作概述 ··········· 254
第二节 会计机构和会计人员 ··········· 255
第三节 会计法规 ··········· 260
第四节 会计档案 ··········· 262
思考题 ··········· 264

第一章 总 论

第一节 会计的含义和职能

一、会计的含义

会计是指以货币作为主要计量单位,对一定单位的经济活动,通过收集、加工,提供以会计信息为主的经济信息,并为取得最佳经济效益,对经济活动进行控制、分析、预测和决策的一种经济管理活动。

会计作为一种经济管理活动,与社会生产的发展有着密切的联系。物质资料的生产是人类社会赖以生存和发展的基础。人类要生存就需要消费,无论是吃、穿、住、行都必须消耗物质资料,而要取得这些物质资料,就必须要进行生产活动。人们在生产活动中,只有投入一定量的劳动,耗费一定量的物质资料,才能生产出新的物质资料。在任何社会状态下,人们在进行生产活动时,总是期望以最少的耗费,生产出尽可能多的物质资料。因此,在进行生产的同时,必须对生产所发生的耗费和所取得的成果进行观察、计量、计算和比较,会计就这样应运而生了。

会计的内涵在其漫长的发展过程中,随着社会经济的发展而不断地丰富和深化。马克思曾经指出:"过程越是按社会的规模进行,越是失去纯粹个人的性质,作为对过程的控制和观念总结的簿记就越是必要,因此,簿记对资本主义生产比对手工业和农民的分散生产更为必要,对公有生产,比对资本主义生产更为必要。"[①] 马克思在这里所说的簿记就是会计。马克思在此向我们精辟地指出,生产愈发展,会计愈重要。为了适应生产方式的不断变革,会计的内涵也必然不断地丰富。

二、会计的产生和发展

人类从事会计工作的历史,可以追溯到社会发展的早期。我国上古时代,人们就使用了"刻木记数"、"结绳记事"的方法。在国外的古代社会,那些最原始的经济记录活动,如埃及的刻石、巴比伦的泥板等,就是会计产生的萌芽。由于在人类社会的早期阶段,社会生产力水平极其低下,没有剩余产品,因此,那时会计的经济记录活动极其简单,仅作为"生产职能的附带部分"在"生产时间之外附带地把收入、

---

① 《马克思恩格斯全集》第 24 卷,第 152 页。

支付日期等记载下来"①。

　　随着社会生产的不断发展,出现了剩余产品。生产过程中需要和记录的内容也逐渐地增加了。生产者已无暇兼顾会计的记录工作,会计就逐渐地"从生产职能中分离出来,成为特殊的、专门委托的当事人的独立的职能。"②据马克思考证,"在远古的印度公社中,已经有一个农业记账员。在那里,簿记已经独立成为一个公社官员的专职。"③原始公社记账员主要是记录公社内生产过程和生产成果及其分配,为原始公社利益服务的。

　　根据文字记载,我国早在西周时代就出现了"会计"一词,当时设有"司会"的官职,是掌管国家和地方财物赋税的官员。当时会计的含义是:既有日常零星的核算,又有年终的总和核算,以达到正确反映经济收支的目的。到了唐宋封建社会的鼎盛时期,农业、手工业和商业都空前繁荣,为了适应经济发展的需要,在会计核算上运用了"四柱结算法"。"四柱结算法"中的四柱是指"旧管"、"新收"、"开除"、"实在",其含义分别相当于目前会计术语中的"期初余额"、"本期收入"、"本期支出"和"期末余额",其结账的平衡公式为:"旧管＋新收＝开除＋实在"。这样既检查了日常记录的准确性,又分类汇总了日常的会计记录,使会计核算起到系统、全面和综合反映的作用,这在记账方法上是一大飞跃。这种记账方法用于当时的官厅会计。到了明末清初,随着经济的进一步发展,为了满足民间会计核算的需要,又在"四柱结算法"的基础上作了改进,产生了"龙门账",即将原来按"四柱"分类的账目,改为按"进"、"缴"、"存"、"该"分类,其含义分别相当于"本期收入"、"本期费用"、"资产"、"负债"。"进"与"缴"之间的差额反映"盈"或"亏";"存"与"该"之间的差额反映业主权益的"增加额"或"减少额"。年终结账的平衡公式为"进－缴＝存－该"。该公式的含义为:盈余(亏损)额＝业主权益增加(减少)额。将单式收付记账法改进为复式收付记账法,从而产生了我国最早的复式记账法。

　　12世纪至15世纪的欧洲,在地中海沿岸的佛罗伦萨、热那亚、威尼斯等城市商业已十分繁荣。活跃的商品经济及与其相互依存的借贷资本业,迫切要求通过会计核算能够全面、系统地获取经济活动的信息,于是产生了科学的复式借贷记账法。1494年意大利数学家卢卡·帕乔利(Luca Pacioli)在《算术、几何、比与比例概要》一书的第三篇《计算和记录的详论》(通称《簿记论》)中,全面、系统地从理论上阐述了威尼斯的复式借贷记账法,这是会计发展史上第一个里程碑。这一先进科学的记账方法很快在欧洲乃至全世界流传。卢卡·帕乔利被史学家尊称为"近代会计之父"。

　　18世纪末和19世纪初西欧开始的产业革命,使以工场手工业为主的生产组

---

①、②、③ 《马克思恩格斯全集》第24卷,第151页。

织形式向机器大工业过渡,生产迅速发展,生产的社会化程度越来越高。随着股份有限公司的出现,使得资本的所有权与企业的经营权相分离。公司的股东通常不直接参与或控制企业的生产经营活动,而是推选董事会,由董事会聘请经理人员来管理公司,这样,股东就需要了解公司的财务状况和盈利能力;而信贷业务的开展,使得债权人要了解企业的偿债能力。股东及债权人为了保护自身的利益,就要求股份有限公司的财务报告必须经过审计,以检查公司经营管理者履行职责的情况,这就导致了职业会计师的出现。1853年,英国在苏格兰成立了世界上第一个注册会计师专业团体——"爱丁堡会计师协会",该协会于1854年被授予皇家特许证,它的会计师被允许冠以"特许会计师"的标志。由此,会计开始成为一种社会专门职业和通用的商务语言,这是会计发展史上第二个里程碑。

20世纪50年代后,信息论、控制论、系统论、现代数学和行为科学等引入会计领域,丰富了会计的内容,传统的会计逐渐形成了为企业外部有关人士提供会计信息的财务会计和为企业内部管理人员进行决策提供信息的管理会计两个分支。管理会计的创立和日趋成熟,极大地丰富了会计的内容,这是会计发展史上第三个里程碑。

电子计算技术的进入会计领域,实现了会计信息的收集、分类、处理、反馈的电算化,提高了会计信息处理的及时性和准确性。

复式借贷记账法在清末才传入我国。中华人民共和国成立后,我国的会计得到了很大的发展。1985年1月,颁发了《中华人民共和国会计法》,将我国的会计工作纳入法治阶段。1992年11月,根据改革开放的深入和市场经济发展的需要,颁发了《企业会计准则》和各行业的会计制度,为我国会计尽快地与国际会计接轨创造了有利的条件。1997年5月以来,先后颁发了《企业会计准则——关联方关系及交易的披露》、《企业会计准则——现金流量表》、《企业会计准则——或有事项》和《企业会计准则——固定资产》等10多个具体会计准则,使我国的会计核算进一步与国际会计靠拢。1999年11月,颁发了修订后的《中华人民共和国会计法》,2000年12月,颁发了《企业会计制度》,2001年11月,颁发了《金融企业会计制度》,以进一步完善会计法律制度,规范会计行为,保证会计职能作用的发挥。2006年2月15日,颁发了新的《企业会计准则——基本准则》以及《企业会计准则第1号——存货》等38个具体准则,同年10月,又在此基础上发布了《企业会计准则——应用指南》以适应市场经济条件下对会计信息需求多元化的需要,使我国的会计事业在经济全球化的新形势下健康发展。

综上所述,会计是在生产实践中产生的,并随着社会生产的发展和经济管理的需要而不断发展、完善的。生产经营需要管理,管理需要会计。经济越发展,会计越重要。

三、会计的职能

会计职能是指会计在经济管理工作中所具有的功能。会计刚产生时,仅有核算的职能,随着会计的发展,逐渐又具有了监督的职能和参与经济决策的职能。因此,会计的职能是随着会计的产生而产生的,并随着会计的发展而发展的。

(一)会计核算职能

会计核算职能又称会计反映职能,是指运用货币形式,通过对经济活动进行确认、计量、记录、汇总和报告,将经济活动的内容转换成会计信息的功能。会计核算是会计最基本的职能,也是全部会计管理工作的基础。会计核算职能具有以下三个特点。

1. 会计核算以货币作为主要量度　　在会计核算过程中,往往要运用货币量度、实物量度和劳动量度,从数量上来反映不同的经济活动的内容。但是在商品经济的条件下,实物量度缺乏综合反映的功能;劳动耗费也无法广泛地利用劳动量度进行计量;而货币是特殊的商品,具有价值尺度的功能,能综合反映经济活动的过程和结果。因此,会计核算是以货币作为主要量度,而实物量度和劳动量度仅作为辅助量度。

2. 会计核算以真实、合法的原始凭证为依据　　单位发生经济业务后,必须填制或取得原始凭证,会计核算时必须按照财政部颁发的《企业会计准则》和《企业会计准则——应用指南》的规定,对原始凭证进行审核,只有真实、合法的原始凭证才能进行会计核算,从而反映真实、可靠的会计信息。

3. 会计核算具有连续性、系统性和完整性　　会计核算的连续性是指对各种经济业务应按其发生的时间先后顺序,依次连续地进行记录,不能中断;会计核算的系统性是指对各项经济业务既要进行相互联系的记录,又要进行科学的分类,以提供各种管理所需的会计信息;会计核算的完整性是指对所有的经济业务都必须进行计量、记录,不能有所遗漏。只有连续、系统、完整地进行会计核算,才能系统、全面地反映各单位的经济活动情况。

(二)会计监督职能

会计监督职能又称会计控制职能,是指控制、规范单位经济活动的运行,使其达到预定目标的功能。它是全部会计管理工作的核心,与会计核算有着密切联系,具有监督经济活动的合法性与合理性两个方面。

1. 监督经济活动的合法性　　会计要监督经济活动是否符合国家的财经政策和财经纪律;监督会计核算是否符合我国《会计法》和财政部颁发的《企业会计准则》和《企业会计准则——应用指南》的规定;监督会计核算反映的会计信息是否真实、完整。监督经济活动的合法性具有强制性、严肃性和权威性,它监督人们遵守国家制定的法令和政策。

2. 监督经济活动的合理性　　会计要监督经济活动是否按照事先确定的财

务目标和编制的各项定额、预算运行,及时反馈脱离预算的偏差,并及时采取措施予以调整。要监督好经济活动的合理性,必须要预先制定先进的、切实可行的定额,预算作为监督控制的标准,要有能及时、准确地反馈会计信息的方法和手段,还要有灵活地调节脱离定额、预算偏差的机制。

(三) 参与经济决策的职能

参与经济决策的职能是指为未来经济活动的效果进行分析预测,提供经济决策所需要的数据,帮助企业领导正确进行经济决策的功能。

经济决策是指确定经营活动如何开展的一种行为。进行经济决策,首先,要收集有关的以会计信息为主的经济信息进行分析;其次,根据分析的结果拟订各种不同的经营方案进行预测,衡量各个经营方案的得失;最后,在各个经营方案中选择确定最优的经营方案。在经济决策的一系列工作中,均由会计人员参与并发挥着积极的作用。

会计核算和会计监督是会计的两大基本职能,参与经济决策的职能是在两大基本职能的基础上发展而来的,会计的三个职能是相辅相成的。会计核算是进行会计监督和参与经济决策的基础,只有对经济活动进行正确的核算,会计监督和参与经济决策才能取得预期的效果。只有做好会计监督,才能使经济活动按预期的目的运行,以更好地发挥会计核算和参与经济决策的作用。参与经济决策是会计核算的延伸,为经济活动指明未来的发展方向。

第二节 会计的对象和目标

一、会计对象

(一) 会计对象概述

会计对象是会计的客体,也就是会计所反映和监督的内容。

马克思关于会计是"对过程的控制和观念总结"的论述,明确指出了"过程"是会计反映和监督的对象。这里的"过程"是指社会再生产过程。而社会再生产过程是在国家的指导下,由各个企业和行政事业单位共同进行的。各个企业和行政事业单位虽然工作的性质和任务各不相同,但是它们的经济活动却不同程度地与商品的生产、交换、分配和消费有着联系,都是社会再生产过程的组成部分。

无论是企业,还是行政事业单位,一切经济活动都离不开资金。为了开展经济活动,各单位必须拥有与其规模相当的资金。资金是指单位所有的各种财产物资的货币表现,包括货币本身。而会计的对象是指社会再生产过程中的资金及其运动。然而,工业企业、商品流通企业和行政事业单位虽然都有一定数额的资金,但是资金运动的形式却有所不同,现分别加以阐述。

(二) 工业企业的资金运动

工业企业是指组织进行产品生产和销售活动的、自主经营和自负盈亏的经济实体。

工业企业要开展经济活动,必须要有资金,企业在设立时,可以通过吸收投资者投资及向银行等债权人借款的方式筹集资金,从而使资金投入到企业。这部分资金通常是现金和银行存款,称为货币资金。货币资金的一部分用于购置厂房、机器设备等固定资产,形成固定资金;一部分用于购买原材料,从而形成储备资金;从货币资金转变为储备资金的过程称为供应过程。原材料从仓库进入车间投入生产,生产工人借助于机器设备对原材料进行生产加工,改变其原有的实物形态,使其成为产成品,从而形成成品资金;从储备资金转变为成品资金的过程称为生产过程,在这一过程中要消耗各种材料物资,机器设备要发生损耗,企业要支付生产工人工资和其他各种生产费用,形成生产资金。在这一过程中所发生的物化劳动和活劳动的耗费又转化为产成品的成本,形成成品资金。产成品销售以后,取得了产品销售收入,又收回了货币,从而成品资金又转变为货币资金,这一过程称为销售过程,在这一过程中要发生产品销售费用、其他各种费用和相关税费等。通常销售产品收入的货币资金要大于其生产产品所发生的成本和生产经营过程中所发生的费用,两者之间的差额是企业的利润。企业的利润一部分以企业所得税的形式交纳给政府,一部分以股利的形式分配给投资者作为其对企业投资的回报,于是,这两部分资金退出企业;其余的利润作为盈余公积和未分配利润,用于企业的自我积累,这部分的资金在未动用之前,也可以投入企业的生产经营活动。

工业企业的资金在生产经营过程中,经过供应、生产、销售三个过程,其资金的占用形态从货币资金起,依次转换为储备资金、生产资金、成品资金,然后又转换为货币资金,从而形成了资金循环,企业资金周而复始不断地循环形成了资金周转。工业企业资金的投入,资金的循环周转和资金的退出构成了工业企业的资金运动。现将工业企业的资金运动列示如图表1-1。

(三) 商品流通企业的资金运动

商品流通企业是指组织商品购销活动的、自主经营和自负盈亏的经济实体。

商品流通企业的经营活动比工业企业的经营活动简单,只有购进和销售两个过程,没有生产过程。商品流通企业在经营活动中,用一部分货币资金购买商场和其他经营设备等固定资产,形成了固定资金;用另一部分货币资金购买商品,形成了商品资金。从货币资金转变为商品资金的过程称为购进过程。商品通过销售以后,取得了商品销售收入,又收回了货币。从商品资金又转变为货币资金的过程称为销售过程。企业在购销商品过程中还会发生商品的采购费用、储存费用、销售费用和管理费用,以及固定资产的损耗和交纳的相关税费等各种费用,这些费用

图表 1-1

工业企业的资金运动

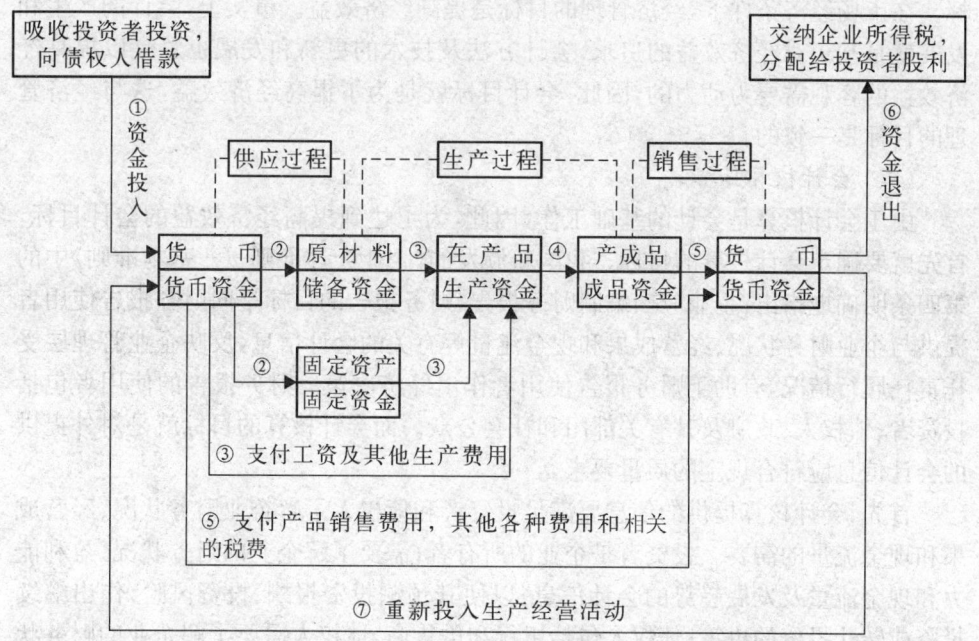

均从商品销售收入中得到补偿。企业的商品销售收入补偿了商品采购成本和各种费用后的余额是企业的利润。以后的资金运动形式与工业企业相同,不再重述。

(四)行政、事业单位的资金运动

行政单位是指行使政府行政管理,组织经济建设和文化建设,维护社会公共秩序的单位。例如,政府各级权力机关、行政机关、司法机关等。事业单位是指直接或间接地为生产建设和人民生活服务的单位和组织。例如,水利、气象、教育、卫生、科研及各种社会团体等单位和组织。

行政、事业单位是非盈利单位,其职责是完成政府赋予的各项任务。各单位的资金基本上是由政府拨付的。政府每年根据各单位的预算,拨付一定数额的资金,形成预算拨款;各单位在完成任务的过程中以货币形式支付的各种费用,形成预算支出。因此,行政、事业单位的预算拨款的取得和预算支出的付出构成了其资金运动。

二、会计目标和会计核算目标

(一)会计目标

会计目标是指在一定的客观环境和经济条件下,会计运行所期望达到的结果。它决定着整个会计活动过程的发展方向和方式,是会计运行的出发点和归结点。

它也决定了会计应提供什么信息,以及所提供信息的具体数量和质量。

由于会计是经济管理的重要组成部分,因此会计目标要从属于经济管理的目标。在市场经济条件下,经济管理的目标是提高经济效益。事实上,会计的产生和发展就是基于对经济效益的追求,会计方法及技术的更新和发展也总是以提高经济效益的客观需要为动力的,因此,会计目标就是为了提高经济效益,这与经济管理的目标是一致的。

(二)会计核算目标

由于会计核算是会计的基础工作,因此,为了达到提高经济效益的会计目标,首先就要确定会计核算的目标。我国新颁发的《企业会计准则——基本准则》中的第四条明确地指出:企业应当编制财务报告,财务报告的目标是向财务报告使用者提供与企业财务状况、经营成果和现金流量等有关的会计信息,反映企业管理层受托责任履行情况,有助于财务报告使用者作出经济决策。财务报告的使用者包括投资者、债权人、政府及其有关部门和社会公众。而会计核算的目标就是对外提供的会计信息应符合规定的质量要求。

首先,会计核算提供的信息要满足投资者和债权人了解企业财务状况、经营成果和现金流量的需要。投资者是企业的所有者,需要了解企业的财务状况、盈利能力和现金流量及发展趋势的会计信息,以便其预测投资报酬、投资风险,作出继续投资或转让投资的决策;债权人包括银行和供货商,债权人需要了解企业的财务状况、盈利能力、现金流量和资产变现程度,以便银行作出减少贷款或增加贷款的决策,供货商作出同意赊销或拒绝赊销的决策。

其次,会计核算提供的信息要符合政府及其有关部门的需要。由于会计工作是经济管理工作的重要基础,政府作为社会管理者,需要各企业遵守政府的政策和法规,提供真实可靠的会计信息,以便利用各种经济杠杆和法律、行政手段进行国民经济宏观控制、调节和引导。政府的税务部门需要了解企业的纳税情况,以便加强对企业税收的征管。

再次,会计核算提供的信息要满足企业加强内部经营管理的需要。企业管理者需要了解企业财务状况、经营成果、现金流量和成本水平的信息,以利于总结成绩、挖掘潜力,改善经营管理。

第三节 会计基本假设、会计基础和会计信息质量要求

一、会计基本假设

会计基本假设是指对会计核算所处的时间、空间环境等所作出的合理设定。

它是企业会计确认、计量和报告的前提。

在市场经济条件下,会计工作所处的社会经济环境极为复杂,人们通过长期的会计实践,逐渐地认识和掌握了经济活动的规律,对各种变化不定的经济现象作出了合乎客观规律的科学判断,以保证会计核算正确地进行。我国会计基本假设包括会计主体、持续经营、会计分期和货币计量四项。

(一) 会计主体

会计主体是指企业会计确认、计量和报告的空间范围。在会计主体假设下,企业应当对其本身发生的交易或者事项进行会计确认、计量和报告,反映企业本身所从事的各项生产经营活动。明确界定会计主体是开展会计确认、计量和报告工作的重要前提。

首先,明确会计主体,才能划定会计所要处理的各项交易或事项的范围。在会计工作中,只有那些影响企业本身经济利益的各项交易或事项才能加以确认、计量和报告。会计核算中涉及的资产、负债的确认,收入的实现、费用的发生等,都是针对特定会计主体的。

其次,明确会计主体,才能将会计主体的交易或者事项与会计主体所有者的交易或者事项以及其他会计主体的交易或者事项区分开来。例如,企业所有者的经济交易或者事项是属于企业所有者主体所发生的,不应纳入企业会计核算的范围,但是企业所有者投入到企业的资本或者企业向所有者分配的利润,则属于企业主体所发生的交易或者事项,应当纳入企业会计核算的范围。

需要说明的是会计主体不同于法律主体。法律主体又称法人,是指在政府部门注册登记、有独立的财产、能够承担民事责任的法律实体。通常法律主体必然是会计主体。例如,一个企业作为法律主体,应当建立财务会计系统,独立反映其财务状况、经营成果和现金流量。但是会计主体却不一定是法律主体。例如,在企业集团中,一个母公司若拥有若干个子公司,母、子公司虽然是不同的法律主体,但是母公司对子公司拥有控制权。为了全面反映企业集团的财务状况、经营成果和现金流量,就有必要将企业集团作为一个会计主体,编制合并财务报表。

(二) 持续经营

持续经营是指在可以预见的将来,企业将会按当前的规模和状态继续经营下去,不会停业,也不会大规模削减业务。在持续经营假设下,企业进行会计确认、计量和报告应当以持续经营为前提。明确这一基本假设,就意味着会计主体将按照既定的用途使用资产,按照既定的合约条件清偿债务,会计人员就可以在此基础上选择会计政策和估计方法。

然而,在市场经济环境下,任何企业都存在破产清算的风险,因此企业不能持续经营的可能性总是存在的。如果可以判断企业不能持续经营,就应当改变会计核算的原则和方法,并在企业财务报告中作相应披露。

(三) 会计分期

会计分期是指将一个企业持续经营的生产经营活动期间划分为若干连续的、长短相同的期间。根据持续经营假设,一个企业将按当前的规模和状态持续经营下去。要想最终确定企业的生产经营成果,只能等到企业在若干年后歇业时核算一次盈亏。但是,无论是企业的生产经营决策还是投资者、债权人等的决策都需要及时的信息,不能等到歇业时。因此,通过会计分期,将持续经营的生产经营活动期间划分成连续、相同的期间,据以结算盈亏,按期编报财务报告,及时向财务报告使用者提供有关企业财务状况、经营成果和现金流量的信息。

在会计分期假设下,企业应当划分会计期间,分期结算账目和编制财务报告。会计期间分为年度和中期。会计中期是指短于一个完整的会计年度的报告期间。它又可分为半年度、季度和月度。

会计年度是指以1年为标准的会计期间。我国的会计年度采用日历年度,其起讫日期为公历1月1日至12月31日,每一会计年度还可以具体划分为半年度、季度和月度,从而明确了会计核算的时间范围。由于采用了会计分期,就产生了当期与其他期间的差别,从而出现了权责发生制和收付实现制的区别,才使不同类型的会计主体有了记账的基准,进而出现了待摊、预提、预付、预收、递延等各种会计处理方法。

(四) 货币计量

货币计量是指会计主体在进行会计确认、计量和报告时以货币计量,反映会计主体的财务状况、经营成果和现金流量。在会计的确认、计量和报告过程中选择货币作为基础进行计量,是由货币本身的属性决定的。货币是商品一般等价物,是衡量一般商品价值的共同尺度,它具有价值尺度,流通手段、贮藏手段和支付手段等特点。其他计量单位,如重量、长度、容积、台、件、箱等,只能从一个侧面反映企业的生产经营成果,无法在量上进行汇总和比较,不便于实物管理和会计计量。因此,只有货币计量才能为会计核算提供一个普遍适用的手段,以全面地反映企业的财务状况、经营成果和现金流量。

在我国,由于人民币是国家法定的货币,因此规定以人民币为记账本位币。外商投资企业等业务收支以外币为主的企业,也可以选定某种外币为记账本位币,但编制和提供的财务报告应当将外币折算为人民币反映。在境外设立的中国企业向国内报送的财务报告,也应当将外币折算为人民币反映。

二、会计基础

企业会计的确认、计量和报告应当以权责发生制为基础。权责发生制是指以权利的形成和责任的发生为标准来确认收入与费用的方法。采用这种方法,凡是当期已经实现的收入和已经发生或应当负担的费用,不论是否收到和支付现金,均作为当期的收入和费用入账;反之,不属于当期的收入和费用,即使已经收到和支付现金,也不能作为当期的收入和费用入账。

在实际工作中,企业交易或者事项的发生时间与现金收付的时间往往会不一致。为了真实、公允地反映特定会计期间的财务状况和经营成果,《企业会计准则——基本准则》第九条明确规定:企业应当以权责发生制为基础进行会计确认、计量和报告。

收付实现制是与权责发生制相对应的一种会计基础,它是指以现金的收到和支付为标准来确认收入和费用的方法。目前我国的行政单位会计采用收付实现制,事业单位会计除经营业务采用权责发生制外,其他大部分业务采用收付实现制。

三、会计信息质量要求

会计信息质量要求是指在会计假设制约下,会计主体在会计核算中对会计对象进行确认、计量和报告的科学规范。会计信息质量要求是人们从会计实践中总结出来的经验,这些经验在得到会计界公认以后,就成为各个会计主体进行会计核算的共同依据。会计信息质量要求能保证会计信息的质量和可比性,更好地为投资者、债权人作出正确的决策服务,并能为国家进行宏观调控服务。我国的会计信息质量要求有以下八项。

(一) 可靠性

可靠性是指企业应当以实际发生的交易或事项为依据进行会计确认、计量和报告,如实反映符合确认和计量要求的各项会计要素及其他相关信息,保证会计信息真实可靠、内容完整。

会计作为一个信息系统,其提供的会计信息是投资者、债权人、企业内部管理层和国家宏观经济管理部门进行决策的重要依据。如果会计信息不能真实客观地反映企业经济活动的实际情况,将无法满足有关各方进行决策的需要,甚至导致决策失误。

因此,可靠性要求会计核算必须以实际发生交易或事项时所取得的合法的书面凭证为依据,不得弄虚作假、伪造、篡改凭证,以保证所提供的会计信息与会计反映对象的客观事实相一致。

(二) 相关性

相关性是指企业提供的会计信息应当与财务报告使用者的经济决策需要相关,有助于财务报告使用者对企业过去、现在或者未来的情况作出评价或者预测。

会计信息的价值在于其与决策相关,有助于决策。如果提供的会计信息没有满足会计信息使用者的需要,对其经济决策没有什么作用,就不具有相关性。因此相关性要求企业应当在确认、计量和报告会计信息的过程中,充分考虑财务报告使用者的决策模式和对信息的需要。

(三) 可理解性

可理解性是指企业提供的会计信息应当清晰明了,便于财务报告使用者理解和使用。

企业编制财务报告、提供会计信息的目的在于使用,而要使财务报告使用者有效地使用会计信息,应当能让其了解会计信息的内涵,弄懂会计信息的内容,这就要求财务报告所提供的会计信息应当清晰明了,易于理解。只有这样,才能提高会计信息的有用性,实现财务报告的目标,满足向财务报告使用者提供决策有用信息的要求。

(四) 可比性

可比性是指企业提供的会计信息应当具有可比性。它具体包括下列两个要求:一是同一企业不同时期发生的相同或者相似的交易或者事项,应当采用一致的会计政策,不得随意变更,确需变更的,应当在附注中说明;二是不同企业发生的相同或者相似的交易或者事项,应当采用规定的会计政策,确保会计信息口径一致、相互可比。

可比性要求各企业都采用一致的、规定的会计政策进行核算,使企业不同时期和各企业之间的会计信息建立在相互可比的基础上,使提供的会计信息便于比较、分析、汇总,这样既能使投资者和债权人对企业的财务状况、经营成果和现金流量以及发展趋势作出准确的判断,又能满足国民经济宏观调控的需要。

(五) 实质重于形式

实质重于形式是指企业应当按照交易或事项的经济实质进行会计确认、计量和报告,不应仅以交易或者事项的法律形式为依据。

在实际工作中,交易或事项的外在法律形式并不总能完全真实地反映其实质内容。所以,会计信息要想反映其拟反映的交易或事项,就必须根据交易或事项的实质和经济现实来进行判断,而不能仅仅根据它们的法律形式。例如,融资租入的固定资产在租赁期未满之前,从法律形式上来看企业并不拥有其所有权,但是由于融资租赁合同中规定的租赁期长,该资产的租赁期限通常超过了该资产使用寿命的75%,而且租赁期满时承租人能以很低的价格购置该项资产。因此,从经济实质上来看,承租人能够控制融资租入固定资产所创造的未来经济利益,所以,应将融资租入的固定资产视为企业自有的固定资产。

(六) 重要性

重要性是指企业提供的会计信息应当反映企业财务状况、经营成果和现金流量等有关的所有重要交易或者事项。

重要性与会计信息的成本效益直接相关。因此,对于那些对企业资产、负债、损益等有较大影响的,并进而影响财务报告使用者据以作出合理判断的重要性的交易或事项,必须按照规定的会计方法和程序进行处理,并在财务报告中予以充分、准确的披露;而对于次要的交易或事项,在不影响会计信息真实性和不至于误导财务报告的使用者作出正确判断的前提下,则可适当简化处理。这样,有利于抓住那些对企业经济发展和制定经营决策有重大影响作用的关键性内容,达到事半功倍的效果,有助于企业简化核算工作和提高工作效率。

(七)谨慎性

谨慎性是指企业对交易或事项进行会计确认、计量和报告应当保持应有的谨慎,不应高估资产或者收益、低估负债或者费用。

在市场经济环境下,企业的生产经营活动面临着许多风险和不确定性因素,如应收款项的可回收性、固定资产的使用寿命、无形资产的使用寿命、售出存货可能发生的退货或者返修等。谨慎性要求企业在面临不确定性因素的情况下作出职业判断时,保持应有的谨慎,充分估计各种风险和损失。

(八)及时性

及时性是指企业对于已经发生的交易或者事项,应当及时进行会计确认、计量和报告,不得提前或者延后。

会计信息的价值在于帮助使用者作出经济决策,因此具有时效性。在会计确认、计量和报告过程中贯彻及时性,一是要求及时收集会计信息;二是要求及时处理会计信息;三是要求及时传递会计信息,以便于财务报告的使用者及时利用会计信息进行决策和调控。

第四节 会 计 的 方 法

一、会计方法概述

会计方法是指用来核算和监督会计对象,执行会计职能,实现会计目标的手段。会计方法是人们在长期的会计工作实践中总结创立的,并随着生产发展、会计管理活动的复杂化而逐渐地完善和提高的。

会计的方法包括会计核算、会计分析、会计考核、会计预测和会计决策五种具体方法。这些方法各具有特点,有一定的独立性,但也相互配合,密切联系。在这些具体方法中,会计核算方法是最基本、最主要的方法。本节仅阐述会计核算方法,至于其他四种具体的会计方法将在后续的有关课程中阐述。

二、会计核算方法

会计核算方法是指用来核算和监督会计对象所采用的一系列专门方法。这些专门方法有设置账户、复式记账、填制和审核会计凭证、登记账簿、成本计算、财产清查和编制财务报告七种。

（一）设置账户

设置账户是指对会计对象具体内容进行分类核算的专门方法。由于会计对象的具体内容是复杂多样的，因此，需要根据会计对象具体内容的不同特点和经济管理的要求，选择一定的标准进行科学的分类，并根据分类的结果，设置相应的账户，以便分类地、连续地记录各项经济业务，以及由此而引起的各种资金的增减变动情况和结果。

（二）复式记账

复式记账是指每一项经济业务都必须以相等的金额，同时在两个或两个以上的相互联系的账户中进行登记的专门方法。当发生一项经济业务时，一方面在有关账户中记录其来源；另一方面在有关账户中记录其去向，以反映经济业务的全貌。并且通过账户的平衡关系，为检查账户记录的正确性提供了条件。

（三）填制和审核会计凭证

填制和审核会计凭证是指通过对会计凭证的填制和审核来核算和监督每一项经济业务的专门方法。会计凭证是记录经济业务、明确经济责任的书面证明，是登记账簿的依据。只有经过审核无误的会计凭证，才能作为登记账簿的依据，因此，填制和审核会计凭证是保证会计信息真实性和正确性的有效手段。

（四）登记账簿

登记账簿是指企业根据审核无误的会计凭证，在账簿上进行全面、连续、系统地登记的专门方法。账簿是由账户组成的、用来记录经济业务的簿籍。通过登记账簿，能将众多分散的会计凭证加以分类、汇总，以集中反映企业的业务活动、财务收支和资金结存等情况，以适应经济管理的需要。账簿记录的各种会计资料是编制财务报告的重要依据。

（五）成本计算

成本计算是指按照成本计算对象归集生产经营过程中发生的各项费用，计算和确定各成本计算对象的总成本和单位成本的专门方法。在工业企业，通过成本计算可以确定供应过程的材料采购成本、生产过程的产品生产成本和销售过程的产品销售成本；可以反映、监督和考核经济活动各个过程中发生的各种成本是节约还是超支，以挖掘降低成本的潜力。

（六）财产清查

财产清查是指通过实物盘点和往来款项核对，以确定财产物资的实有数额的专门方法。在财产清查过程中，将实物盘点的结果与账存数相核对，将债权、债务与往来单位核对，发现账存数与实际数不符时，应立即调整账面记录，做到账实相符。并应及时查明原因,明确经济责任。财产清查是保护单位财产安全,保证账实相符的有效手段。

(七) 编制财务报告

编制财务报告是指根据账簿记录,按照规定的表格形式,集中反映各单位在一定会计期间经济活动过程和结果的专门方法。通过编制财务报告,既能为企业的管理层及与企业有着经济利益关系的各方提供所需的会计信息,又能为政府利用会计信息进行国民经济综合平衡提供依据。

三、各种会计核算方法之间的关系

以上会计核算的七种专门方法是相互联系、密切配合的,构成了一个完整的方法体系。在这一方法体系中,设置账户是基础环节,复式记账是记账采用的方法,填制和审核会计凭证、登记账簿和编制财务报告是整个方法体系的主要环节,成本计算是中心环节,财产清查则是这个方法体系的必要补充。

在日常进行会计核算时,首先,根据会计对象的具体内容,在会计账簿中设置账户;其次,对日常发生的经济业务填制和审核会计凭证,再将审核无误的会计凭证运用复式记账的方法登记入账簿,并根据账簿的记录对生产经营过程中发生的费用进行成本计算;再次,通过财产清查,做到账实相符;最后,在账实相符的基础上编制财务报告。

第五节 会计学及其体系

一、会计学

会计学是一门研究会计理论和会计方法体系的经济管理科学。由于宏观的国民经济管理和微观的企业管理都需要运用会计信息,都离不开会计的参与,因此会计是经济管理的重要组成部分。与此相对应,会计学也就成为经济管理科学的一个分支。

会计理论来自会计实践,人们从事会计实践已有几千年的历史。在漫长的会计实践中,人们总结经验,寻找规律性,使会计实践上升为理性认识。1494 年意大利人卢卡·帕乔利在其《算术、几何、比与比例概要》一书的第三篇《计算和记录的详论》中,完整地阐述了复式借贷记账法,这是国内外会计界公认的、最早的一本会计学性质的著作。直至 20 世纪初,会计才从一种专业知识真正发展为一门独立的科学。1903 年出版的狄克西编著的《高等会计学》和利司尔编著的《会计学全书》,1908 年出版的皮克斯利编著的《会计学》这三大会计名著,奠定了西方会计学的基础。

在我国,会计学是以马克思主义的辩证唯物主义为指导思想,以经济学和管理学为支柱而建立起来的一门科学。经济学是一切经济管理科学的理论基础,管理学则是会计学这门应用科学的理论基础。没有一定的经济学和管理学的知识,就难以真正理解会计学中的基础理论以及公认的会计规范所确定的责任要求和技术要求。在20世纪50年代以后,信息论、控制论、现代数学、行为科学等被引入会计领域,更丰富了会计学的内容。

二、会计学体系

会计学体系是指由多种与会计相互联系的学科组成的体系。

会计学科通常有按应用部门和按研究内容两种不同的划分方法。以前在一个较长的时期内,会计学科是按应用部门划分的,主要课程有会计学基础、专业会计、管理会计、财务管理和审计学。其中,专业会计是按国民经济各部门划分的,有工业会计、农业会计、商业会计、交通运输业会计、银行会计、施工企业会计等。

1993年实施了《企业会计准则》,以后又陆续颁发了现金流量表、资产负债表日后事项、收入、债务重组、投资、非货币性交易、存货、固定资产等一系列的具体准则,实现了会计的重大改革,规范了国民经济大多数部门会计核算的要求,财务报告的格式也基本上趋于一致。从而为会计学科划分的改革创造了有利的条件,促进会计学科实现了由按应用部门划分向按研究内容划分的转变。经重新划分后,目前会计学体系的课程主要有:会计学基础、财务会计、成本会计、税务会计、管理会计、财务管理、审计学和会计电算化八门骨干课程。

会计学基础主要阐述会计的基础知识、基本理论、基本程序和基本方法。它是会计学的入门学科。

财务会计主要阐述按照会计基本假设和会计信息质量要求对企业在资金运动中发生的交易或者事项进行会计核算,并对外传递会计信息的理论和方法。

成本会计主要阐述企业的成本核算、成本预测、成本决策、成本计划、成本控制和成本分析的理论与方法。

税务会计主要阐述运用财务会计的知识结合税法,核算、监督和筹划纳税人税务资金运动的理论和方法。

管理会计主要阐述综合利用企业内部的会计信息和其他有关信息,以强化企业管理工作的理论和方法。

财务管理主要阐述对企业的资金筹集、资金运用、资金收入、补偿及分配等进行科学的规划、组织、调节、控制和监督,以提高资金运用效率和企业经济效益的理论和方法。

审计学主要阐述的是对企业经济活动的真实性、合理性、合规性、合法性和效益性进行监督检查的理论和方法。

会计电算化主要阐述的是运用计算机来收集、分类、处理和反馈会计信息的程序和方法。

而过去按应用部门划分的专业会计,如商品流通企业会计、旅游饮食服务企业会计、外贸会计、银行会计、物流企业会计、施工企业会计等课程则作为上列课程的补充。

思 考 题

1. 什么是会计？它是怎样产生的？
2. 什么是会计职能？什么是会计对象？
3. 会计有哪些职能？分述各种职能的定义。
4. 什么是资金？什么是会计对象？
5. 试述工业企业的资金运动。
6. 什么是会计目标？会计核算又有哪些目标？
7. 什么是会计基本假设？它包括哪些内容？
8. 什么是会计信息质量要求？它包括哪些内容？
9. 什么是会计方法？它包括哪些内容？
10. 什么是会计核算方法？它包括哪些专门方法？
11. 试述各种会计核算方法之间的关系。
12. 什么是会计学？会计学科按研究内容划分有哪些主要课程？

第二章 会计要素和会计等式

第一节 会计要素

一、会计要素概述

会计要素又称财务报告要素,它是指为了实现会计目标,对会计对象按其经济内容的特征所作的基本分类,它是用于反映企业财务状况,确定经营成果的基本单位。

各企业会计核算的对象是反映企业生产经营活动情况的资金运动,资金运动的结果引起了企业财务状况的变化,产生了经营成果。财务状况是指某一时点的各种经济资源的占用和来源的情况。要表明企业的财务状况,就需要按照一定的标准对各种经济资源的占用进行分类,对各种经济资源的来源进行分类。经营成果是指某一时期的各种收入、费用和利润。要表明企业的经营成果,就需要按照一定标准对各种收入和费用进行分类。通过分类,将其定期在财务报告中反映,因此会计要素是财务报告的基本构件。

二、会计要素的分类

我国《企业会计准则》将会计要素划分为资产、负债、所有者权益、收入、费用和利润六类。这六类会计要素可以划分为两大类:一类是反映财务状况的会计要素,包括资产、负债和所有者权益;另一类是反映经营成果的会计要素,包括收入、费用和利润。对会计要素进行分类,可以使会计系统更加科学严密,为投资者等财务报告使用者提供更加有用的会计信息。

(一)资产

资产是指企业过去的交易或者事项形成的、由企业拥有或者控制的、预期会给企业带来经济利益的资源。

1. 资产的特征　　资产具有以下三个特征。

(1)资产预期会给企业带来经济利益　　它是指资产直接或者间接导致现金流入企业的潜力。这种潜力主要来自企业日常的生产经营活动。例如,企业购置固定资产,采购原材料,可以用于生产产品,产品销售后流入现金,从而给企业带来了经济利益。

(2)资产应为企业拥有或者控制的资源　　它是指企业享有某项资源的所有

权,或者虽然不享有某项资源的所有权,但该资源能被企业所控制。企业享有资产的所有权,通常表明企业能够排他性地从资产中获取经济利益。对于一些以特殊方式形成的资产,企业虽然对其不拥有所有权,但是能够实际控制的,同样表明企业能够从该项资产获取经济利益。例如,融资租入固定资产等。

(3) 资产是由企业过去的交易或者事项形成的 企业的资产都是由过去的交易或者事项所形成的。例如,企业的机器设备是通过现金交易购进的;又如,企业的厂房是投资者在投资时将其作为对企业的投资这一事项而拨付给企业的,这些都是现实的资产,应予以确认为资产。而企业与供货单位签订了采购材料的购货合同,合同上的材料是预期的资产,是未来交易或者事项可能产生的结果,就不能确认为资产。

2. 确认资产的条件 将资源确认为企业的资产,必须同时满足以下两个条件。

(1) 与该资源有关的经济利益很可能流入企业 作为资产的资源,必须具有交换价值和使用价值,它单独地或与其他资源结合在一起,具有直接或间接地为企业创造现金净流入的能力。例如,企业赊销产品形成的应收账款,就有要求债务人付款的权利;又如,原材料与固定资产结合起来可以生产产品,产品通过销售后将收回现金。

(2) 该资源的成本或者价值能够可靠地计量 货币计量是会计核算的基本前提,只有当有关资源的成本或者价值能够可靠地计量时,才能将其确认为资产。例如,企业购置的机器设备或者生产的产品,只要实际发生的购买成本或者生产成本能够可靠地计量,就视为符合了资产确认的可计量条件。对于不能以货币计量的资源,会计核算就无法确认其为资产而加以处理。例如,国家划拨企业无偿使用的土地,由于其不能以货币来计量,因此就不能作为企业的资产处理。

3. 资产的分类 资产按其流动性的不同,可分为流动资产和非流动资产。

(1) 流动资产 它是指可以在1年或者超过1年的一个营业周期内变现或耗用的资产。流动资产的主要项目有库存现金、银行存款、交易性金融资产、应收账款、预付账款、其他应收款、原材料、在产品、库存商品和待摊费用等。

库存现金是指企业存放在出纳处的现金。

银行存款是指企业存放在银行或其他金融机构的可自由提取、使用的款项。

交易性金融资产是指企业为交易目的所持有的股票投资、债券投资和基金投资等交易性金融资产的公允价值。

应收账款是指企业因销售产品或提供劳务而发生的应向购货单位或接受劳务单位收取的款项。

预付账款是指企业按照合同的规定预付给供货单位的款项。

其他应收款是指企业除应收账款、预付账款以外的其他各种应收、暂付款项。

原材料是指企业库存的各种材料。

在产品是指企业正处在生产过程中尚未完工的产品。

库存商品是指企业已经完成全部生产过程,并已验收入库,可以作为商品对外销售的产成品。

原材料、在产品和库存商品均属于存货。存货是指企业在日常活动中持有的以备出售的产成品或商品、处在生产过程中的在产品、在生产过程中或提供劳务过程中耗用的材料和物料等。

待摊费用是指企业已经支付的,但应由本期和以后各期分别负担的、分摊期限在1年以内的各种费用。

(2) 非流动资产　　它是指流动资产以外的资产。非流动资产的主要项目有长期投资、固定资产、无形资产和长期待摊费用。

长期投资是指企业持有时间准备超过1年的投资。它包括持有至到期投资、可供出售金融资产和长期股权投资。

固定资产是指为生产产品、提供劳务、出租或经营管理而持有的、使用寿命超过1年的、单位价值较高的有形资产。它主要有房屋、建筑物、机器设备、运输工具等。

无形资产是指为企业拥有或者控制的没有实物形态的可辨认的非货币性资产。它主要有专利权、非专利技术、商标权、土地使用权等。

长期待摊费用是指企业已经发生,但应由本期和以后各期负担的分摊期限在1年以上的各项费用。

(二) 负债

负债是指企业过去的交易或者事项形成的,预期会导致经济利益流出企业的现时义务。

现时义务是指企业在现行条件下已承担的义务。

1. 负债的特征　　负债具有以下三个特征。

(1) 负债是企业承担的现时义务　　负债必须是企业承担的现时义务。未来发生的交易或者事项形成的义务,不属于现时义务,不能确认为负债。现时义务又可分为法定义务和推定义务两种。法定义务是指具有约束力的合同或者法律、法规规定的义务。例如,企业赊购原材料而形成的应付账款;又如,因企业接受了银行的贷款而形成的银行借款等,均属于企业承担的法定义务,需要依法予以偿还。推定义务是指根据企业多年来的习惯做法、公开的承诺或者公开宣布的政策而导致企业将承担的责任,这些责任也使有关各方形成了企业将履行义务的合理预期。例如,有些企业多年来制定了一项售后服务的销售政策,对售出商品提供一定期限的保修服务。则预期将为售出商品提供的保修服务就属于推定义务,应将其确认为负债。

（2）负债预期会导致经济利益流出企业　　负债作为企业的一项现时义务,履行时预期会导致经济利益流出企业。例如,企业赊购原材料,到期就有偿付账款的义务,从而导致银行存款流出企业。

（3）负债是由企业过去的交易或者事项形成的　　只有企业已经发生的交易或者事项才能够形成负债。企业将在未来签订的合同或者发生的承诺,并不形成负债。

2. 负债的确认条件　　将一项现时义务确认为负债,需要同时满足以下两个条件。

（1）与该义务有关的经济利益很可能流出企业　　由于与推定义务相关的经济利益通常需要进行估计,因此,负债的确认应当与经济利益流出的不确定性程度的判断相结合,当有确凿证据表明,与现时义务有关的经济利益很可能流出企业时,才能将其确认为负债;当企业所承担的现时义务会导致经济利益流出的可能性很小时,就不符合负债确认的条件,不能将其确认为负债。

（2）未来流出的经济利益的金额能够可靠地计量　　对于与法定义务有关的经济利益流出的金额,企业可以根据合同或者法律规定的金额予以确定。例如,向银行借款的金额,是企业偿还借款本金的金额,而银行借款的利息,可以根据借款的金额、期限和利率进行合理的预计。对于与推定义务有关的经济利益流出的金额,企业应当根据履行相关义务所需支出的最佳估计数进行计量。

3. 负债的分类　　负债按其流动性不同,可分为流动负债和非流动负债。

（1）流动负债　　它是指企业在1年或者超过1年的一个营业周期内必须偿还的各种债务。流动负债的主要项目有短期借款、应付账款、预收账款、应付职工薪酬、应交税费、应付利息、应付股利和其他应付款等。

短期借款是指企业向银行等金融机构借入的期限在1年以内的借款。

应付账款是指企业因购买材料、物资和接受劳务供应等而应付给供货方或劳务供应单位的款项。

预收账款是指企业按照合同规定向购货方预收的款项。

应付职工薪酬是指企业应付给职工的工资和计提的职工福利费。

应交税费是指企业按照税法规定应交纳的各种税费。

应付利息是指企业按照合同约定应支付的银行借款的利息。

应付股利是指企业应向投资者分配的现金股利或利润。

其他应付款是指企业除应付账款、预收账款、应付职工薪酬、应交税费、应付利息和应付股利以外的其他各种应付、暂收款项。

(2) 非流动负债　　它是指流动负债以外的负债。非流动负债的主要项目有长期借款、应付债券和长期应付款等。

长期借款是指企业向银行或其他金融机构借入的期限在1年以上的各种借款。

应付债券是指企业为筹集长期资金而发行的期限在1年以上的债券。

长期应付款是指除长期借款和应付债券以外的其他各种长期应付款项。

(三) 所有者权益

所有者权益又称股东权益,是指企业资产扣除负债后,由所有者享有的剩余权益。所有者权益与负债是企业资产的两大来源。

1. 所有者权益确认的条件　　所有者权益体现的是所有者在企业中的剩余权益,因此,所有者权益的确认,主要取决于资产和负债的确认。例如,企业接受了投资者投入的资产,在该资产符合企业资产确认的条件时,也就相应地符合了所有者权益的确认条件。

2. 所有者权益的来源构成　　所有者权益的来源包括所有者投入的资本、直接计入所有者权益的利得和损失、留存收益等。

所有者投入的资本是指所有者所有投入企业的资本部分,它既包括构成企业注册资本部分的金额,这部分金额被计入实收资本;也包括投入资本超过注册资本部分的金额,这部分金额被计入资本公积。

直接计入所有者权益的利得和损失是指不应计入当期损益、会导致所有者权益发生增减变动的、与所有者投入资本或者向所有者分配利润无关的利得或者损失。利得是指由企业非日常活动所形成的、会导致所有者权益增加的、与所有者投入资本无关的经济利益的流入。损失是指由企业非日常活动所发生的、会导致所有者权益减少的、与向所有者分配利润无关的经济利益的流出。

留存收益是指企业历年实现的净利润留存于企业的部分。

3. 所有者权益的主要项目　　有实收资本、资本公积、盈余公积和未分配利润。

(1) 实收资本　　它是指企业接受投资者投入的实收资本。

(2) 资本公积　　它是指企业收到投资者出资额超出其在注册资本中所占份额的部分和直接计入所有者权益的利得和损失。

(3) 盈余公积　　它是指企业从净利润中提取的用于发展的积累资金。

(4) 未分配利润　　它是指企业留待以后会计年度分配的利润。

(四) 收入

收入是指企业在日常活动中形成的、会导致所有者权益增加的、与所有者投入资本无关的经济利益的总流入。

1. 收入的特征　　收入具有以下三个特征。

（1）收入是企业在日常活动中形成的　　日常活动是指企业为完成其经营目标所从事的经常性活动以及与之相关的活动。例如,工业企业制造并销售产品、商品流通企业销售商品等,均属于企业的日常活动。明确界定日常活动是为了区分收入与利得。

（2）收入是与所有者投入资本无关的经济利益的总流入　　收入应当会导致经济利益的流入,从而导致资产的增加。例如,企业销售商品,应当收到现金或者在未来有权收到现金,才表明该交易符合收入的定义。

（3）收入会导致所有者权益的增加　　与收入相关的经济利益的流入应当会导致所有者权益的增加,不会导致所有者权益增加的经济利益的流入,不应确认为收入。例如,企业向银行借入款项,尽管也导致了企业经济利益的流入,但该流入却导致企业承担了一项现时义务,应当将其确认为一项负债。

2. 收入确认的条件　　企业确认的收入需要同时满足以下三个条件:① 与收入相关的经济利益应当很可能流入企业。② 经济利益流入企业的结果会导致资产的增加或者负债的减少。③ 经济利益的流入额能够可靠地计量。

3. 收入的主要项目　　收入的主要项目有主营业务收入和其他业务收入。

（1）主营业务收入　　它是指企业确认的销售商品、提供劳务等主营业务收入。

（2）其他业务收入　　它是指企业确认的除主营业务活动以外的其他经营活动实现的收入。

收入是企业补偿生产经营活动中耗费的唯一源泉,也是企业获取利润的前提,因此企业应当合理确认收入,并将实现的收入及时入账。

（五）费用

费用是指企业在日常活动中发生的、会导致所有者权益减少的、与向所有者分配利润无关的经济利益的总流出。

1. 费用的特征　　费用具有以下三个特征。

（1）费用是企业在日常活动中形成的　　因日常活动所产生的费用通常包括销售成本、职工薪酬、折旧费、无形资产摊销费等,故将费用界定为日常活动所形成的,是为了区分费用与损失。

（2）费用是与向所有者分配利润无关的经济利益的总流出　　费用的发生应当会导致经济利益的流出,从而导致资产的减少或者负债的增加。企业向所有者分配利润也会导致经济利益的流出,而该经济利益的流出显然属于所有者权益的抵减项目,不应确认为费用。

（3）费用会导致所有者权益的减少　　与费用相关的经济利益的流出应当会

导致所有者权益的减少,不会导致所有者权益减少的经济利益的流出,不应确认为费用。

2. 费用确认的条件　　企业确认费用需要同时满足以下三个条件:① 与费用相关的经济利益应当很可能流出企业。② 经济利益流出企业的结果会导致资产的减少或者负债的增加。③ 经济利益的流出额能够可靠地计量。

3. 费用的分类　　费用按与收入的密切程度不同,可分为生产费用或成本费用和期间费用。

1) 生产费用　　它是指生产企业用于生产产品、应计入产品成本的费用。生产费用又可分为直接费用和间接费用。

(1) 直接费用　　它是指企业能直接记入产品成本或劳务成本的费用。

(2) 间接费用　　它是指企业通过分配后计入产品成本或劳务成本的费用。

2) 成本费用　　它是指商品流通企业采购商品发生的成本。

3) 期间费用　　它是指在会计期间为企业提供一定的生产经营条件,以保持产品产销能力或商品购销能力所发生的费用。期间费用的主要项目有销售费用、管理费用和财务费用。

(1) 销售费用　　它是指企业在销售产品、商品和提供劳务时发生的费用。

(2) 管理费用　　它是指企业行政管理部门为组织和管理生产经营活动而发生的费用。

(3) 财务费用　　它是指企业为筹集资金而发生的费用。

(六) 利润

利润是指企业在一定会计期间的经营成果。

1. 利润的来源构成　　利润包括收入减去费用后的净额、直接计入当期利润的利得和损失等。

收入减去费用后的净额反映了企业日常活动的业绩。

直接计入当期利润的利得和损失是指应当计入当期损益、会导致所有者权益发生增减变动的、与所有者投入资本或者向所有者分配利润活动无关的利得(如罚款收入)或者损失(如捐赠支出)。它反映的是企业非日常活动的业绩。

2. 利润的确认条件　　由于利润是收入减去费用加上直接计入当期利润的利得,减去直接计入当期利润的损失后的净额,因此,利润的确认主要取决于收入和费用、直接计入当期利润的利得和损失的确认。

3. 利润的主要项目　　利润按其构成层次不同,其主要项目有营业利润、利润总额和净利润。

(1) 营业利润　　它是指企业的主营业务收入和其他业务收入减去主营业务成本、其他业务成本和期间费用后的余额。

(2) 利润总额　　它是指企业的营业利润加上直接计入当期利润的利得减去直接计入当期利润的损失后的余额。

(3) 净利润　　它是指企业的利润总额减去所得税费用后的余额。

六类会计要素及其主要内容如图表2-1所示。

图表2-1

会计要素构成表

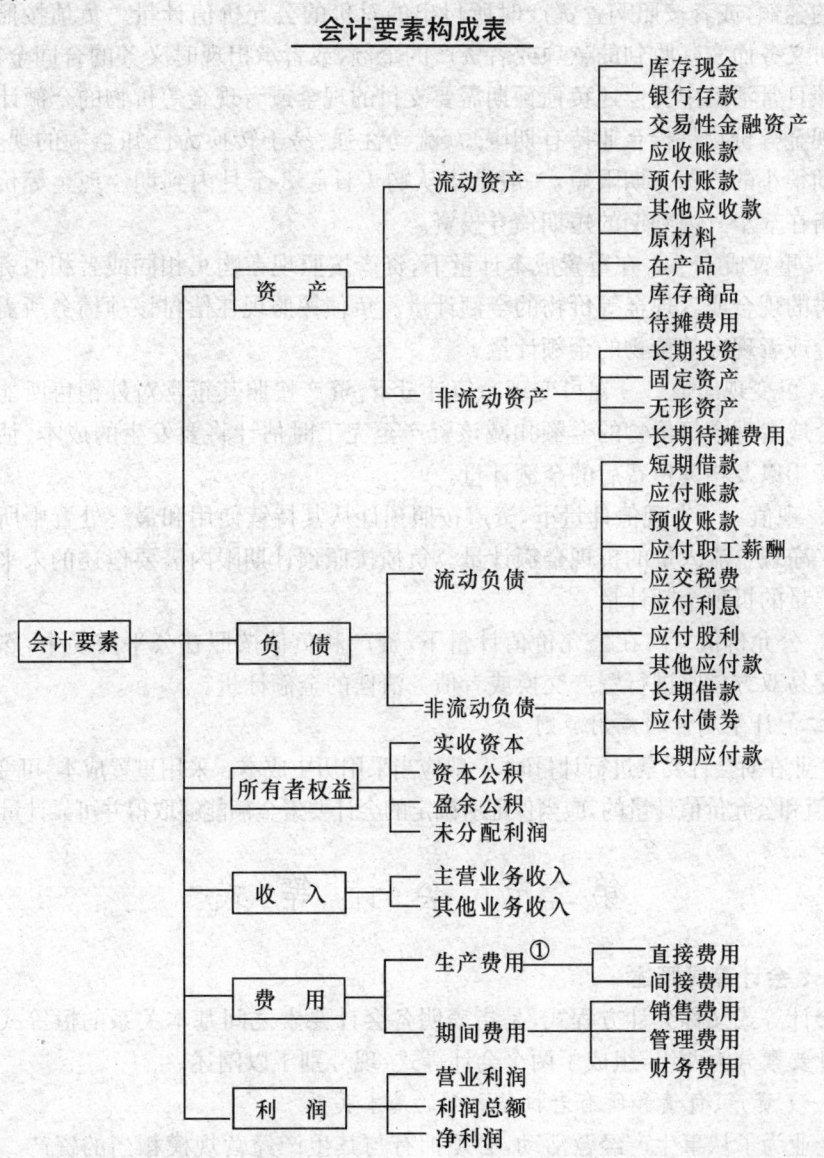

① 工业企业用,商品流通企业则称其为"成本费用"。

三、会计计量基础

（一）会计计量属性

企业在将符合确认条件的会计要素登记入账时，应当按照规定的会计计量属性进行计量，确定其金额。会计计量属性主要包括以下五种。

1. 历史成本　　在历史成本计量下，资产按照购置时支付的现金或者现金等价物的金额，或者按照购置资产时所付出的对价的公允价值计量。负债按照因承担现时义务而实际收到的款项或者资产的金额，或者承担现时义务的合同金额，或者按照日常活动中为偿还负债预期需要支付的现金或者现金等价物的金额计量。

现金等价物是指企业持有期限短、流动性强、易于转换为已知金额的现金、价值变动很小的投资。期限短，一般是指从购买日起3个月内到期。现金等价物通常是指在3个月内到期的短期债券投资。

2. 重置成本　　在重置成本计量下，资产按照现在购买相同或者相似资产所需支付的现金或者现金等价物的金额计量。负债按照现在偿付该项债务所需支付的现金或者现金等价物的金额计量。

3. 可变现净值　　在可变现净值计量下，资产按照其正常对外销售所能收到的现金或者现金等价物的金额扣减该资产至完工时估计将要发生的成本、估计的销售费用以及相关税费后的金额计量。

4. 现值　　在现值计量下，资产按照预计从其持续使用和最终处置中所产生的未来净现金流入量的折现金额计量。负债按照预计期限内需要偿还的未来净现金流出量的折现金额计量。

5. 公允价值　　在公允价值计量下，资产和负债按照在公平交易中，熟悉情况的交易双方自愿进行资产交换或者债务清偿的金额计量。

（二）计量属性的应用原则

企业在对会计要素进行计量时，一般应当采用历史成本。采用重置成本、可变现净值、现值和公允价值计量的，应当保证所确定的会计要素金额能够取得并可靠计量。

第二节　会计等式

一、会计等式概述

会计等式又称会计方程式，是指表明各会计要素之间基本关系的恒等式。六类会计要素分为两组，组成了两个会计等式，现分别予以阐述。

（一）资产、负债和所有者权益之间的基本关系

企业为了从事生产经营活动，必须拥有与其生产经营规模相当的资产。资产实质上是指资金在企业被运用分布的状态。企业所拥有的资产，必然有其来源，为企业提供资产者必然对企业的资产有求索权,这就形成了权益。权益是指资产的提供者对企业资产具有的求索权。权益实质上是企业取得资金的渠道。因此,资产和权益反映了同一资金的两个不同的侧面,资产反映了资金被运用分布的状态,权益反映了资金的来源,两者之间存在着相互依存、相互制约的关系。有一定量的资产,必然有与其相等的权益。两者之间的关系可用等式表示如下:

$$资产=权益$$

由于企业的资金有向投资者筹集和向债权人筹集两个途径,向投资者筹集的资金形成了所有者权益,投资者有定期收取投资报酬的权利。向债权人筹集的资金形成了负债,债权人有到期收回本金和定期收取利息的权利。因此,资产、负债和所有者权益之间的关系可以用等式表示如下:

$$资产=负债+所有者权益$$

这是会计的基本等式,它反映了企业在某一时点资产与负债和所有者权益之间的恒等关系,它是复式记账和编制资产负债表的理论基础。

(二)收入、费用和利润之间的基本关系

企业从事生产经营活动的目的是为了获取利润。企业的资产投入营运后,必然会取得收入,并将伴随着收入而发生相应的费用。将一定期间的收入与费用相比较,收入大于费用的差额是利润;反之,收入小于费用的差额则是负利润,被称为亏损。

因此,收入、费用与利润的关系可以用等式表示如下:

$$收入-费用=利润$$

这一等式反映了企业某一时期收入、费用和利润的恒等关系,它是编制利润表的理论依据。

(三)会计基本等式的扩展

会计基本等式反映了企业在特定时点资产与负债和所有者权益之间的恒等关系,这一特定时点是指会计期间的期初或期末。

然而在会计期间,随着生产经营活动的开展,必然会发生收入和费用,企业取得收入,就会增加资产或者减少负债,同时所有者权益也相应地增加了;企业发生费用,就会减少资产或者增加负债,同时所有者权益也相应地减少。由于收入-费用=利润,因此在会计期间,会计基本等式就需要将两个会计等式合并起来,予以扩展后,其等式如下:

$$资产=负债+所有者权益+利润$$
$$资产=负债+所有者权益+(收入-费用)$$

二、经济业务

经济业务又称会计事项,是指在经济活动中使会计要素发生增减变动的交易或者事项。经济业务按其发生的对象不同,可分为对外经济业务和内部经济业务两类。

对外经济业务是指企业与其他企业或单位发生交易行为而产生的经济事项。比如,向投资者筹集资金、向供货方购货、向银行归还借款、向购货方销货等。

对内经济业务是指企业内部成本、费用的耗用,以及因各会计要素之间的调整而产生的经济事项。例如,生产经营过程中耗用的材料、机器设备的折旧、工资的分配及收入与费用的结转等。

三、经济业务对会计基本等式的影响

企业在日常的经济活动中,会发生大量的各种各样的经济业务,随着经济业务的发生,企业的会计要素也相应地发生增减变动。那么,它会不会影响"资产＝负债＋所有者权益"这一会计等式的平衡关系呢?

【例】 新设立的浦江工厂3月份发生下列经济业务:

【经济业务一】 1日,收到光明公司投入资金500 000元,存入银行。

第一笔经济业务发生后,一方面使企业资产方的银行存款增加了500 000元;另一方面使负债和所有者权益方的实收资本也增加了500 000元,用会计等式表示如下:

$$\underset{(银行存款)}{资产} = 负债 + \underset{(实收资本)}{所有者权益}$$

即　　　　　　　　500 000 ＝ 0 ＋ 500 000

这笔经济业务的发生,使会计等式的两边同时增加了500 000元,双方的金额是相等的。

【经济业务二】 10日,从虹光工厂购进原材料90 000元,已验收入库,货款以银行存款支付。

第二笔经济业务的发生,一方面使企业资产方的原材料增加了90 000元;另一方面使资产方的银行存款减少了90 000元,根据这笔经济业务编制会计要素增减变动表如图表2-2所示。

图表2-2

会计要素增减变动表　　　　　　　　　　　单位:元

资产项目	增减前余额	增减金额	增减后余额	负债和所有者权益项目	增减前余额	增减金额	增减后余额
银行存款	500 000	−90 000	410 000	实收资本	500 000		500 000
原材料		＋90 000	90 000				
合　计	500 000		500 000	合　计	500 000		500 000

这笔经济业务使资产方一个项目增加,另一个项目减少,会计等式双方的总额保持不变。

【经济业务三】 16日,从光华机器厂购进机器设备1台,价值100 000元,机器设备已验收使用,账款尚未支付。

第三笔经济业务的发生,一方面使资产方的固定资产增加了100 000元;另一方面使负债和所有者权益方的应付账款也增加了100 000元,根据这笔经济业务,编制会计要素增减变动表如图表2-3所示。

图表2-3

会计要素增减变动表 单位:元

资产项目	增减前余额	增减金额	增减后余额	负债和所有者权益项目	增减前余额	增减金额	增减后余额
银行存款	410 000		410 000	实收资本	500 000		500 000
原材料	90 000		90 000	应付账款		+100 000	100 000
固定资产		+100 000	100 000				
合　计	500 000	+100 000	600 000	合　计	500 000	+100 000	600 000

这笔经济业务使资产方与负债和所有者权益方同时等额增加,会计等式双方的总额仍然保持平衡。

【经济业务四】 24日,从银行取得了30 000元长期借款,归还前欠光华机器厂部分机器设备款。

第四笔经济业务的发生,一方面使负债和所有者权益方的长期借款增加了30 000元;另一方面使负债和所有者权益方的应付账款减少了30 000元,根据这笔经济业务,编制会计要素增减变动表如图表2-4所示。

图表2-4

会计要素增减变动表 单位:元

资产项目	增减前余额	增减金额	增减后余额	负债和所有者权益项目	增减前余额	增减金额	增减后余额
银行存款	410 000		410 000	实收资本	500 000		500 000
原材料	90 000		90 000	应付账款	100 000	−30 000	70 000
固定资产	100 000		100 000	长期借款		+30 000	30 000
合　计	600 000		600 000	合　计	600 000		600 000

这笔经济业务使负债和所有者权益方一个项目增加,另一个项目减少,会计等式双方的总额保持不变。

【经济业务五】 31日,以银行存款70 000元归还前欠光华机器厂余额。

第五笔经济业务的发生,一方面使资产方的银行存款减少了70 000元;另一方面使负债和所有者权益方的应付账款也减少了70 000元,根据这笔经济业务,编制会计要素增减变动表如图表2-5所示。

图表2-5

会计要素增减变动表

单位:元

资产项目	增减前余额	增减金额	增减后余额	负债和所有者权益项目	增减前余额	增减金额	增减后余额
银行存款	410 000	−70 000	340 000	实收资本	500 000		500 000
原材料	90 000		90 000	应付账款	70 000	−70 000	
固定资产	100 000		100 000	长期借款	30 000		30 000
合　计	600 000	−70 000	530 000	合　计	600 000	−20 000	530 000

这笔经济业务使资产方与负债和所有者权益方同时等额减少,等式双方的总额仍然保持平衡。

上列五笔经济业务引起了资产与负债和所有者权益会计要素的增减变动,归纳起来有下列四种类型。

第一种类型是经济业务的发生,引起资产方与负债和所有者权益方同时等额增加,双方保持平衡,见[经济业务一]、[经济业务三];第二种类型是经济业务的发生,引起资产方与负债和所有者权益方同时等额减少,双方保持平衡,见[经济业务五];第三种类型是经济业务的发生引起资产方一个项目增加,另一个项目减少,双方总额不变,仍保持平衡,见[经济业务二];第四种类型是经济业务的发生,引起负债和所有者权益方一个项目增加,另一个项目减少,双方总额不变,仍保持平衡,见[经济业务四]。

尽管企业的经济业务错综复杂,会引起会计要素不断地增减变动,但变动的种类不外乎上述的四种类型,这四种类型变化的结果均不会影响"资产＝负债＋所有者权益"这一会计等式的平衡关系。

思 考 题

1. 什么是会计要素?我国将会计要素划分为哪几类?

2. 什么是资产？它有哪些特征？试述资产的确认条件。
3. 什么是负债？它有哪些特征？试述负债的确认条件。
4. 试述资产和负债的分类。
5. 什么是所有者权益？试述所有者权益的确认条件。
6. 试述所有者权益的来源构成。
7. 什么是收入？试述收入的确认条件。
8. 什么是费用？试述费用的确认条件。
9. 试述费用的分类。
10. 什么是利润？试述利润的确认条件。
11. 会计计量属性包括哪几种？分述各种会计计量属性的定义。
12. 试述会计计量属性的应用原则。
13. 什么是会计等式？会计有哪两个等式？
14. 什么是经济业务？它可分为哪两类？
15. 试述经济业务引起资产与负债和所有者权益会计要素增减变动的四种类型。

练 习 题

练 习 题 一

一、**目的** 练习会计要素的分类。

二、**资料** 反映各会计要素的经济内容如图表 2-6 所示。

图表 2-6

确定会计要素表

经 济 内 容	资产	负债	所有者权益	收入	费用	利润
1. 因销售产品或提供劳务而向客户收取的款项						
2. 企业向银行借入期限在 1 年以内的借款						
3. 企业行政管理部门为组织生产经营活动而发生的费用						
4. 企业存入银行的各种款项						
5. 因购买材料而应付给供应单位的款项						
6. 投资者投入企业的资本						
7. 销售产品而实现的收入						
8. 企业库存的各种材料						
9. 存放在出纳处的库存现金						

(续表)

经 济 内 容	资产	负债	所有者权益	收入	费用	利润
10. 应交纳给税务部门的各种税金						
11. 企业从利润中提取的用于发展的积累资金						
12. 企业在销售产品时发生的费用						
13. 企业的营业收入减去营业成本和期间费用后的余额						
14. 企业按购货合同规定预付给供货单位的货款						
15. 企业应付给职工的工资						
16. 使用寿命1年以上、单位价值较高、用于生产经营活动的机器设备						

三、要求 根据上列经济内容确定其属于哪种会计要素的哪个具体项目,并将已确定的具体项目填入上列的空格内。

练 习 题 二

一、目的 练习会计等式的平衡关系。

二、资料

1. 2016年1月1日,新华工厂资产、负债和所有者权益各具体项目的有关资料如图表2-7所示。

图表2-7

资产、负债和所有者权益各项目余额表

单位:元

资 产 项 目	余 额	负债和所有者权益项目	余 额
库存现金	500	短期借款	100 000
银行存款	127 200	应付账款	37 500
应收账款	58 000	实收资本	450 000
原材料	73 600		
库存商品	96 200		
固定资产	232 000		
合 计	587 500	合 计	587 500

2. 新华工厂1月上旬发生下列经济业务:

(1) 2日,从海虹工厂购进材料75 000元,已验收入库,货款以银行存款支付。

(2) 3日,向天华公司购进机器设备1台,价值90 000元,账款尚未支付。
(3) 4日,从银行取得长期借款60 000元,归还前欠天华公司部分机器设备款。
(4) 5日,从银行提取现金1 500元,备用。
(5) 6日,收到浦光商厦付来上月所欠账款35 000元,存入银行。
(6) 7日,以银行存款归还上月所欠的静安公司材料款18 000元。
(7) 8日,采购员王辉暂支差旅费1 100元,以现金付讫。
(8) 9日,浦江公司增加投资50 000元,用以直接归还短期借款。
(9) 10日,以银行存款35 000元,归还短期借款。

三、要求 根据上列资料,将发生的每一笔经济业务编制一张会计要素增减变动表,并说明每笔经济业务属于哪一种变动类型。

第三章 账户和复式记账

第一节 会 计 科 目

一、设置会计科目的意义和原则

（一）设置会计科目的意义

会计科目是指为记录各种经济业务对会计要素按其经济内容进行分类的项目。

企业在经济活动中，各项资产、负债和所有者权益必然会发生增减变动，并会相应发生收入和费用，产生利润，这些均是会计核算和会计监督的内容。然而，资产、负债、所有者权益、收入、费用和利润仅是会计对象按经济特征划分的类别。从资产来看，它包括了不少的内容，有现金和银行存款，在经营活动中起着支付手段的作用；有原材料，在生产中起着劳动对象的作用；还有固定资产，在生产中起着劳动工具的作用。各种不同的资产，分布在不同的形态上，发挥着各自的作用。从负债和所有者权益来看，也包括了不少的内容，负债有从银行取得的短期借款、长期借款，也有从供货方取得的应付账款；所有者权益有投资者投入的实收资本，也有企业内部积累形成的盈余公积。它们都来自不同的渠道，各种收入的来源和费用的用途也各不相同，从而形成利润的不同构成。为了全面、系统、分类地核算和监督各项经济活动，以及由此而引起的资金的增减变动情况，就必须结合经营管理的需要，通过设置会计科目，对会计要素的具体内容进行科学的分类。

（二）设置会计科目的原则

1. 设置会计科目要结合会计对象的特点 各个单位会计对象是社会再生产过程中的资金及其运动，各个会计主体的经营特点不同，其资金分布形态也不同，资金运动的形式也各不相同，因此需要根据各自的特点来设置会计科目。比如，商品流通企业从事商品购销活动，其资金运动要依次经过购进过程和销售过程，其设置的会计科目必须能反映和监督商品购销全过程的资金运动。而工业企业从事产品生产经营活动，其资金运动要依次经过供应过程、生产过程和销售过程，其设置的会计科目除了要设置能反映和监督材料采购和产品销售活动的会计科目外，还要设置能反映和监督生产过程中发生的各种生产费用的会计科目，核算和监督产品的生产成本，以核算和监督工业企业生产经营全过程的资金运动。行政事业单位要完成国家赋予的各项任务,其资金运动是预算拨款的取得和预算支出的支付,其设置的会计科目必须能反映和监督预算资金的收入和预算资金的支出全过程的资金运动。

2. 设置会计科目应满足经济管理的需要　　我国是实行社会主义市场经济的国家,需要利用会计指标进行综合平衡和宏观经济控制,因此,设置的会计科目首先应符合国家宏观经济管理的需要。单位自身也要利用会计指标对经济活动的执行情况进行分析、考核,并进行经营预测、决策等各种经济管理工作,因此,设置的会计科目还应满足单位自身经济管理的需要。

3. 设置会计科目应满足对外提供报表的需要　　企业的资金是由投资者投入和向债权人借入的;行政事业单位的资金是由国家拨入的。企业的投资者要了解企业资金的运用情况和盈利能力;债权人要了解企业的偿债能力,税务部门要了解企业的纳税情况;国家要了解行政事业单位预算资金的使用情况。因此,设置的会计科目应满足向与单位有经济联系的外部各方提供报表的需要。

4. 设置会计科目要统一性与灵活性相结合　　各单位设置会计科目既要根据国家财政部制定的《企业会计准则——应用指南》的统一规定,又要根据各单位自身经营特点和经营规模,在不违背《企业会计准则——应用指南》的前提下,对统一规定的会计科目进行适当的增设、分拆或合并。例如,工业企业在生产车间较多时,可以将"生产成本"科目按生产车间的性质不同,分拆成"基本生产成本"和"辅助生产成本"两个会计科目;在企业生产规模较小、材料品种不多时,也可以将"原材料"和"包装物"两个会计科目合并为"原材料"一个会计科目。遵循统一性与灵活性相结合原则设置会计科目时,既要防止会计科目设置过多的繁琐倾向,又要防止不顾单位实际需要,随意合并会计科目的简单倾向。

5. 设置会计科目要保持相对稳定　　设置的会计科目在一定的时期内要保持相对的稳定,不能经常变更会计科目的名称和内容,以利于会计核算指标在不同时期进行对比分析,也有利于国家的综合汇总。

二、会计科目的分类

(一) 会计科目按照其反映的经济内容分类

会计科目按照其反映的经济内容不同,可以划分为资产类、负债类、共同类[①]、所有者权益类、成本类和损益类六类,损益类科目还可以划分为收入类和费用类两个小类。现以《企业会计准则——应用指南》为指导,结合教学的需要,将六类会计科目列示如图表3-1。

---

① 可能是资产类,也可能是负债类,根据其余额确定。

图表 3-1

会 计 科 目

顺序号	编号	名 称	顺序号	编号	名 称
		一、资产类	32	2501	长期借款
1	1001	库存现金	33	2502	应付债券
2	1002	银行存款	34	2701	长期应付款
3	1101	交易性金融资产			三、共同类
4	1122	应收账款	35	3101	衍生工具
5	1123	预付账款	36	3201	套期工具
6	1221	其他应收款	37	3202	被套期工具
7	1401	材料采购			四、所有者权益类
8	1402	在途物资	38	4001	实收资本
9	1403	原材料	39	4002	资本公积
10	1404	材料成本差异	40	4101	盈余公积
11	1405	库存商品	41	4103	本年利润
12	1411	包装物	42	4104	利润分配
13	1412	低值易耗品			五、成本类
14	1481	待摊费用	43	5001	生产成本
15	1501	持有至到期投资	44	5101	制造费用
16	1503	可供出售金融资产			六、损益类
17	1511	长期股权投资			(一)收入类
18	1601	固定资产	45	6001	主营业务收入
19	1602	累计折旧	46	6051	其他业务收入
20	1701	无形资产	47	6111	投资收益
21	1702	累计摊销	48	6301	营业外收入
22	1801	长期待摊费用			(二)费用类
23	1901	待处理财产损溢	49	6401	主营业务成本
		二、负债类	50	6042	其他业务成本
24	2001	短期借款	51	6403	营业税金及附加
25	2202	应付账款	52	6601	销售费用
26	2203	预收账款	53	6602	管理费用
27	2211	应付职工薪酬	54	6603	财务费用
28	2221	应交税费	55	6701	资产减值损失
29	2231	应付利息	56	6711	营业外支出
30	2232	应付股利	57	6801	所得税费用
31	2241	其他应付款			

(二) 会计科目按照所提供核算指标的详细程度分类

会计科目按照所提供核算指标的详细程度不同,可分为总分类科目和明细分类科目。

1. 总分类科目　　又称一级科目,它是指对会计要素的具体内容进行总括分类的项目。前述图表3-1所列会计科目名称均是指总分类科目,比如,通过"原材料"科目可以反映原材料的总括情况。

2. 明细分类科目　　它是指根据核算与管理的需要对某些会计科目所作的进一步分类的项目。按照其分类的详细程度不同,又可分为子目和细目。

(1) 子目　　又称二级科目,它是指对某些一级科目所作的进一步分类的项目。

(2) 细目　　又称三级科目,它是指对某些二级科目所作的进一步分类的项目。

目前,我国会计核算采用的会计科目是由财政部制定的《企业会计准则——应用指南》中规定的。明细分类科目除部分由《企业会计准则——应用指南》规定外,其余部分均由企业根据核算与管理的需要自行设置,比如,可以对"原材料"一级科目分别设置"原料及主要材料"和"辅助材料"、"燃料"等三个二级科目,以分别反映原料及主要材料、辅助材料和燃料的详细情况;还可以在"原料及主要材料"二级科目下,按各种材料的名称和规格分别设置"圆钢"、"扁钢"和"角钢"等三级科目,以分别反映圆钢、扁钢和角钢的详细情况。

第二节　账　户

一、设置账户的意义

账户是指具有一定结构,用以分类记录经济业务引起会计要素的增减变动及其结果的一种记账载体。账户的具体表现形式是一种具有一定格式和结构的表格。

设置会计科目是对会计要素的具体内容进行科学的分类,它仅仅为详细反映企业经济活动的各项具体内容准备了前提条件。然而,为了序时、连续、系统地核算由于资金运动而引起的各项具体会计要素的增减变动,提供各种会计信息,就必须在会计账簿中根据每个会计科目设置相应的账户。

按其核算和监督的经济内容不同,账户可分为资产类、负债类、共同类、所有者权益类、成本类和损益类六类;按其所提供核算指标的详细程度不同,账户可分为总分类账户和明细分类账户。

总分类账户是指对会计要素的具体内容进行总括核算的账户;而明细分类账

户则是指对会计要素的具体内容进行详细核算的账户。

会计科目和账户是两个不同的概念,两者之间既有联系,又有区别。会计科目是账户的名称,账户是按照会计科目设置的,会计科目规定的经济内容也就是账户进行核算和记录的内容。然而,会计科目仅仅表明经济业务的内容,它只有名称,不存在具体的结构;而账户是按照会计科目所确定的经济内容来记录资产、负债、所有者权益、成本、收入和费用等具体增减变动情况及结果的,它有一定的结构形式,是企业记录和汇总各种会计信息的载体。

二、账户的基本结构

为了在账户中记录各项经济业务,每个账户既要有明确的经济内容,又要有便于记录的账户结构。账户的结构与记账方法有着密切的联系,不同的记账方法,账户的结构是不同的,即使采用同一种记账方法,账户的性质不同,其结构也是不同的。

然而,不论采用什么记账方法,也不论账户属于什么性质,因经济业务引起的会计要素的变动不外乎增加和减少两种情况,因此账户的基本结构也相应地划分为左、右两方。一方记录增加数,另一方记录减少数。账户的基本结构采用"T"字形,具体格式如图表3-2所示。

图表3-2

"T"字形账户的格式

左方	账户名称(会计科目)	右方

上列账户的左方和右方,究竟用哪一方登记增加数,哪一方登记减少数,这主要取决于账户的性质和所采用的记账方法。账户的左方和右方分别登记增加数和减少数,或者分别登记减少数和增加数,增减数额相抵后的差额,称为账户余额。账户余额按其在会计期间表现的日期不同,可分为期初余额和期末余额。通过账户记录的数额,可以提供期初余额、本期增加发生额、本期减少发生额和期末余额四个方面的核算资料。

期初余额是指账户在每一个会计期间初始日的余额;本期增加发生额是指账户在会计期间所登记的增加金额的合计数;本期减少发生额是指账户在会计期间所登记的减少金额的合计数;期末余额是指账户在每一个会计期间终止日的余额。会计期间通常以月度、季度、半年度或年度为标准。本期增加发生额和本期减少发生额是动态指标,它们反映了会计要素在会计期间增减变动的情况。余额是静态指标,它反映了会计要素在某一时日增减变动的结果。期末余额的计算公式如下:

期末余额＝期初余额＋本期增加发生额－本期减少发生额

在实际工作中,账户的基本格式是三栏式,它通常包括：① 账户名称,即会计科目。② 日期。③ 凭证号数。④ 摘要,即经济业务的简要说明。⑤ 增加金额、减少金额和余额。其格式如图表 3-3 所示。

图表 3-3

三栏式账户的格式

账户名称_____

年		凭证号数	摘　　要	增加金额	减少金额	余　　额
月	日					

第三节 复 式 记 账

一、记账方法概述

(一)单式记账法概述

从会计发展史来看,最初采用的是单式记账法。单式记账法是指对发生的每项经济业务一般只在一个账户中登记的记账方法。单式记账法除了对同时涉及现金收付和债权、债务增减的经济业务,同时在双方有关的账户中进行登记外,对其他经济业务只作单方面的记录,由于没有一套完整的账户体系,因此不能对所发生的经济业务作全面、系统的记录,无法全面、客观地提供管理上所需要的会计信息。于是,单式记账法被复式记账法所取代。

(二)复式记账法概述

复式记账法是指对每项经济业务都必须以相等的金额,同时在两个或两个以上相互联系的账户中进行登记的记账方法。

1. 复式记账法的特点　　由于复式记账法是以资产等于负债加上所有者权益的会计等式作为理论基础,因此它与单式记账法相比较,具有以下三个特点。

(1)能够反映资金运动的全貌　　由于复式记账法对于每一项经济业务都必须同时在两个相互联系的账户中进行登记,从而不仅反映了资金的来源及去处,而且可以通过会计要素的增减变动,全面、系统地反映资金运动的过程和结果。

(2)有完整的账户体系　　由于复式记账法要求对于每一项经济业务都必须同时在两个相互联系的账户中进行登记,以全面反映各单位的经济活动,从而使各有关账户之间形成了联系,组成了一个完整的、科学的账户体系。

(3) 便于检查账户记录的正确性　由于复式记账法对于每一项经济业务都要求以相等的金额在两个账户中进行登记,根据会计等式理论,登记的结果都不会影响会计等式的平衡关系。因此可以利用会计等式的平衡关系来检查账户记录的正确性。

2. 复式记账法的种类　复式记账法根据其记账符号的不同,可分为以下三种不同的记账方法。

(1) 借贷记账法　它是指以"借"和"贷"作为记账符号,以记录经济业务的发生而引起会计要素增减变动情况的复式记账法。

(2) 增减记账法　它是指以"增"和"减"作为记账符号,以记录经济业务的发生而引起会计要素增减变动情况的复式记账法。

(3) 收付记账法　它是指以"收"和"付"作为记账符号,以记录经济业务的发生而引起会计要素增减变动情况的复式记账法。

我国在1993年7月《企业会计准则》实施以前,工业企业主要采用借贷记账法,商业企业主要采用增减记账法,行政事业单位和银行业主要采用收付记账法,这就存在着三种记账方法共存的局面。自从实施《企业会计准则》以来,实现了国际接轨,全国统一采用了借贷记账法。

二、借贷记账法的特点

借贷记账法有以下四个特点。

(一) 以"借"、"贷"作为记账符号

借贷记账法以"借"、"贷"两个字作为它的记账符号,用以指明记入账户金额的方向。"借"字表示账户的"借方";"贷"字表示账户的贷方。资产类、成本类和费用类账户的增加记入账户的"借方",减少则记入账户的"贷方";负债类、所有者权益类和收入类账户的增加记入账户的"贷方",减少则记入账户的"借方"。

(二) 以"有借必有贷,借贷必相等"作为记账规律

借贷记账法是按照复式记账的原理,对发生的每项经济业务均要同时在一个账户的借方和另一个账户的贷方进行登记;或者在一个账户的借方(或贷方)和几个账户的贷方(或借方)进行登记,并且记入借贷双方的金额必须相等,从而形成了"有借必有贷,借贷必相等"的记账规律。

(三) 以全部账户的借贷双方总额相等作为试算平衡的依据

由于每一项经济业务均根据"有借必有贷,借贷必相等"的记账规律进行核算,以借贷双方相对应的方式进行记账,就使每一项经济业务记入借方的金额与记入贷方的金额相等。因此,在一定的会计期间内,全部账户的借贷双方发生额的合

计数必然相等,全部账户借贷双方的期末余额合计数也必然相等,从而为进行试算平衡提供了依据。

(四)可以设置和运用共同性账户

借贷记账法除了可以设置资产类、负债类、所有者权益类、成本类、收入类和费用类账户外,为了便于核算,还可以设置和运用一些共同性的账户。例如,可以将属于负债类的"应付账款"和属于资产类的"预付账款"合并,设置一个"应付账款"账户。凡是发生的应付账款和预付账款都记在该账户内,这样"应付账款"就成为既具有负债类的性质,又具有资产类性质的共同性账户。期末根据"应付账款"账户的期末余额来确定账户的性质,倘若期末余额在贷方,表示属于负债类性质的"应付账款"账户;倘若期末余额在借方,则表示属于资产类性质的"预付账款"账户。

三、账户对应关系和会计分录

账户对应关系是指在采用复式记账法时,因每项经济业务都必须在两个或两个以上相互联系的账户中进行登记,从而形成账户之间的相互依存关系。发生对应关系的账户,称作对应账户。

为了清晰地反映账户之间的对应关系,有利于记账工作的顺利进行,保证账户记录的正确性和便于事后检查,在经济业务发生以后,并不直接登记账户,而是先要编制会计分录。

会计分录简称分录,是指对每项经济业务指明应记账户的名称、记账方向及金额的一种记录。

采用借贷记账法编制会计分录,应按以下步骤进行。

首先,根据发生的经济业务的内容,确定其所涉及的、引起资金增减变动的账户名称,并确定涉及账户的变动是增加还是减少。

其次,根据经济业务所涉及的账户的增减变动及账户的性质,按照账户的结构,确定应记账户的方向是借方还是贷方。

最后,确定所涉及的账户应记入的金额,并按照借贷记账法的记账规律,检查借贷方的金额是否相等。

会计分录应采取先借后贷,左右错开的排列方式,现以第二章第二节所举的浦江工厂的五笔经济业务,根据会计分录的编制程序和排列方式编制会计分录。

【例1】 3月1日,新设立的浦江工厂收到光明公司投入资金500 000元,存入银行。

这笔经济业务的发生,一方面,银行存款增加了500 000元,应记入"银行存款"(资产类)账户的借方;另一方面,实收资本也增加了500 000元,应记入"实收资本"(所有者权益类)账户的贷方。作分录如下：

　　借：银行存款　　　　　　　　　　　　　　　　　500 000.00
　　　　贷：实收资本　　　　　　　　　　　　　　　　　500 000.00

【例2】　3月10日，从虹光工厂购进原材料90 000元，已验收入库，货款以银行存款支付。

这笔经济业务的发生，一方面原材料增加了90 000元，应记入"原材料"(资产类)账户的借方；另一方面银行存款却减少了90 000元，应记入"银行存款"(资产类)账户的贷方。作分录如下：

　　借：原材料　　　　　　　　　　　　　　　　　　90 000.00
　　　　贷：银行存款　　　　　　　　　　　　　　　　　90 000.00

【例3】　3月16日，从光华机器厂购进机器设备1台，价值100 000元，机器设备已验收使用，款项尚未支付。

这笔经济业务的发生，一方面固定资产增加了100 000元，应记入"固定资产"(资产类)账户的借方；另一方面应付账款也增加了100 000元，应记入"应付账款"(负债类)账户的贷方。作分录如下：

　　借：固定资产　　　　　　　　　　　　　　　　　100 000.00
　　　　贷：应付账款　　　　　　　　　　　　　　　　100 000.00

【例4】　3月24日，从银行取得3年期的借款30 000元，归还前欠光华机器厂部分机器设备款。

这笔经济业务的发生，一方面应付账款减少了30 000元，应记入"应付账款"(负债类)账户的借方；另一方面长期借款却增加了30 000元，应记入"长期借款"(负债类)账户的贷方。作分录如下：

　　借：应付账款　　　　　　　　　　　　　　　　　30 000.00
　　　　贷：长期借款　　　　　　　　　　　　　　　　30 000.00

【例5】　3月31日，以银行存款70 000元归还前欠光华机器厂余额。

这笔经济业务的发生，一方面应付账款减少了70 000元，应记入"应付账款"(负债类)账户的借方；另一方面银行存款也减少了70 000元，应记入"银行存款"(资产类)账户的贷方。作分录如下：

　　借：应付账款　　　　　　　　　　　　　　　　　70 000.00
　　　　贷：银行存款　　　　　　　　　　　　　　　　70 000.00

会计分录分为简单会计分录和复合会计分录两种。简单会计分录是指一笔经济业务只涉及一借一贷两个账户的会计分录。前列的五笔会计分录因为只涉及一借一贷两个账户,因此均称为简单会计分录。复合会计分录是指一笔经济业务涉及一借多贷,或一贷多借两个以上账户的会计分录。

【例6】 3月31日,从天原工厂购进原材料45 000元,已验收入库,以银行存款支付货款20 000元,其余部分暂欠。

这笔经济业务的发生,一方面原材料增加了45 000元,应记入"原材料"(资产类)账户的借方;另一方面银行存款减少了20 000元,应记入"银行存款"(资产类)账户的贷方;同时应付账款增加了25 000元,应记入"应付账款"(负债类)账户的贷方。作分录如下:

　　借:原材料　　　　　　　　　　　　　　　　　　　　　45 000.00
　　　　贷:银行存款　　　　　　　　　　　　　　　　　　　20 000.00
　　　　贷:应付账款　　　　　　　　　　　　　　　　　　　25 000.00

【例7】 3月31日,光明公司又投资180 000元,其中:现金60 000元,已存入银行,机器设备1套,价值120 000元,已验收使用。

这笔经济业务的发生,一方面银行存款增加了60 000元,应记入"银行存款"(资产类)账户的借方;同时固定资产也增加了120 000元,应记入"固定资产"(资产类)账户的借方;另一方面实收资本增加了180 000元,应记入"实收资本"(所有者权益类)账户的贷方。作分录如下:

　　借:银行存款　　　　　　　　　　　　　　　　　　　　60 000.00
　　借:固定资产　　　　　　　　　　　　　　　　　　　　120 000.00
　　　　贷:实收资本　　　　　　　　　　　　　　　　　　180 000.00

上列两笔分录分别是一借多贷与一贷多借的复合会计分录,实质上复合会计分录都可以根据账户对应关系分解成多笔简单会计分录。企业应根据经济业务的实际需要编制简单会计分录和复合会计分录,不得将多笔经济业务拼凑在一起编制复合会计分录,也不得任意将一笔复合会计分录分拆成几笔简单会计分录。为了清楚地反映账户之间的对应关系,应尽量避免编制多借多贷的会计分录。

四、登记账户与试算平衡

(一)登记账户

在会计分录编制完毕后,就要进行登记账户。登记账户是指将各项经济业务按照会计分录指明的账户名称、记账方向及金额记入账户。采用借贷记账法时,账户的左方为借方,账户的右方为贷方。资产类账户与负债和所有者权益类账户的期末余额的计算公式如下:

$$\text{期初余额(借方)} + \text{本期借方发生额} - \text{本期贷方发生额} = \text{期末余额(借方)}$$

$$\text{期初余额(贷方)} + \text{本期贷方发生额} - \text{本期借方发生额} = \text{期末余额(贷方)}$$

现将上列七笔经济业务编制的会计分录登记账户,并结出余额①如图表3-4所示。

图表 3-4

资产类账户

借	银行存款		贷
(1)	500 000	(2)	90 000
(7)	60 000	(5)	70 000
		(6)	20 000
本期发生额	560 000	本期发生额	180 000
期末余额	380 000		

借	原材料		贷
(2)	90 000		
(6)	45 000		
本期发生额	135 000		
期末余额	135 000		

借	固定资产		贷
(3)	100 000		
(7)	120 000		
本期发生额	220 000		
期末余额	220 000		

负债和所有者权益类账户

借	应付账款		贷
(4)	30 000	(3)	100 000
(5)	70 000	(6)	25 000
本期发生额	100 000	本期发生额	125 000
		期末余额	25 000

借	长期借款		贷
		(4)	30 000
		本期发生额	30 000
		期末余额	30 000

借	实收资本		贷
		(1)	500 000
		(7)	180 000
		本期发生额	680 000
		期末余额	680 000

(二)试算平衡

试算平衡是指根据资产与负债和所有者权益之间的平衡关系,按照记账规律的要求,检查账户记录是否正确的方法。

企业在一定期间会发生大量的各种各样的经济业务,在运用借贷记账法登记

---

① 在实际工作中是在月末结账的。

账户时,难免会发生一些人为的差错,为了检查和验证账户记录的正确性,防止差错,必须定期进行试算平衡。

借贷记账法的记账规律是"有借必有贷,借贷必相等",其每一笔经济业务记入账户借方的金额与记入对应账户贷方的金额是相等的,那么其在一定期间记入全部账户的借方发生额合计数必然与记入全部账户的贷方发生额合计数相等。在这一基础上,结出的全部账户的借方期末余额合计数必然与全部账户的贷方余额合计数相等。从而产生两个试算平衡公式如下:

全部账户借方发生额合计数＝全部账户贷方发生额合计数

全部账户借方期末余额合计数＝全部账户贷方期末余额合计数

试算平衡通常是根据各账户的本期发生额和余额编制"本期发生额及余额试算平衡表"进行的。现根据上列六个账户登记的结果编制浦江工厂"本期发生额及余额试算平衡表"如图表3-5所示。

图表3-5

本期发生额及余额试算平衡表

2016年3月份　　　　　　　　　　　　　　　　　　单位:元

账户名称	期初余额		本期发生额		期末余额	
	借方	贷方	借方	贷方	借方	贷方
银行存款			560 000	180 000	380 000	
原材料			135 000		135 000	
固定资产			220 000		220 000	
应付账款			100 000	125 000		25 000
长期借款				30 000		30 000
实收资本				680 000		680 000
合　计	—	—	1 015 000	1 015 000	735 000	735 000

由于浦江工厂是新设立的,因此没有期初余额,然而该企业3月份的期末余额就是4月份的期初余额。

"本期发生额及余额试算平衡表"中本期发生额与余额的借方和贷方的合计数均平衡时,可以表明账户记录基本正确。倘若不平衡,则表明账户登记错误或者计算本期发生额及期末余额时发生差错,就需要查找错误的原因,予以更正,以取得平衡。

思 考 题

1. 什么是会计科目？试述设置会计科目的原则。
2. 会计科目有哪两种分类？
3. 什么是账户？它与会计科目有何联系与区别？
4. 试述账户的基本结构。通过账户记录可以提供哪些核算资料？
5. 什么是复式记账法？它与单式记账法比较有哪些特点？
6. 什么是借贷记账法？它有哪些特点？
7. 什么是账户对应关系和对应账户？什么是会计分录？
8. 试述会计分录的编制步骤及排列方式。
9. 什么是试算平衡？如何进行试算平衡？

练 习 题

练习题 一

一、目的　练习编制会计分录。

二、资料　武康工厂1月份发生下列经济业务：

1. 3日，从大明工厂购进原材料36 000元，已验收入库，货款尚未支付。
2. 7日，以银行存款支付前欠宏昌公司材料款37 500元。
3. 10日，向银行借入期限1年的借款50 000元，存入银行。
4. 12日，从银行提取现金1 500元，备用。
5. 15日，采购员预支差旅费1 200元，以现金支付。
6. 18日，收到客户付来前欠货款48 000元，存入银行。
7. 20日，采购员出差回来报销差旅费1 180元，退回多余现金20元，以结清预支款。
8. 23日，从黄浦公司购进机器设备1台，价值75 000元，机器设备已验收使用，账款以银行存款支付。
9. 27日，安泰公司投入资金150 000元，其中现金90 000元，已存入银行，机器设备1台，价值60 000元，已验收使用。
10. 31日，从嘉华工厂购进原材料48 000元，已验收入库，以银行存款支付货款22 800元，其余部分暂欠。

三、要求　编制会计分录。

练习题 二

一、目的　练习登记账户与试算平衡。

二、资料　武康工厂1月1日各账户的余额如图表3-6所示。

图表 3-6

账 户 余 额 表

单位：元

资　　产	余　　额	负债和所有者权益	余　　额
库存现金	500	短期借款	30 000
银行存款	150 500	应付账款	77 500
应收账款	112 800	长期借款	50 000
其他应收款	10 100	实收资本	500 000
原材料	125 600		
固定资产	258 000		
合　　计	657 500	合　　计	657 500

三、要求

1. 根据上列资料开设各个账户，并登记期初余额。
2. 根据习题一编制的会计分录登记各有关账户，并结出本期发生额及期末余额。
3. 根据各账户的发生额及余额编制"本期发生额及余额试算平衡表"进行试算平衡。

练 习 题 三

一、目的　练习试算平衡。

二、资料　新江工厂各账户登记的结果如图表3-7所示。

图表 3-7

资产类账户

借	库存现金			贷
期初余额	760	(7)		1 500
(6)	1 600			
(12)	180			
本期发生额				
期末余额				

借	银行存款			贷
期初余额	125 500	(2)		28 000
(4)	40 000	(5)		60 000
(9)	30 000	(6)		1 600
(11)	99 100	(8)		40 000
		(10)		7 650
		(14)		59 960
本期发生额		本期发生额		
期末余额				

负债和所有者权益类账户

借	短期借款			贷
(8)	40 000	期初余额		60 000
		(9)		30 000
本期发生额		本期发生额		
		期末余额		

借	应付账款			贷
(2)	28 000	期末余额		88 750
(14)	59 960	(1)		22 800
		(13)		30 120
本期发生额		本期发生额		
		期末余额		

资产类、费用类账户

借	应 收 账 款	贷
期初余额 147 400	(11)	99 100
本期发生额 期末余额	本期发生额	

借	其 他 应 收 款	贷
(7) 1 500	(12)	1 500
本期发生额	本期发生额	

借	原 材 料	贷
期初余额 108 700		
(1) 22 800		
(13) 30 120		
本期发生额 期末余额		

借	固 定 资 产	贷
期初余额 329 500		
(3) 75 000		
(5) 60 000		
本期发生额 期末余额		

借	管 理 费 用	贷
(12) 1 320		
本期发生额 期末余额		

负债和所有者权益类账户

借	应 交 税 费	贷
(10) 7 650	期初余额	13 110
本期发生额	本期发生额 期末余额	

借	长 期 借 款	贷
	(4)	40 000
	本期发生额 期末余额	

借	实 收 资 本	贷
	期初余额	550 000
	(3)	75 000
	本期发生额 期末余额	

三、要求

1. 根据上列账户记录，结算各账户的本期发生额和期末余额。
2. 根据各账户的本期发生额及余额编制"本期发生额及余额试算平衡表"。

第四章 工业企业的会计核算

第一节 资金投入企业的核算

资金投入企业是资金运动的起点。资金是企业设立的先决条件,也是企业开展生产经营活动的基础。企业的资金是通过向社会各方筹集而取得的,按照企业筹集资金的性质不同,投入企业的资金可分为权益资金和借入资金两类。

一、权益资金投入企业的核算

(一)权益资金投入企业概述

权益资金是指企业依法筹集的、长期拥有并自主支配的资金。为设立而筹集的、投入企业的权益资金主要是实收资本,它是企业权益资金的主体。实收资本是指投资者实际投入企业的资本总额。投资者可以是政府,也可以是法人或个人,还可以是外商。投资者对企业的投资方式,主要有以货币资金投资、以固定资产投资和以无形资产投资。

投资者投入企业的资金,虽然属于投资者所有,但在企业存续期间,投资者除可以依法转让外,不得任意抽回,投资者可以凭借其资金所有权参与企业的收益分配。

(二)权益资金投入企业核算设置的账户及其运用

为了核算和监督权益资金投入企业的情况及资金投入企业后的占用情况,应设置"实收资本"、"银行存款"、"固定资产"和"无形资产"等账户。

"实收资本"是所有者权益类账户,用以核算企业接受投资者投入的实收资本。投资者向企业投入资金时,记入贷方;企业存续期满,投资者从企业收回投资额时,记入借方;期末余额在贷方,表示企业实收资本总额。

"银行存款"是资产类账户,用以核算企业存入银行或其他金融机构的款项。企业向银行或其他金融机构存入款项时,记入借方;从银行或其他金融机构支取款项时,记入贷方;期末余额在借方,表示企业存在银行或其他金融机构款项的结存额。

"固定资产"是资产类账户,用以核算企业持有的固定资产的原始价值。企业取得固定资产时,记入借方;企业处置固定资产时,记入贷方;期末余额在借方,表示企业固定资产原始价值的结存额。

原始价值是指企业取得固定资产时所发生的全部支出,也就是固定资产的历史成本。固定资产是劳动资料,是进行产品生产必需的物质资料。

"无形资产"是资产类账户,用以核算企业持有的专利权等无形资产的原始成本。企业取得无形资产时,记入借方;企业处置无形资产时,记入贷方;期末余额在借方,表示企业期末持有的无形资产的原始成本。

【例1】 静安工厂收到东方公司投入资金 860 000 元,存入银行。

这笔经济业务的发生,一方面增加了银行存款,另一方面也增加了东方公司的投资额,即增加了实收资本。作分录如下:

借:银行存款　　　　　　　　　　　　　　　　860 000.00
　　贷:实收资本——东方公司　　　　　　　　　860 000.00

【例2】 静安工厂收到张江公司投入新建的厂房 1 幢,价值 350 000 元,作为其投资额。厂房已验收使用。

这笔经济业务的发生,一方面增加了固定资产,另一方面也增加了张江公司的投资额,即增加了实收资本。作分录如下:

借:固定资产　　　　　　　　　　　　　　　　350 000.00
　　贷:实收资本——张江公司　　　　　　　　　350 000.00

【例3】 静安工厂收到张江公司投入的专利权 1 项,按投资合同约定的价值 150 000 元入账。

这笔经济业务的发生,一方面增加了无形资产,另一方面也增加了张江公司的投资额。作分录如下:

借:无形资产　　　　　　　　　　　　　　　　150 000.00
　　贷:实收资本——张江公司　　　　　　　　　150 000.00

二、借入资金投入企业的核算

(一)借入资金投入企业概述

借入资金是指企业依法筹集的、依约使用并按期偿还的资金。银行借款是借入资金的主体。

银行借款体现了一种债权、债务关系,它是企业的债务。企业在银行借款期满时要予以归还,并要按期支付利息。银行是企业的债权人,无权参与企业的经营管理和收益的分配。

银行借款按借款期限的长短不同,可分为短期借款和长期借款。短期借款是指企业向银行借入的偿还期限在 1 年(含 1 年)以下的款项。长期借款是指企业向银行借入的偿还期限在 1 年以上的款项。

(二)借入资金投入企业核算设置的账户及其运用

为了核算和监督借入资金进入企业的情况,应设置"短期借款"和"长期借款"账户。

"短期借款"是负债类账户,用以核算企业向银行借入的偿还期限在 1 年(含 1 年)以下的款项。企业从银行取得短期借款时,记入贷方;企业向银行归还短期借款时,记入借方;期末余额在贷方,表示企业尚未归还的短期借款。

"长期借款"是负债类账户,用以核算企业向银行借入的偿还期限在1年以上的款项。企业从银行取得长期借款时,记入贷方;企业向银行归还长期借款时,记入借方;期末余额在贷方,表示企业尚未归还的长期借款。

【例4】 静安工厂向银行借入期限1年的借款100 000元,存入银行。

这笔经济业务的发生,一方面增加了银行存款,另一方面也增加了短期借款。作分录如下:

借:银行存款　　　　　　　　　　　　　　　　　　　　　100 000.00
　　贷:短期借款　　　　　　　　　　　　　　　　　　　　　　100 000.00

【例5】 静安工厂向银行借入期限3年的借款180 000元,存入银行,以备购置自动化生产设备。

这笔经济业务的发生,一方面增加了银行存款,另一方面也增加了长期借款,作分录如下:

借:银行存款　　　　　　　　　　　　　　　　　　　　　180 000.00
　　贷:长期借款　　　　　　　　　　　　　　　　　　　　　　180 000.00

【例6】 静安工厂购置自动化生产设备1套,价款180 000元,以银行存款支付。

这笔经济业务的发生,一方面增加了固定资产,另一方面也减少了银行存款。作分录如下:

借:固定资产　　　　　　　　　　　　　　　　　　　　　180 000.00
　　贷:银行存款　　　　　　　　　　　　　　　　　　　　　　180 000.00

根据本节的会计分录登记各有关账户如图表4-1所示。

图表4-1

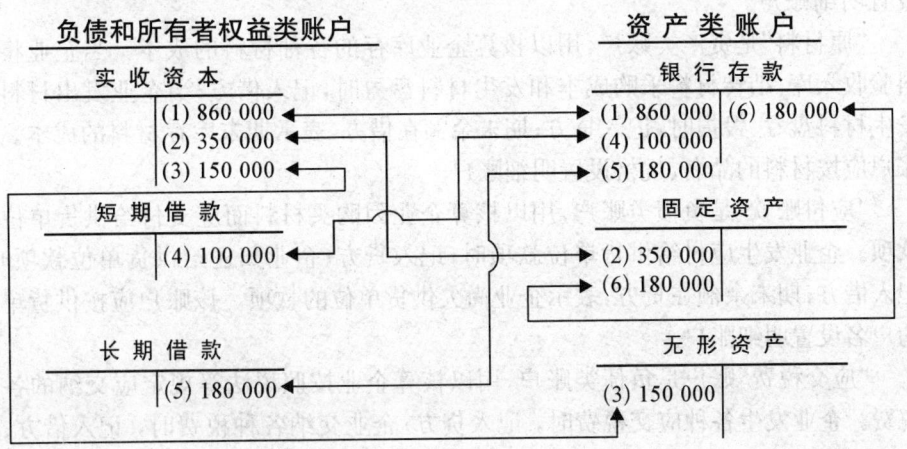

第二节 供应过程的核算

一、供应过程概述

供应过程是材料采购和储备的过程,它是工业企业生产经营活动的起点。材料是劳动对象,是进行产品生产必不可少的物质资料,企业在供应过程中,应根据采购合同有计划地采购材料,并与供货方结算款项,支付材料的运输费、装卸费等各种采购费用。材料运达企业后,由仓储部门验收入库,进行储备。企业应及时采购材料,以满足生产和管理的需要。

材料是以实际成本计价的,材料的实际成本就是材料的采购成本,由材料的买价和采购费用两部分组成。采购费用包括采购材料发生的运输费、装卸费、保险费等。企业应节约材料的采购费用,降低材料采购成本。

我国税法规定对销售货物要征收增值税,该税是价外税。增值税的纳税人是销售货物的单位,负税人却是消费者。因此,企业购进材料时,除了要支付材料的货款外,还要为以后的消费者垫支增值税。增值税税率通常为 17%。

二、供应过程核算设置的账户及其运用

企业为了核算和监督材料的采购和储备的情况,应设置"在途物资"、"原材料"、"应付账款"、"应交税费"和"预付账款"等账户。

"在途物资"是资产类账户,用以企业采用实际成本进行材料等物资的日常核算、货款已付尚未验收入库的在途材料等物资的采购成本。企业购进材料等物资支付货款及采购费用时,记入借方;材料等物资到达验收入库,结转其采购成本时,记入贷方;期末余额在借方,表示尚未到达及虽已到达但尚未完成采购过程的在途材料等物资的采购成本。该账户应按采购材料等物资的品名、规格设置明细账户。

"原材料"是资产类账户,用以核算企业库存的各种材料的成本。当企业将材料验收入库,结转材料采购成本和发生材料盘盈时,记入借方;当企业发出材料和发生材料盘亏、毁损时,记入贷方;期末余额在借方,表示期末库存材料的成本。该账户应按材料的品名、规格设置明细账户。

"应付账款"是负债类账户,用以核算企业因购买材料而应支付给供货单位的款项。企业发生应付给供货单位款项时,记入贷方;企业归还给供货单位款项时,记入借方;期末余额在贷方,表示企业尚欠供货单位的款项。该账户应按供货单位的户名设置明细账户。

"应交税费"账户是负债类账户,用以核算企业按照税法等规定应交纳的各种税费。企业发生各种应交税费时,记入贷方;企业交纳各种税费时,记入借方;期

末余额在贷方，表示企业尚未交纳的各种税费。该账户应按税种进行明细核算。

"预付账款"是资产类账户，用以核算企业按照合同规定预付给供货单位的款项。企业发生预付给供货单位款项时，记入借方；企业收到供货单位材料，转销预付款项时，记入贷方；期末余额在借方，表示企业已经预付而尚未收到材料的款项。该账户应按供货单位的户名设置明细账户。

【例7】 静安工厂向光华工厂购进A材料3 000千克，每千克60元，货款180 000元，增值税额30 600元。A材料已验收入库，款项尚未支付。

这笔经济业务的发生，一方面增加了材料的采购成本和应交增值税进项税额，另一方面也增加了应付账款，作分录如下：

  借：在途物资——A材料   180 000.00
  借：应交税费——应交增值税——进项税额   30 600.00
    贷：应付账款——光华工厂   210 600.00

【例8】 静安工厂以银行存款支付3 000千克A材料的运输费3 600元，装卸费900元。

这笔经济业务的发生，一方面增加了材料的采购成本，另一方面减少了银行存款，作分录如下：

  借：在途物资——A材料   4 500.00
    贷：银行存款   4 500.00

【例9】 静安工厂购进的A材料已验收入库，材料采购完毕，结转A材料的实际采购成本。

这笔经济业务的发生，一方面增加了材料的储备额，另一方面随着材料采购的完毕，要转销材料采购额。作分录如下：

  借：原材料——A材料   184 500.00
    贷：在途物资——A材料   184 500.00

【例10】 静安工厂向申达工厂购进B材料2 500千克，每千克35元，货款87 500元，增值税额14 875元；C材料1 500千克，每千克31元，货款46 500元，增值税额7 905元，款项以银行存款支付。

这笔经济业务的发生，一方面增加了材料的采购成本和应交增值税进项税额，另一方面减少了银行存款。作分录如下：

  借：在途物资——B材料   87 500.00
  借：在途物资——C材料   46 500.00
  借：应交税费——应交增值税——进项税额   22 780.00
    贷：银行存款   156 780.00

【例11】 静安工厂以银行存款支付B、C两种材料的运输费3 200元,装卸费800元,按材料的重量比例分配。

这笔经济业务的发生,一方面增加了材料的采购成本,另一方面减少了银行存款。作分录如下:

  借:在途物资——B材料   2 500.00
  借:在途物资——C材料   1 500.00
   贷:银行存款   4 000.00

【例12】 静安工厂购进的B、C两种材料已验收入库,材料采购完毕,结转B、C两种材料的实际采购成本。

这笔经济业务的发生,一方面增加了材料的储备额,另一方面转销了材料采购额。作分录如下:

  借:原材料——B材料   90 000.00
  借:原材料——C材料   48 000.00
   贷:在途物资——B材料   90 000.00
   贷:在途物资——C材料   48 000.00

【例13】 静安工厂以银行存款11 500元预付给大明工厂订购D材料50%的货款。

这笔经济业务的发生,一方面增加了预付账款,另一方面减少了银行存款。作分录如下:

  借:预付账款——大明工厂   11 500.00
   贷:银行存款   11 500.00

【例14】 静安工厂收到向大明工厂订购的D材料575千克,每千克40元,货已运到。以银行存款支付D材料其余50%的货款,增值税额为3 910元,以及D材料的运输费471.50元,装卸费103.50元。

本例涉及支付货款和采购费用以及材料运到和转销预付账款两笔经济业务。

(1) 涉及支付货款和采购费用的经济业务的发生,一方面增加了材料的采购成本和应交增值税进项税额,另一方面减少银行存款。作分录如下:

  借:在途物资——D材料   12 075.00
  借:应交税费——应交增值税——进项税额   3 910.00
   贷:银行存款   15 985.00

(2) 涉及材料运到,转销预付账款的经济业务的发生,一方面增加了材料采购成本,另一方面转销了预付账款。作分录如下:

借：在途物资——D材料　　　　　　　　　　　　　　　　　11 500.00
　　贷：预付账款——大明工厂　　　　　　　　　　　　　　　　11 500.00

【例15】 静安工厂购进的D材料已验收入库，结转其实际采购成本。

这笔经济业务的发生，一方面增加了材料的储备额，另一方面要转销材料采购额。作分录如下：

借：原材料——D材料　　　　　　　　　　　　　　　　　23 575.00
　　贷：在途物资——D材料　　　　　　　　　　　　　　　　23 575.00

根据本节的会计分录，登记各有关账户如图表4-2所示。

三、材料采购成本的计算

材料由于产地不同，其买价和采购费用往往各异。为了加强对材料的核算和监督，分析和考核材料采购成本的构成以及材料采购成本的节约与超支，需要计算各种材料的采购总成本和单位成本。

材料的采购成本由材料的买价和采购费用组成。材料的买价是购进材料时从供货单位取得的发票上列明的材料货款，可以直接计入各种材料的采购成本。材料的采购费用，倘若能够分清材料品种的，可以直接计入各种有关的材料的采购成本；倘若不能分清材料品种的，通常按材料的重量、体积或买价的比例分配后计入各种有关材料的采购成本。材料采购费用的分配公式如下：

$$\text{材料采购费用分配率} = \frac{\text{发生的采购费用}}{\text{采购材料的总重量（或总体积、总买价）}}$$

$$\text{某种材料应负担的采购费用} = \text{该种材料重量（或体积、买价）} \times \text{材料采购费用分配率}$$

现以[例10]和[例11]的资料为例，按B、C两种材料的重量比例分配运输费和装卸费如下：

$$\text{运输费分配率} = \frac{3\,200}{2\,500 + 1\,500} = 0.80(\text{元}/\text{千克})$$

B材料应分配运输费 = 2 500 × 0.80 = 2 000(元)

C材料应分配运输费 = 1 500 × 0.80 = 1 200(元)

$$\text{装卸费分配率} = \frac{800}{2\,500 + 1\,500} = 0.20(\text{元}/\text{千克})$$

B材料应分配装卸费 = 2 500 × 0.20 = 500(元)

C材料应分配装卸费 = 1 500 × 0.20 = 300(元)

企业通过"在途物资"明细分类账归集各种材料的采购成本，当某种材料采购完毕，需要结转材料采购成本时，在"在途物资"明细分类账户内已归集了该种材料的实际采购成本，即该种材料的采购总成本。

会计学基础

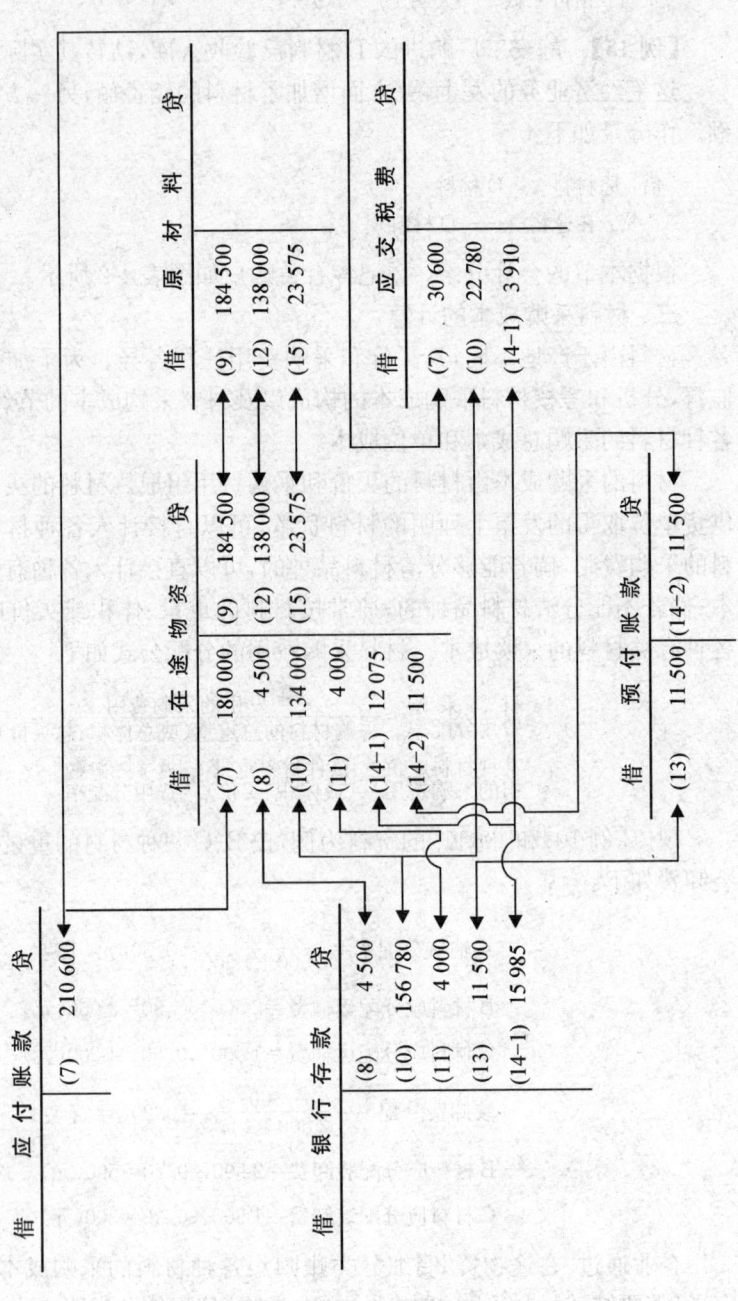

图表 4-2 各有关账户对应关系

现根据[例7]、[例8]和[例9],登记 A"在途物资"明细分类账如图表4-3所示。

图表4-3

在途物资明细分类账

材料名称:A 材料　　　　计量单位:千克　　　　金额单位:元

2016年		凭证号数	摘要	借方				贷方
月	日			买价	运输费	装卸费	合计	
略	略	7	购进3 000千克	180 000			180 000	
		8	支付运输费和装卸费		3 600	900	4 500	
		9	结转实际采购成本					184 500
			本月发生额	180 000	3 600	900	184 500	184 500

当材料采购完毕,结转材料实际采购成本时,要编制材料采购成本计算表,反映材料采购的总成本并计算其单位成本。

现根据本节的[例7]至[例15]及"在途物资"明细账的资料,编制材料采购成本计算表如图表4-4所示。

图表4-4

材料采购成本计算表

单位:元

材料 成本项目	A材料3 000千克		B材料2 500千克		C材料1 500千克		D材料575千克	
	总成本	单位成本	总成本	单位成本	总成本	单位成本	总成本	单位成本
买价	180 000.00	60.00	87 500.00	35.00	46 500.00	31.00	23 000.00	40.00
运输费	3 600.00	1.20	2 000.00	0.80	1 200.00	0.80	471.50	0.82
装卸费	900.00	0.30	500.00	0.20	300.00	0.20	103.50	0.18
采购成本	184 500.00	61.50	90 000.00	36.00	48 000.00	32.00	23 575.00	41.00

第三节　生产过程的核算

一、生产过程概述

生产过程是从材料投入生产到产品完工的过程,它是工业企业生产经营活动的中心环节。

在生产过程中,会发生生产费用。生产费用是指用于生产产品的费用。它包括生产产品耗用的劳动对象、劳动资料和劳动者的劳动。随着生产产品的完工,生产费用就转变为产品制造成本。此外,在生产过程中还会发生期间费用。期间费用是指在会计期间为企业提供一定的生产条件,以保持产品产销能力的费用,它包括销售费用、管理费用和财务费用。

成本项目是指生产费用按经济用途分类的项目。通过成本项目可以反映和监督产品成本的构成。成本项目可分为直接材料、直接人工和制造费用三类。直接材料是指企业在生产产品过程中直接用于产品生产的材料。直接人工是指企业直接从事产品生产的工人工资及福利费。制造费用是指企业为生产产品而发生的各项间接费用。它包括生产单位①管理人员的工资和职工福利费、固定资产的折旧费和修理费、水电费、办公费、机物料消耗、差旅费、保险费、劳动保护费等。

二、生产过程核算设置的账户及其运用

企业为了核算和监督生产费用和期间费用的发生情况,正确计算产品成本,应设置"生产成本"、"制造费用"、"库存现金"、"应付职工薪酬"、"累计折旧"、"累计摊销"、"管理费用"、"财务费用"和"库存商品"账户。

"生产成本"是成本类账户,用以核算企业生产产品所发生的各项生产费用。企业发生各项生产费用时,记入借方;企业结转完工产品实际成本时,记入贷方;期末余额在借方,表示企业尚未完工的在产品成本。该账户应按生产产品的品种设置明细分类账户。

"制造费用"是成本类账户,用以核算企业生产单位为生产产品和提供劳务所发生的各项间接费用。企业发生各项间接费用时,记入借方;企业月末将其转入"生产成本"账户时,记入贷方;结转后应无余额。该账户应按生产单位设置明细分类账户。

"库存现金"是资产类账户,用以核算企业的库存现金。企业收入现金时,记入借方;企业付出现金时,记入贷方;期末余额在借方,表示企业库存现金的结存额。

"应付职工薪酬"是负债类账户,用以核算企业根据有关规定应付给职工的各种薪酬。它包括应支付的职工工资和计提的职工福利费等。企业分配本月份职工工资和计提职工福利费时,记入贷方;企业发放职工工资和支用职工福利费时,记入借方;期末余额在贷方,表示企业应付职工薪酬的结存数。

职工福利费是指根据国家的规定,按职工工资总额的一定比例提取的,用于职工医疗卫生等福利支出的费用。

"累计折旧"是资产类账户,用以核算固定资产损耗的价值。企业计提固定资

---

① 指分厂、车间。

产折旧时,记入贷方;企业处置固定资产转销其折旧额时,记入借方;期末余额在贷方,表示企业固定资产的累计折旧额。"累计折旧"账户是"固定资产"账户的调整账户。"固定资产"账户余额减去"累计折旧"账户余额就是固定资产的净值。

"累计摊销"是资产类账户,用以核算企业提取的无形资产摊销额。企业计提无形资产摊销额时,记入贷方;企业处置无形资产转销其摊销额时,记入借方;期末余额在贷方,表示企业无形资产的累计摊销额。"累计摊销"账户是"无形资产"账户的调整账户,"无形资产"账户余额减去"累计摊销"账户余额,就是无形资产的现有价值。

"管理费用"是费用类账户,用以核算企业行政管理部门为组织和管理生产经营活动而发生的费用。企业发生各项管理费用时,记入借方;企业月末将其结转"本年利润"账户时,记入贷方;结转后应无余额。

"财务费用"是费用类账户,用以核算企业为筹集生产经营所需资金等而发生的筹资费用。企业发生利息支出等筹资费用时,记入借方,企业月末将其结转"本年利润"账户时,记入贷方;结转后应无余额。

"库存商品"是资产类账户,用以核算企业已生产完工验收入库的产品的实际生产成本。企业生产的产品完工验收入库时,记入借方;企业结转产品销售成本时,记入贷方;期末余额在借方,表示企业库存商品的实际生产成本。该账户应按产品名称设置明细分类账户。

生产费用和期间费用是按会计期间分月度进行核算的。然而企业在生产经营活动中,生产费用和期间费用的支付期与这两种费用的归属期往往不一致。例如,预付全年的保险费,将归属于全年保险费,全部由支付期负担显然是不合理的。又如,银行借款利息,银行是按季度在季末向企业结算的,归属于各个月份的利息费用,全部由季度的最后一个月负担也是不合理的。

综上所述,企业应根据权责发生制基础确定生产费用和期间费用。凡是归属于本期的生产费用和期间费用,不论其是否已经支付,均应作为本期的生产费用和期间费用;凡是不能归属于本期的生产费用和期间费用,即使其已经支付,也不能作为生产费用和期间费用入账,以保证产品成本和期间费用核算的准确性。因而还需要设置"待摊费用"和"应付利息"账户。

"待摊费用"是资产类账户,用以核算企业已经预付但应由本期和以后各受益期分别负担的分摊期限在1年(含1年)以内的各项费用。企业预付各项费用时,记入借方;分期摊销预付的各项费用时,记入贷方;期末余额在借方,表示企业尚待摊销的预付费用。

"应付利息"是负债类账户,用以核算企业按照规定计提已经发生的、但尚未支付的利息。企业计提利息时,记入贷方;企业支付计提的利息时,记入借方;期末余额在贷方,表示预提待付的利息。

【例16】 静安工厂根据各部门领用材料的凭证,编制材料耗用汇总表如图表4-5所示。

图表4-5

材料耗用汇总表　　　　　　　　　　　　　　　　　　　　　单位:元

材料用途＼耗用材料	A材料 数量(千克)	A材料 金额	B材料 数量(千克)	B材料 金额	C材料 数量(千克)	C材料 金额	金额合计
生产甲产品	1 600	98 400	1 200	43 200	720	23 040	164 640
生产乙产品	1 280	78 720	1 100	39 600			118 320
生产车间一般耗用			100	3 600	200	6 400	10 000
行政管理部门耗用					160	5 120	5 120
合　　计	2 880	177 120	2 400	86 400	1 080	34 560	298 080

这笔经济业务的发生,一方面增加了生产成本、制造费用和管理费用,另一方面减少了原材料。作分录如下:

　　借:生产成本——甲产品　　　　　　　　　　　　　　　164 640.00
　　借:生产成本——乙产品　　　　　　　　　　　　　　　118 320.00
　　借:制造费用　　　　　　　　　　　　　　　　　　　　 10 000.00
　　借:管理费用　　　　　　　　　　　　　　　　　　　　　5 120.00
　　　贷:原材料——A材料　　　　　　　　　　　　　　　　177 120.00
　　　贷:原材料——B材料　　　　　　　　　　　　　　　　 86 400.00
　　　贷:原材料——C材料　　　　　　　　　　　　　　　　 34 560.00

【例17】 静安工厂从银行提取现金164 600元,备发工资。

这笔经济业务的发生,一方面增加了库存现金,另一方面减少了银行存款。作分录如下:

　　借:库存现金　　　　　　　　　　　　　　　　　　　　164 600.00
　　　贷:银行存款　　　　　　　　　　　　　　　　　　　164 600.00

【例18】 静安工厂以现金164 600元发放本月份职工工资。

这笔经济业务的发生,一方面减少了应付职工薪酬,另一方面也减少了库存现金,作分录如下:

　　借:应付职工薪酬　　　　　　　　　　　　　　　　　　164 600.00
　　　贷:库存现金　　　　　　　　　　　　　　　　　　　164 600.00

第四章 工业企业的会计核算

【例19】 静安工厂分配本月份职工工资164 600元,其中,生产甲产品工人工资75 000元,生产乙产品工人工资60 000元,车间管理人员工资9 600元,行政管理人员工资20 000元。

这笔经济业务的发生,一方面增加了生产成本、制造费用和管理费用,另一方面也增加了应付职工薪酬。作分录如下:

借:生产成本——甲产品	75 000.00
借:生产成本——乙产品	60 000.00
借:制造费用	9 600.00
借:管理费用	20 000.00
贷:应付职工薪酬	164 600.00

【例20】 静安工厂以本月份职工工资总额的14%计提职工福利费。

这笔经济业务的发生,一方面增加了生产成本、制造费用和管理费用,另一方面也增加了应付职工薪酬。作分录如下:

借:生产成本——甲产品	10 500.00
借:生产成本——乙产品	8 400.00
借:制造费用	1 344.00
借:管理费用	2 800.00
贷:应付职工薪酬	23 044.00

【例21】 静安工厂计提本月份固定资产折旧费25 496元,其中:生产车间24 176元,行政管理部门1 320元。

这笔经济业务的发生,一方面增加了制造费用和管理费用,另一方面也增加了累计折旧额。作分录如下:

借:制造费用	24 176.00
借:管理费用	1 320.00
贷:累计折旧	25 496.00

【例22】 静安工厂摊销本月份负担的专利权费用1 250元。

这笔经济业务的发生,一方面增加了管理费用,另一方面增加了累计摊销额。作分录如下:

借:管理费用	1 250.00
贷:累计摊销	1 250.00

【例23】 静安工厂以银行存款预付本年度财产保险费36 000元。

这笔经济业务的发生,一方面增加了待摊费用,另一方面减少了银行存款。作分录如下:

借：待摊费用　　　　　　　　　　　　　　　　　　　36 000.00
　　　　贷：银行存款　　　　　　　　　　　　　　　　　　36 000.00

【例24】　静安工厂摊销由本月份负担的财产保险费3 000元，其中，生产车间负担2 400元，行政管理部门负担600元。

　　这笔经济业务的发生，一方面增加了制造费用和管理费用，另一方面减少了待摊费用。作分录如下：

　　借：制造费用　　　　　　　　　　　　　　　　　　　2 400.00
　　借：管理费用　　　　　　　　　　　　　　　　　　　　600.00
　　　　贷：待摊费用　　　　　　　　　　　　　　　　　　3 000.00

【例25】　静安工厂提取本月份短期借款的利息2 992元。

　　这笔经济业务的发生，一方面增加了财务费用，另一方面也增加了应付利息。作分录如下：

　　借：财务费用　　　　　　　　　　　　　　　　　　　2 992.00
　　　　贷：应付利息　　　　　　　　　　　　　　　　　　2 992.00

【例26】　静安工厂分配本月份发生的制造费用47 520元，其中，甲产品负担26 400元，乙产品负担21 120元。

　　这笔经济业务的发生，一方面增加了生产成本，另一方面也转销了制造费用。作分录如下：

　　借：生产成本——甲产品　　　　　　　　　　　　　　26 400.00
　　借：生产成本——乙产品　　　　　　　　　　　　　　21 120.00
　　　　贷：制造费用　　　　　　　　　　　　　　　　　47 520.00

【例27】　静安工厂本月份生产的甲产品400件和乙产品500件均已全部完工，并验收入库，分别结转甲产品和乙产品的实际生产成本274 540元和207 840元。

　　这笔经济业务的发生，一方面增加了库存商品，另一方面也转销了生产成本，作分录如下：

　　借：库存商品——甲产品　　　　　　　　　　　　　274 540.00
　　借：库存商品——乙产品　　　　　　　　　　　　　207 840.00
　　　　贷：生产成本——甲产品　　　　　　　　　　　　274 540.00
　　　　贷：生产成本——乙产品　　　　　　　　　　　　207 840.00

　　根据本节会计分录登记各账户如图表4-6所示。

第四章 工业企业的会计核算

图表 4-6 各有关账户对应关系

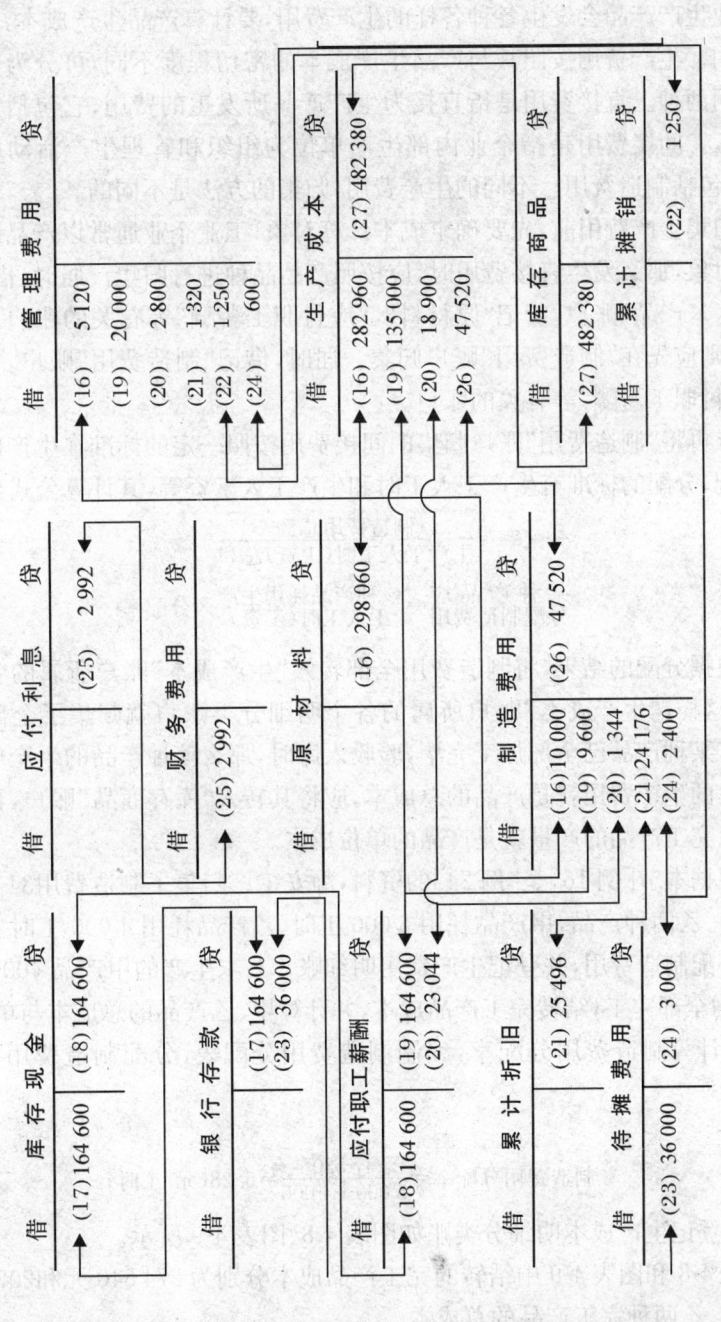

63

三、产品生产成本的计算

企业生产产品会发生各种各样的生产费用,要计算产品生产成本,首先要归集生产费用。生产费用按照其与产品生产成本的密切程度不同,可分为直接费用和间接费用两种。直接费用是指直接为生产产品所发生的费用,它包括直接材料和直接人工。间接费用是指企业内部生产单位为组织和管理生产活动而发生的费用,它仅包括制造费用。不同的生产费用,归集的方法是不同的。

在归集生产费用前,先要确定成本计算对象,工业企业通常以产品品种作为成本计算对象,那么发生直接费用时,应按照产品品种进行归集。届时,借记"生产成本——××产品"账户,贷记"原材料"、"应付职工薪酬"等有关的账户。发生间接费用时,则应先在"制造费用"账户归集。届时,借记"制造费用"账户。贷记"原材料"、"应付职工薪酬"等有关的账户。

期末再将"制造费用"账户归集的间接费用按照一定的标准在生产的产品之间进行分配,分配的标准有生产工人工时和生产工人工资等,其计算公式如下:

$$分配率=\frac{制造费用总额}{生产工人工时(工资)总和}$$

$$某种产品应分配制造费用=该种产品耗用生产工人工时(工资)\times 分配率$$

再根据分配的结果,将制造费用全部转入"生产成本"账户所属的各个明细分类账户,这样,"生产成本"账户所属的各个明细分类账户就归集了全部的生产费用。倘若某种产品已全部加工完毕,验收入库时,那么该种产品的生产成本明细账户中归集的生产费用就是产品的总成本,应将其转入"库存商品"账户,再将产品总成本除以完工产品的产量就是产品的单位成本。

现根据本节[例16]至[例24]的资料,静安工厂归集了制造费用34 380元。该厂生产甲、乙两种产品,甲产品耗用5 000工时,乙产品耗用4 000工时。按生产工人工时分配制造费用,并登记生产费用明细账。月末生产的甲产品400件,乙产品500件,均全部完工,结转完工产品成本,并计算甲、乙产品的总成本与单位成本。

(1) 计算制造费用分配率,编制制造费用分配表,分配制造费用如图表4-7所示。

$$制造费用分配率=\frac{47\ 520}{5\ 000+4\ 000}=5.28(元/工时)$$

(2) 登记生产成本明细分类账如图表4-8、图表4-9所示。

图表4-8和图表4-9中结转的完工产品成本分别为274 540元和207 840元,这分别是甲、乙两种完工产品的总成本。

(3) 编制产品单位成本计算表,计算完工产品单位成本如图表4-10所示。

图表 4-7

制造费用分配表

产品名称	分配标准(生产工人工时)	分配率(元/工时)	分配金额(元)
(1)	(2)	(3)	(4)=(2)×(3)
甲产品	5 000	5.28	26 400
乙产品	4 000	5.28	21 120
合 计	9 000	—	47 520

图表 4-8

生产成本明细账

账户名称：甲产品　　　　　　　　　　　　　　　　　　　单位：元

2016年		凭证号数	摘要	借方				贷方	余额
月	日			直接材料	直接人工	制造费用	合计		
略	略	16	领用材料	164 640			164 640		164 640
		19	分配工资		75 000		75 000		239 640
		20	计提职工福利费		10 500		10 500		250 140
		26	分配制造费用			26 400	26 400		274 540
		27	结转完工产品成本					274 540	-0-
			本月发生额及余额	164 640	85 500	26 400	274 540	274 540	-0-

图表 4-9

生产成本明细账

账户名称：乙产品　　　　　　　　　　　　　　　　　　　单位：元

2016年		凭证号数	摘要	借方				贷方	余额
月	日			直接材料	直接人工	制造费用	合计		
略	略	16	领用材料	118 320			118 320		118 320
		19	分配工资		60 000		60 000		178 320
		20	计提职工福利费		8 400		8 400		186 720
		26	分配制造费用			21 120	21 120		207 840
		27	结转完工产品成本					207 840	-0-
			本期发生额及余额	118 320	68 400	21 120	207 840	207 840	-0-

图表 4-10

产品单位成本计算表

单位：元

产品名称	产量	成本	直接材料	直接人工	制造费用	合计
甲产品	400件	总成本	164 640.00	85 500.00	26 400.00	274 540.00
		单位成本	411.60	213.75	66.00	691.35
乙产品	500件	总成本	118 320.00	68 400.00	21 120.00	207 840.00
		单位成本	236.64	136.80	42.24	415.68

第四节 销售过程的核算

一、销售过程概述

销售过程是产品完工验收入库到产品销售给购货单位，并收回货币的过程，它是工业企业生产经营活动的最后环节。企业生产的产品只有在销售以后，它的价值才能真正实现，资金周转才能顺利地进行。

企业通过销售产品，取得主营业务收入，并向购货单位收取增值税销项税额，从而与购货单位发生款项结算。企业在销售产品时，会发生包装费、运输费、广告费、销售服务费等各种销售费用。企业还通过销售材料等其他经营活动，取得其他业务收入。企业要计算营业成本，即计算销售产品的生产成本和销售材料的成本，还要按增值税销项税额与增值税进项税额的差额以及城市维护建设税的税率、教育费附加征收率计算营业税金及附加等。

二、销售过程核算设置的账户及其运用

企业为了核算、监督产品和材料的销售收入、货款的结算情况，以及销售费用、营业成本和营业税金及附加发生的情况，应设置"主营业务收入"、"其他业务收入"、"应收账款"、"预收账款"、"主营业务成本"、"其他业务成本"、"营业税金及附加"和"销售费用"等账户。

"主营业务收入"是收入类账户，用以核算企业确认的销售产品、提供劳务等主营业务的收入。企业确认销售产品或者提供劳务收入时，记入贷方；企业月末将其结转"本年利润"账户时，记入借方；结转后应无余额。

"其他业务收入"是收入类账户，用以核算企业确认的除主营业务活动以外的其他经营活动的收入。企业确认其他经营活动收入时，记入贷方；企业月末将其结转"本年利润"账户时，记入借方；结转后应无余额。

第四章 工业企业的会计核算

"应收账款"是资产类账户,用以核算企业因销售产品、提供劳务等经营活动而应收取的款项。企业发生应收账款时,记入借方;企业收回应收账款时,记入贷方;期末余额在借方,表示企业尚未收回的应收账款。

"预收账款"是负债类账户,用以核算企业按照合同规定向购货单位预收的款项。企业向购货单位预收款项时,记入贷方;企业发付对方产品,销售实现时,记入借方;期末余额在贷方,表示企业预收购货单位的款项。该账户应按购货单位设置明细分类账户。

"主营业务成本"是费用类账户,用以核算企业确认销售产品、提供劳务等主营业务收入时应结转的成本。企业结转主营业务成本时,记入借方;企业月末将其结转"本年利润"账户时,记入贷方;结转后应无余额。

"其他业务成本"是费用类账户,用以核算企业确认的除主营业务活动以外的其他经营活动所发生的成本。企业发生除主营业务活动以外的其他经营活动的成本时,记入借方;企业月末将其结转"本年利润"账户时,记入贷方;结转后应无余额。

"营业税金及附加"是费用类账户,用以核算企业因营业活动发生的税金和教育费附加。企业按规定计提应交营业税金及附加时,记入借方;企业月末将其结转"本年利润"账户时,记入贷方;结转后应无余额。

"销售费用"是费用类账户,用以核算企业在销售产品和材料、提供劳务过程中发生的各种费用。企业发生销售费用时,记入借方;企业月末将其结转"本年利润"账户时,记入贷方;结转后应无余额。

【例28】 静安工厂售给宁安公司甲产品360件,每件900元,货款324 000元,增值税额55 080元,款项尚未收到。

这笔经济业务的发生,一方面增加了应收账款,另一方面也增加了主营业务收入和增值税销项税额。作分录如下:

借:应收账款——宁安公司　　　　　　　　　　　379 080.00
　　贷:主营业务收入　　　　　　　　　　　　　324 000.00
　　贷:应交税费——应交增值税——销项税额　　 55 080.00

【例29】 静安工厂以银行存款支付推销产品的广告费9 300元。

这笔经济业务的发生,一方面增加了销售费用,另一方面减少了银行存款。作分录如下:

借:销售费用　　　　　　　　　　　　　　　　　9 300.00
　　贷:银行存款　　　　　　　　　　　　　　　9 300.00

【例30】 静安工厂以银行存款支付销售甲产品运输费4 060元。

这笔经济业务的发生,一方面增加了销售费用,另一方面减少了银行存款。作分录如下:

  借:销售费用   4 060.00
    贷:银行存款   4 060.00

【例31】 静安工厂根据合同规定,预收新华工厂订购乙产品400件30%的货款67 200元,存入银行。

这笔经济业务的发生,一方面增加了银行存款,另一方面也增加了预收账款。作分录如下:

  借:银行存款   67 200.00
    贷:预收账款——新华工厂   67 200.00

【例32】 静安工厂售给新华工厂订购的乙产品400件,每件560元,计货款224 000元,增值税额38 080元,查已预收货款67 200元,收取其余的账款194 880元,存入银行。

本例涉及收到销货款、增值税销项税额和销售实现转销预收账款两笔经济业务。

(1)涉及收到销货款和增值税销项税额经济业务的发生,一方面增加了银行存款,另一方面也增加了主营业务收入和增值税销项税额。作分录如下:

  借:银行存款   194 880.00
    贷:主营业务收入   156 800.00
    贷:应交税费——应交增值税——销项税额   38 080.00

(2)涉及销售实现,转销预收账款经济业务的发生,一方面要减少预收账款,另一方面要增加主营业务收入,作分录如下:

  借:预收账款——新华工厂   67 200.00
    贷:主营业务收入   67 200.00

【例33】 静安工厂销售给安泰公司D材料200千克,每千克45元,货款9 000元,增值税额1 530元,当即收到全部账款10 530元,存入银行。

这笔经济业务的发生,一方面增加了银行存款,另一方面增加了其他业务收入和增值税销项税额。作分录如下:

  借:银行存款   10 530.00
    贷:其他业务收入   9 000.00
    贷:应交税费——应交增值税—销项税额   1 530.00

【例34】 静安工厂本月份发生增值税销项税额94 690元,增值税进项税额57 290元。根据销项税额减去进项税额的差额,按7%的税率计提应交城市维护建设税,按3‰的征收率计提应交教育费附加。

应交城市维护建设税＝(94 690－57 290)×7‰＝2 618(元)

应交教育费附加＝(94 690－57 290)×3‰＝1 122(元)

这笔经济业务的发生,一方面增加了营业税金及附加,另一方面也增加了应交税费。作分录如下:

  借:营业税金及附加   3 740.00
   贷:应交税费——应交城市维护建设税   2 618.00
   贷:应交税费——应交教育费附加   1 122.00

【例35】 静安工厂甲产品单位成本为691.35元,乙产品单位成本为415.68元,结转已售甲、乙两种产品的生产成本。

这笔经济业务的发生,一方面增加了主营业务成本,另一方面却减少了库存商品。作分录如下:

  借:主营业务成本   415 158.00
   贷:库存商品——甲产品   248 886.00
   贷:库存商品——乙产品   166 272.00

【例36】 静安工厂D材料的单位成本为41元,结转已售200千克D材料的成本。

这笔经济业务的发生,一方面增加了其他业务成本,另一方面减少了原材料。作分录如下:

  借:其他业务成本   8 200.00
   贷:原材料——D材料   8 200.00

根据本节[例28]至[例36]的经济业务编制的会计分录,登记账户如图表4-11所示。

第五节 利润的核算

一、利润概述

利润是指企业通过一定时期的生产经营活动所取得的全部收入抵补全部费用后实现的总成果;反之,倘若全部收入抵补不了全部费用,则为亏损。利润是企业进行生产经营的目标,也是综合反映企业一定时期生产经营成果的重要指标。

企业的利润总额由营业利润和营业外收支净额两个部分组成。营业利润是指企业从事生产经营活动所取得的利润。它是主营业务收入加上其他业务收入,减

各有关账户的对应关系

	应交税费		
借		贷	
		(28)	55 080
		(32-1)	38 080
		(33)	1 530
		(34)	3 740

营业税金及附加	
借	贷
(34) 3 740	

销售费用	
借	贷
(29) 9 600	
(30) 4 060	

其他业务成本	
借	贷
(36) 8 200	

应收账款	
借	贷
(28) 379 080	

预收账款	
借	贷
(32-2) 67 200	(31) 67 200

银行存款	
借	贷
(31) 67 200	(29) 9 600
(32-1) 194 880	(30) 4 060
(33) 10 530	

原材料	
借	贷
	(36) 8 200

主营业务收入	
借	贷
	(28) 324 000
	(32-1) 156 800
	(32-2) 67 200

库存商品	
借	贷
	(35) 415 158

主营业务成本	
借	贷
(35) 415 158	

其他业务收入	
借	贷
	(33) 9 000

图表 4-11

去主营业务成本、其他业务成本、营业税金及附加,再减去销售费用、管理费用和财务费用后的差额,它是利润总额的主体。营业外收支净额是指企业发生的与生产经营活动无直接关系的其他各项收入与支出的差额,它由营业外收入和营业外支出组成。

企业实现的利润总额要按一定的比例交纳所得税,从而形成所得税费用。利润总额减去所得税费用后的差额即为净利润,净利润是企业的净收益。

二、利润核算设置的账户及其运用

企业为了核算和监督利润的形成和分配的情况,应设置"营业外收入"、"营业外支出"、"本年利润"、"所得税费用"、"利润分配"、"盈余公积"和"应付股利"等账户。

"营业外收入"是收入类账户,用以核算企业发生的与生产经营活动无直接关系的各项收入。企业发生各项收入时,记入贷方;企业月末将其结转"本年利润"账户时,记入借方;结转后应无余额。

"营业外支出"是费用类账户,用以核算企业发生的与生产经营活动无直接关系的各项支出。企业发生各项支出时,记入借方;企业月末将其结转"本年利润"账户时,记入贷方;结转后应无余额。

"本年利润"账户是所有者权益类账户,用以核算企业在本年度内实现的净利润。在月末,企业将各收入类账户转入时,记入贷方;企业将各费用类账户转入时,记入借方;期末余额一般在贷方,表示企业实现的净利润;倘若期末余额在借方,则表示企业发生的亏损额。

"所得税费用"是费用类账户,用以核算企业确认的应从当期利润总额中扣除的所得税费用。企业按照税法规定计算确定当期应交所得税费用时,记入借方;企业月末将其结转"本年利润"账户时,记入贷方;结转后应无余额。

"利润分配"是所有者权益账户,也是"本年利润"的调整账户,用以核算企业利润的分配情况或亏损的弥补情况。企业分配利润或者企业将年终亏损转入时,记入借方;企业弥补亏损以及年终将实现的本年利润转入时,记入贷方;平时期末余额一般在借方,表示年内利润分配累计数。年终"本年利润"账户余额转入后,若余额在贷方,表示企业未分配利润;若余额在借方,则表示企业未弥补亏损。

"盈余公积"是所有者权益类账户,用以核算企业按规定从净利润中提取的盈余公积。企业提取盈余公积时,记入贷方;企业以盈余公积弥补亏损、转增资本时,记入借方;期末余额在贷方,表示企业盈余公积的结存额。

"应付股利"是负债类账户,用以核算企业应向投资者分配的现金股利或利润。企业计算出应向投资者分配的现金股利或利润时,记入贷方;企业向投资者分配现金股利或利润时,记入借方;期末余额在贷方,表示企业尚未向投资者分配的现金股利或利润。

【例37】 静安工厂收到客户周桥工厂违反合同规定罚款440元,存入银行。

这笔经济业务的发生,一方面增加了银行存款,另一方面也增加了营业外收入。作分录如下:

　　借:银行存款　　　　　　　　　　　　　　　　　　440.00
　　　贷:营业外收入　　　　　　　　　　　　　　　　　440.00

【例38】 静安工厂向贫困山区希望工程捐赠6 900元,以银行存款支付。

这笔经济业务的发生,一方面增加了营业外支出,另一方面减少了银行存款。作分录如下:

　　借:营业外支出　　　　　　　　　　　　　　　　　6 900.00
　　　贷:银行存款　　　　　　　　　　　　　　　　　6 900.00

【例39】 静安工厂月末将收入类账户归集的数额结转"本年利润"账户,其中,主营业务收入为548 000元,其他业务收入为9 000元,营业外收入为440元。

这笔经济业务的发生,一方面减少了主营业务收入、其他业务收入和营业外收入,另一方面增加了本年利润。作分录如下:

　　借:主营业务收入　　　　　　　　　　　　　　　　548 000.00
　　借:其他业务收入　　　　　　　　　　　　　　　　9 000.00
　　借:营业外收入　　　　　　　　　　　　　　　　　440.00
　　　贷:本年利润　　　　　　　　　　　　　　　　　557 440.00

【例40】 静安工厂月末将费用类账户归集的数额结转"本年利润"账户,其中,主营业务成本为415 158元,其他业务成本为8 200元,营业税金及附加为3 740元,销售费用为13 360元,管理费用为31 090元,财务费用为2 992元,营业外支出为6 900元。

这笔经济业务的发生,一方面减少了本年利润,另一方面也减少了主营业务成本、其他业务成本、营业税金及附加、销售费用、管理费用、财务费用和营业外支出。作分录如下:

　　借:本年利润　　　　　　　　　　　　　　　　　　481 440.00
　　　贷:主营业务成本　　　　　　　　　　　　　　　415 158.00
　　　贷:其他业务成本　　　　　　　　　　　　　　　8 200.00
　　　贷:营业税金及附加　　　　　　　　　　　　　　3 740.00
　　　贷:销售费用　　　　　　　　　　　　　　　　　13 360.00
　　　贷:管理费用　　　　　　　　　　　　　　　　　31 090.00
　　　贷:财务费用　　　　　　　　　　　　　　　　　2 992.00
　　　贷:营业外支出　　　　　　　　　　　　　　　　6 900.00

收入类账户和费用类账户(所得税费用账户除外)都转入了"本年利润"账户后,两者的差额就是利润总额。根据税法规定,利润总额要按一定的比例计提所得税费用。

【例41】 静安工厂本月实现利润总额为76 000元,按25%税率计提所得税费用。

这笔经济业务的发生,一方面增加了所得税费用,另一方面也增加了应交税费。作分录如下:

借:所得税费用　　　　　　　　　　　　　　　　　　　　　19 000.00
　　贷:应交税费——应交所得税　　　　　　　　　　　　　　　19 000.00

【例42】 静安工厂将所得税费用结转"本年利润"账户。

这笔经济业务的发生,一方面减少了所得税费用,另一方面也减少了本年利润。作分录如下:

借:本年利润　　　　　　　　　　　　　　　　　　　　　　19 000.00
　　贷:所得税费用　　　　　　　　　　　　　　　　　　　　　19 000.00

利润总额减去所得税费用后为净利润,根据规定净利润要按一定的程序进行分配,首先要提取盈余公积,然后再向投资者分配利润。

【例43】 静安工厂实现净利润57 000元,按净利润的20%计提盈余公积。

这笔经济业务的发生,一方面增加了利润分配额,另一方面也增加了盈余公积。作分录如下:

借:利润分配　　　　　　　　　　　　　　　　　　　　　　11 400.00
　　贷:盈余公积　　　　　　　　　　　　　　　　　　　　　　11 400.00

【例44】 静安工厂按净利润的70%计提应分配给投资者的利润。

这笔经济业务的发生,一方面增加了利润分配额,另一方面也增加了应付股利,作分录如下:

借:利润分配　　　　　　　　　　　　　　　　　　　　　　39 900.00
　　贷:应付股利　　　　　　　　　　　　　　　　　　　　　　39 900.00

根据[例37]至[例44]的经济业务,以及本章从[例16]开始所涉及的损益类账户的经济业务编制的会计分录,登记账户如图表4-12所示。

第六节　资金退出企业的核算

一、资金退出企业概述

资金退出企业是资金运动的终点。企业向银行借入的款项,在借款期满时要

会计学基础

图表 4-12　各有关账户对应关系

主营业务成本				主营业务收入			
借		贷		借		贷	
(35) 415 158	(40) 415 158			(39) 548 000	(28) 324 000		
					(32-1) 156 800		
					(32-2) 67 200		

其他业务成本				其他业务收入			
借		贷		借		贷	
(36) 8 200	(40) 8 200			(39) 9 000	(33) 9 000		

营业税金及附加				营业外收入			
借		贷		借		贷	
(34) 3 740	(40) 3 740			(39) 440	(37) 440		

销售费用				本年利润			
借		贷		借		贷	
(29) 9 300	(40) 13 360			(40) 481 440	(39) 557 440		
(30) 4 060				(42) 19 000			

管理费用				所得税费用			
借		贷		借		贷	
(16) 5 120	(40) 31 090			(41) 19 000	(42) 19 000		
(19) 20 000							
(20) 2 800							
(21) 1 320							
(22) 1 250							
(24) 600							

财务费用				应交税费			
借		贷		借		贷	
(25) 2 992	(40) 2 992				(41) 19 000		

盈余公积			
借		贷	
	(43) 11 400		

应付股利			
借		贷	
	(44) 39 900		

利润分配			
借		贷	
(43) 11 400			
(44) 39 900			

银行存款			
借		贷	
	(38) 6 900		
(37) 440			

营业外支出			
借		贷	
(38) 6 900	(40) 6 900		

予以归还;企业销货收取的增值税销项税额减去购货支付的进项税额的差额要交纳国库;企业采购材料等各项物资暂欠的款项,也要予以归还;企业提取的职工福利费要用于职工的福利,从而形成了资金的退出。同时,企业的资金经过供应过程、生产过程和销售过程的经营活动,获得了增值。增值中的一部分以所得税的形式上交国库,作为国家的财政收入;一部分以应付股利的形式分配给投资者,作为对投资者的回报,这也形成了资金退出企业。

二、资金退出企业核算设置的账户及其运用

为了核算和监督资金退出企业的情况,应设置"短期借款"、"应付账款"、"应付职工薪酬"、"应交税费"和"应付股利"等账户。

【例45】 静安工厂以银行存款归还期限1年的银行借款50 000元。

这笔经济业务的发生,一方面减少了短期借款,另一方面也减少了银行存款。作分录如下:

  借:短期借款   50 000.00
    贷:银行存款   50 000.00

【例46】 静安工厂以银行存款偿还前欠光华工厂账款210 600元。

这笔经济业务的发生,一方面减少了应付账款,另一方面也减少了银行存款。作分录如下:

  借:应付账款   210 600.00
    贷:银行存款   210 600.00

【例47】 静安工厂从银行提取现金1 500元,备用。

这笔经济的发生,一方面增加了库存现金,另一方面减少了银行存款。作分录如下:

  借:库存现金   1 500.00
    贷:银行存款   1 500.00

【例48】 静安工厂职工报销学习科学文化学费1 200元,以现金付讫。

这笔经济业务的发生,一方面减少了应付职工薪酬,另一方面也减少了库存现金。作分录如下:

  借:应付职工薪酬   1 200.00
    贷:库存现金   1 200.00

【例49】 静安工厂以银行存款交纳增值税37 400元,城市维护建设税2 618元,教育费附加1 122元,所得税19 000元。

这笔经济业务的发生,一方面减少了应交税费,另一方面也减少了银行存款。

作分录如下：

借：应交税费——应交增值税——已交税金(94 690－57 290)	37 400.00
借：应交税费——应交城市维护建设税	2 618.00
借：应交税费——应交教育费附加	1 122.00
借：应交税费——应交所得税	19 000.00
贷：银行存款	60 140.00

【例50】 静安工厂以银行存款分配给投资者利润39 900元。

这笔经济业务的发生，一方面减少了应付股利，另一方面也减少了银行存款。

作分录如下：

借：应付股利	39 900.00
贷：银行存款	39 900.00

根据本节[例45]至[例50]的经济业务编制的会计分录，登记账户如图表4-13所示。

图表4-13

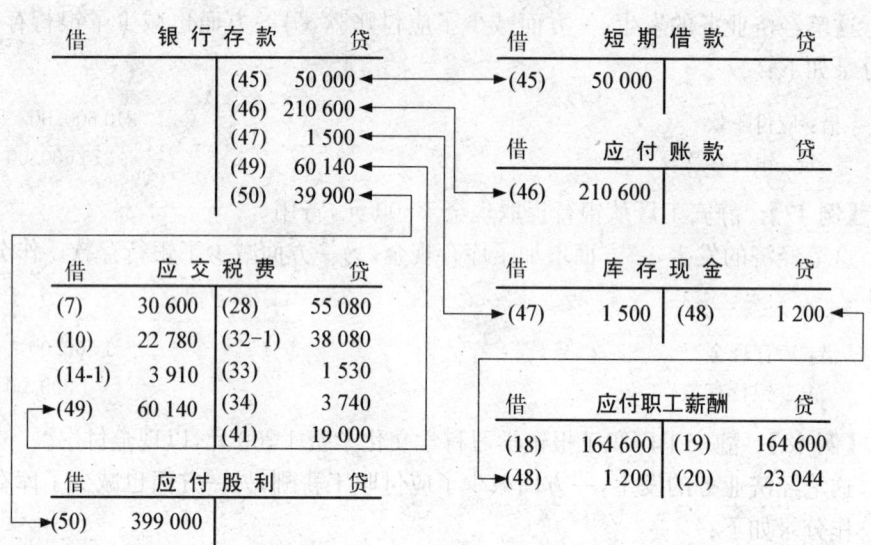

各有关账户对应关系

思 考 题

1. 什么是权益资金？什么是借入资金？它们有何不同？
2. 资金进入企业的核算应设置哪些账户？分别说明这些账户的性质及其运用。

3. 供应过程的核算应设置哪些账户？分别说明这些账户的性质及其运用。
4. 材料采购成本由哪些内容组成？试述材料采购成本的计算。
5. 什么是生产费用？什么是成本项目？成本项目可分为哪几类？
6. 生产过程的核算应设置哪些账户？分别说明这些账户的性质及其运用。
7. 什么是直接费用？什么是间接费用？它们分别包括哪些内容？
8. 试述如何计算产品生产成本。
9. 销售过程的核算应设置哪些账户？分别说明这些账户的性质及其运用。
10. 试述利润总额的构成。
11. 利润的核算应设置哪些账户？分别说明这些账户的性质及其运用。
12. 哪些资金会退出企业？

练 习 题

练 习 题 一

一、目的 练习资金进入企业的核算。

二、资料 新设立的兴业工厂1月份发生下列经济业务：

1. 收到新光公司投入资金 800 000 元，存入银行。
2. 收到华立公司投入生产流水线 2 条，价值 420 000 元，作为其投资额，生产流水线已验收使用。
3. 收到华业公司投入专利权 1 项，按投资合同约定的价值 180 000 元入账。
4. 向高桥开发区购进厂房一幢，价款 480 000 元，已验收使用，款项尚未支付。
5. 向银行借入期限 3 年的借款 200 000 元，期限 1 年的借款 150 000 元，一并存入银行。
6. 收到华立公司投入资金 50 000 元，存入银行。
7. 以银行存款支付购进厂房所欠账款 480 000 元。

三、要求

1. 根据上列资料编制会计分录。
2. 根据会计分录涉及的会计科目设置总分类账户并进行登记。

练 习 题 二

一、目的 练习供应过程的核算。

二、资料 兴业工厂2月份发生下列经济业务：

1. 向浦光工厂购进甲材料 3 600 千克，每千克 70 元，货款 252 000 元，增值税额 42 840 元，甲材料已验收入库，款项尚未支付。
2. 以银行存款支付甲材料运输费 3 840 元，装卸费 960 元。
3. 甲材料采购完毕，结转甲材料的实际采购成本。
4. 向华源公司购进乙材料 2 400 千克，每千克 35 元，货款 84 000 元，增值税额 14 280 元；购进丙材料 1 600 千克，每千克 52 元，货款 83 200 元，增值税额 14 144 元。款项以银行存款支付。
5. 以银行存款支付乙、丙两种材料的运输费 6 400 元及装卸费 1 600 元，采购费用按材料的重量比例进行分配。

6. 乙、丙两种材料已验收入库,材料采购完毕,结转其实际采购成本。

7. 向银行提取现金4 000元,备用。

8. 采购员预支差旅费1 500元,以现金支付。

9. 以银行存款7 500元预付给新昌工厂订购丁材料30％的货款。

10. 采购员出差回来报销差旅费1 580元,又补付其现金80元,以结清预支款。

11. 收到向新昌工厂订购的丁材料1 000千克,每千克25元,货款25 000元,增值税额4 250元,已验收入库,以银行存款支付其余70％的货款和全部增值税额,以及丁材料的运输费1 000元、装卸费200元。丁材料已采购完毕,结转其实际采购成本。

三、要求

1. 根据上列资料编制会计分录。
2. 根据习题一总分类账户的余额及本习题会计分录涉及的会计科目开设总分类账户。
3. 根据会计分录登记总分类账户。
4. 设置并登记"在途物资"明细分类账户。
5. 编制"材料采购成本计算表"。

练习题 三

一、目的　练习生产过程的核算。

二、资料　兴业工厂2月份接着又发生下列经济业务:

12. 根据各部门领用材料的凭证编制材料耗用汇总表如图表4-14所示。

图表4-14

材料耗用汇总表

数量单位:千克　金额单位:元

耗用材料 用　途	甲材料		乙材料		丙材料		丁材料		金额 合计
	数量	金额	数量	金额	数量	金额	数量	金额	
生产A产品	1 800	128 700	1 000	37 000	500	27 000			192 700
生产B产品	1 280	91 520	800	29 600			300	7 860	128 980
生产C产品	100	7 150			575	31 050	600	15 720	53 920
生产车间一般耗用			100	3 700	180	9 720			13 420
行政管理部门耗用					150	8 100			8 100
合　计	3 180	227 370	1 900	70 300	1 405	75 870	900	23 580	397 120

13. 车间主任出差预支差旅费1 800元。

14. 从银行提取现金186 800元,备发工资。

15. 以现金186 800元发放工资。

16. 车间主任出差回来报销差旅费1 650元,并退回多余现金150元,以结清其预支款。

第四章 工业企业的会计核算

17. 分配本月份职工工资 186 800 元,其中:生产 A 产品工人工资 72 000 元,生产 B 产品工人工资 56 000 元,生产 C 产品工人工资 22 000 元,车间管理人员工资 12 800 元,行政管理人员工资 24 000 元。

18. 以本月份职工工资总额的 14% 计提职工福利费。

19. 计提本月份固定资产折旧费 32 432 元,其中:生产车间 28 750 元,行政管理部门 3 682元。

20. 摊销应由本月份负担的专利权费用 1 500 元。

21. 以银行存款预付本年度财产保险费 41 520 元。

22. 摊销应由本月份负担的财产保险费,其中,生产车间占 80%,行政管理部门占 20%。

23. 计提本月份短期借款利息 3 113.80 元。

24. 按生产工人工时分配本月份发生的制造费用,生产 A 产品耗用 5 450 工时,B 产品耗用 4 250 工时,C 产品耗用 1 800 工时。

25. 本月份生产的 A 产品 600 件,B 产品 750 件,已全部完工,验收入库,分别结转其实际生产成本。

三、要求

1. 根据上列资料编制会计分录。
2. 根据本习题新涉及的会计科目开设总分类账户。
3. 根据会计分录继续登记总分类账户。
4. 根据"制造费用"总分类账户归集的制造费用总额编制"制造费用分配表"。
5. 设置并登记"生产成本"明细分类账户。
6. 编制"产品单位成本计算表"。

练 习 题 四

一、目的 练习销售过程的核算。

二、资料 兴业工厂 2 月份接着又发生下列经济业务:

26. 售给国贸公司 A 产品 200 件,每件 680 元,货款 136 000 元,增值税额 23 120 元,款项尚未收到。

27. 以银行存款支付推销产品的电视广告费 12 600 元。

28. 售给捷达公司 A 产品 280 件,每件 680 元,货款 190 400 元,增值税额 32 368 元,款项均已收到,存入银行。

29. 以银行存款支付销售 A 产品运输费 3 850 元。

30. 根据合同规定,预收华声工厂订购 B 产品 700 件 40% 的货款 110 880 元,存入银行。

31. 售给华声工厂订购的 B 产品 700 件,每件 396 元,计货款 277 200 元,增值税额 47 124 元,其中 110 880 元为预收账款,其余款项尚未收到。

32. 以银行存款支付销售 B 产品的运输费 2 996 元。

33. 收到华声工厂前欠的部分款项 80 000 元,存入银行。

34. 售给天源工厂甲材料 220 千克,每千克 80 元,计货款 17 600 元,增值税额 2 992 元,款项均已收到,存入银行。

35. 甲材料的单位成本为71.50元,结转已售220千克甲材料的成本。
36. 根据本月份发生的增值税销项税额减去进项税额的差额,按7%税率计提应交城市维护建设税,按3%征收率计提应交教育费附加。
37. A产品单位成本为506.29元,B产品单位成本为287.24元,结转已售A、B两种产品的生产成本。

三、要求

1. 根据上列资料编制会计分录。
2. 根据会计分录继续登记习题三登记的总分类账户,开设并登记本习题新出现的账户。

练 习 题 五

一、目的 练习利润的核算。

二、资料 兴业工厂2月份接着又发生下列经济业务:

38. 收到客户违约付来赔偿金1 000元,存入银行。
39. 向贫困山区希望工程捐款11 500元,以银行存款支付。
40. 月末,将收入类账户归集的数额结转"本年利润"账户。
41. 月末,将费用类账户归集的数额结转"本年利润"账户。
42. 根据本月份实现的利润总额,按25%税率计提所得税费用。
43. 将所得税费用结转"本年利润"账户。
44. 按净利润的20%计提盈余公积。
45. 按净利润的72%计提应分配给投资者的利润。

三、要求

1. 根据上列资料编制会计分录。
2. 根据会计分录继续登记习题四登记的总分类账户,开设并登记本习题新出现的账户。

练 习 题 六

一、目的 练习资金退出企业的核算。

二、资料 兴业工厂3月份接着又发生下列经济业务:

1. 以银行存款归还1年期银行借款60 000元。
2. 向银行提取现金2 000元,备用。
3. 职工报销学习科学文化学费1 180元,以现金付讫。
4. 以银行存款偿还前欠浦光工厂账款294 840元。
5. 以银行存款交纳增值税30 090元,城市维护建设税2 106.30元,教育费附加902.70元,所得税20 600元。
6. 以银行存款分配给投资者利润44 496元。

三、要求 编制会计分录。

练 习 题 七

一、目的 练习企业生产经营业务的核算。

二、资料

1. 光明工厂2016年1月1日总分类账户的余额如图表4-15所示。

图表 4-15

账户余额表

单位：元

账　　户	借方余额	账　　户	贷方余额
库存现金	2 000	短期借款	250 000
银行存款	415 000	应付账款	48 400
应收账款	38 500	应付职工薪酬	14 600
原 材 料	85 200	累计折旧	120 000
库存商品	154 500	实收资本	1 000 000
固定资产	641 200	盈余公积	22 200
无形资产	118 800		
合　　计	1 455 200	合　　计	1 455 200

2. 光明工厂 1 月份发生下列经济业务：

(1) 2 日，向龙昌工厂购进甲材料 4 000 千克，每千克 60 元，货款 240 000 元，增值税额 40 800 元，乙材料 2 000 千克，每千克 80 元，货款 160 000 元，增值税额 27 200 元。材料均已验收入库，款项尚未支付。

(2) 3 日，以银行存款支付甲、乙两种材料的运输费 6 000 元，装卸费 1 200 元，按材料的重量比例进行分配。

(3) 4 日，甲、乙两种材料已采购完毕，结转其实际采购成本。

(4) 6 日，以银行存款 70 560 元预付给沪东工厂订购丙材料 40% 的货款。

(5) 8 日，销售给光大公司 A 产品 500 件，每件 540 元，货款 270 000 元，增值税额 45 900 元，款项已收到，存入银行。

(6) 12 日，以银行存款支付销售 A 产品运输费 4 800 元。

(7) 14 日，车间主任预支差旅费 1 500 元，以现金支付。

(8) 15 日，从银行提取现金 217 400 元。

(9) 15 日，以现金 217 400 元发放工资。

(10) 16 日，根据合同规定预收新亚公司订购 B 产品 750 件 30% 的货款 135 000 元，存入银行。

(11) 18 日，预付本年度财产保险费 42 000 元。

(12) 20 日，摊销应由本月份负担的财产保险费，其中，生产车间占 80%、行政管理部门占 20%。

(13) 21 日，车间主任出差回来报销差旅费 1 550 元，当即以现金补付其 50 元，以结清其预支款。

(14) 22 日，计提本月份短期借款的利息 3 030 元。

(15) 23 日，收到向沪东工厂订购的丙材料 3 600 千克，每千克 49 元，货款 176 400 元，增值税额29 988元,材料已验收入库,以银行存款支付其余60%的货款、全部增值税额,以及丙材料的运输费3 600元。

(16) 24日,计提本月份固定资产折旧费43 968元,其中,生产车间40 216元,行政管理部门3 752元。

(17) 25日,摊销本月份应负担的专利权费用1 600元。

(18) 26日,本月份各部门领用的材料及用途如下:

领用部门及用途	甲材料	乙材料	丙材料	合　计
生产A产品	153 000	48 720		201 720
生产B产品	122 400	81 200	66 400	270 000
生产车间一般耗用	19 310			19 310
行政管理部门耗用		8 120		8 120

(19) 27日,分配本月份职工工资217 400元,其中:生产A产品工人工资72 000元,生产B产品工人工资108 000元,车间管理人员工资13 600元,行政管理人员工资23 800元。

(20) 28日,按本月份职工工资总额的14%计提职工福利费。

(21) 29日,以银行存款支付推销产品的广告费9 158元。

(22) 30日,按生产工人工时分配本月份发生的制造费用,生产A产品耗用3 800工时,生产B产品耗用6 000工时。

(23) 30日,销售丙材料1 100千克,每千克64元,计货款70 400元,增值税额11 968元,款项尚未收到。

(24) 30日,丙材料的单位成本为50元,结转已售丙材料成本。

(25) 31日,本月份生产的B产品1 000件已全部完工,并验收入库,结转其实际生产成本。

(26) 31日,售给新亚公司订购的B产品750件,每件600元,计货款450 000元,增值税额76 500元,其中,135 000为预收账款,其余款项尚未收到。

(27) 31日,以银行存款支付销售B产品的运输费5 400元。

(28) 31日,以银行存款2 780元支付罚金。

(29) 31日,根据本月份发生的增值税销项税额减去进项税额的差额,按7%税率计提应交城市维护建设税,按3%征收率计提教育费附加。

(30) 31日,上月完工的A产品的单位成本为420元,并根据本月完工B产品的单位成本结转已售A、B两种产品的生产成本。

(31) 31日,将收入类账户归集的数额结转"本年利润"账户。

(32) 31日,将费用类账户归集的数额结转"本年利润"账户。

(33) 31日,根据本月实现的利润总额,按25%税率计提所得税费用,并将所得税费用结转"本年利润"账户。

(34) 31日,按实现净利润的20%计提盈余公积。

(35) 31日,按实现净利润的60%计提应分配给投资者利润。

三、要求

1. 根据"资料 1"开设总分类账。
2. 根据"资料 2"编制会计分录。
3. 开设"在途物资"明细分类账和"生产成本"明细分类账。
4. 根据会计分录登记总分类账户和"在途物资"、"生产成本"明细分类账。
5. 编制"材料采购成本计算表"。
6. 编制"产品单位成本计算表"。

第五章 会计凭证

第一节 会计凭证概述

一、会计凭证的意义

会计凭证是指记录经济业务的发生和完成情况,明确经济责任,并作为记账依据的书面证明。

填制和审核会计凭证是会计的专门方法之一,为了保证会计信息的真实性,单位发生任何一项经济业务,都必须由执行或完成该项经济业务的有关人员填制或取得能证明经济业务的内容、数量和金额的会计凭证,并在会计凭证上签名或盖章,以明确经济责任。填制或取得的会计凭证还必须经有关人员审核无误,并由审核人员签名或盖章后,才能作为记账的依据。

会计基本程序有填制凭证—登记账簿—编制报告三个步骤,填制和审核会计凭证是会计核算和监督单位经济活动的起点和基础。

二、会计凭证的作用

会计凭证在会计核算和会计监督中起着重要的作用,主要表现在以下三个方面。

(一) 保证记录经济业务的合法性与合理性

由于会计凭证记录的是会计主体发生的各项经济业务,只有经过审核后,证明是合法的、合理的会计凭证,才能作为记账的依据,从而维护了政府的法令、制度和会计主体的经济利益,制止了违法乱纪、贪污盗窃和铺张浪费的行为,保证了记录经济业务的合法性与合理性。

(二) 保证了会计记录的真实性和正确性

各会计主体日常发生大量的各项经济业务,通过取得和填制会计凭证,予以记录下来。由于只有经过审核无误的会计凭证,才能据以记账,以防止弄虚作假和差错事故,这样就堵塞了漏洞和弊端,保证了会计记录的真实性和正确性。

(三) 加强了经济责任制

会计主体发生的经济业务,往往是由各有关部门协同完成的,通过填制和审核会计凭证,可以将各经办人员联系起来,达到相互促进和相互监督的作用。由于每项经济业务所取得或填制的会计凭证均由经办人员签字或盖章,这就明确了各经办人员的经济责任,促使其在自己职责范围内严格地按规章制度办事,加强了经济责任制。

三、会计凭证的分类

会计凭证按照其填制的程序和用途不同,可分为原始凭证和记账凭证两大类。

原始凭证是指在经济业务发生时取得或填制的,用以记录经济业务的发生或完成情况的,并作为记账原始依据的会计凭证。

记账凭证是指根据审核无误的原始凭证填制的,用来记录经济业务简要内容,确定会计分录,作为记账直接依据的会计凭证。

原始凭证和记账凭证虽然都称为会计凭证,但就其性质来讲却截然不同。原始凭证记录的是经济信息,它是编制记账凭证的依据,是会计核算的基础;而记账凭证记录的是会计信息,它是会计核算的起点。

第二节 原 始 凭 证

一、原始凭证的分类

(一)按照原始凭证的来源不同分类

原始凭证按其来源不同,可分为外来原始凭证和自制原始凭证两种。

1. 外来原始凭证 它是指同外部单位发生经济往来关系时,从外部单位取得的原始凭证。例如,从供货单位购入材料时取得的增值税专用发票(其格式如图表5-1所示);银行结算时使用的凭证如进账单(其格式如图表5-2所示)。

图表 5-1

上海市增值税专用发票　　　　　　No:10317801

310000×××××　　　　发 票 联　　　开票日期:2016 年 3 月 1 日

购货单位	名　称:上海电机厂 纳税人识别号:310678154379612 地址、电话:(略) 开户行及账号:工行黄浦支行 110137054388				密码区	(略)		
货物或应税劳务名称	规格型号	单位	数量	单价	金额	税率	税额
圆　钢	10 cm	千克	6 000	5.10	30 600	17%	5 202
圆　钢	12 cm	千克	10 000	5.40	54 000	17%	9 180
合　　计					84 600		14 382
价税合计(大写)人民币玖万捌仟玖佰捌拾贰元整　　　　　　　　　　￥98 982							
销货单位	名　称:上海钢铁厂 纳税人识别号:310568193650461 地址、电话:(略) 开户行及账号:工行宝山支行 110127989226				备注		

收款人:邱云　　复核:王琳　　开票人:郑海　　销售单位:上海钢铁厂发票专用章

第三联:发票联　购货方记账凭证

图表 5-2

中国工商银行进账单（收账通知）

编号：15073630

2016 年 3 月 1 日

出票人	全 称	上海电机厂	持票人	全 称	上海钢铁厂
	账 号	110137054388		账 号	110127989226
	开户银行	黄浦支行		开户银行	宝山支行

人民币（大写）	玖万捌仟玖佰捌拾贰元整	千	百	十	万	千	百	十	元	角	分
				¥	9	8	9	8	2	0	0

票据种类	支 票	
票据张数	壹 张	
单位主管　会计　复核　记账		持票人开户银行盖章

单位支付费用所取得的发票、收据等外来原始凭证应盖有填制单位的印章，单位收到的进账单等各种银行结算凭证应盖有出证银行的印章。

外来原始凭证如有遗失，应当取得原开出单位盖有公章的证明，并注明原来凭证的号码、金额和内容等，由经办单位会计机构负责人、会计主管人员和单位领导人批准后，才能代作原始凭证。如果确实无法取得证明的，如火车、轮船、飞机票等凭证，由当事人写出详细情况，由经办单位会计机构负责人、会计主管等人员和单位领导人批准后，代作原始凭证。

2. 自制原始凭证　它是指由本单位内部经办经济业务的部门或人员，在办理经济业务时自行填制的原始凭证。例如，材料验收入库时填制的收料单（其格式如图表 5-3 所示）；领用材料时填制的领料单和出差预支差旅费时填制的预支单等。

图表 5-3

上海电机厂
收 料 单

编号：7856
收料仓库：甲库
金额单位：元

供货单位：上海钢铁厂
发票编号：0276450
2016 年 3 月 1 日

材料编号	材料类别	材料名称	规格	计量单位	数量 应收	数量 实收	单价	金 额
10211	钢材	圆钢	10 cm	千克	6 000	6 000	5.10	30 600.00
10212	钢材	圆钢	12 cm	千克	10 000	10 000	5.40	54 000.00
		合计						84 600.00

仓库主管：关宏　　　记账：周莹　　　保管员：刘兴　　　收料：黄冲

(二) 按原始凭证填制的方法不同分类

原始凭证按其填制的方法不同,可分为一次原始凭证、累计原始凭证、汇总原始凭证和转账原始凭证。

1. 一次原始凭证　它是指一次只反映一项经济业务或一次反映若干项同类经济业务的自制原始凭证。一次凭证只能使用一次,填制完毕,凭证手续也即完成。例如,领用材料的领料单(其格式如图表5-4所示);费用报销单和销售产品的销售发票等。

图表5-4

上海电机厂
领 料 单
2016年3月3日

领料部门:第二生产车间　　　　　　　　　　　　编号:1201
用　　途:生产B产品　　　　　　　　　　　　　　发料仓库:甲库
　　　　　　　　　　　　　　　　　　　　　　　　金额单位:元

材料编号	材料名称	规　格	计量单位	数　量		单　价	金　额
				请　领	实　发		
10212	圆钢	12 cm	千克	4 750	4 750	5.40	25 650.00
	合　计						25 650.00

仓库主管:关宏　　　发料人:黄冲　　　领料部门主管:关平　　　领料人:刘昌

2. 累计原始凭证　它是指在一定时期内可多次连续记录同类经济业务,直至记录了最后一项经济业务后才完成其凭证手续的原始凭证。例如,企业在生产产品时可据以多次领料的限额领料单(其格式如图表5-5所示);企业在产品完工交库时可据以多次交库的产品交库单等。

图表5-5

上海电机厂
限额领料单
2016年3月

领料部门:第一生产车间　　　　　　　　　　　　编号:3306
用　　途:A产品　　　　　　　　　　　　　　　　发料仓库:甲库
　　　　　　　　　　　　　　　　　　　　　　　　金额单位:元

材料编号	材料名称	规格	计量单位	计划投产量	单位消耗定额	领用限额	实发数量	单价	金额
10211	圆钢	10 cm	千克	600	6千克	3 600	3 500	5.10	17 850.00

日期	请领数量	实　发					限额结余数量
		数　量	累　计	领料人	发料人		
3/2	800	800	800	赵冰	黄冲		2 800
3/12	600	600	1 400	赵冰	黄冲		2 200
3/30	500	500	3 500	刘甫	黄冲		100

供应部门主管:赵飞　　　生产计划部门主管:张云　　　仓库主管:关宏

3. 汇总原始凭证　　它又称原始凭证汇总表,是指将一定日期或一定时期内若干张记录同类经济业务的原始凭证汇总成一张的原始凭证。单位通常是在填制或取得原始凭证后就进行账务处理的。然而,单位对于在一定时期内多次重复发生的经济业务,为了简化核算手续,可以将这些原始凭证进行汇总后,再进行账务处理。例如,可以将一定时期的领料单汇总后编制发出材料汇总表(其格式如图表5-6所示);也可以将同一日期的销售发票汇总后编制销货日报表等。

图表 5-6

发出材料汇总表

2016 年 3 月 1 日至 31 日　　　　　　　　　　　　　　单位:元

领料部门	用　途	原材料	辅助材料	燃　料	合　计
生产车间	生产 A 产品	90 000	8 000	7 800	105 800
生产车间	生产 B 产品	72 000	6 000	6 200	84 200
生产车间	维护设备	3 000	1 100		4 100
行政管理部门	修理办公设备	1 200	300		1 500
合　计		166 200	15 400	14 000	195 600

4. 转账原始凭证　　它是指为了转账的需要,由会计人员根据账簿记录填制的原始凭证。例如,月末根据"应付职工薪酬"账户归集的、本月发生的工资费用编制的工资费用分配表;根据"制造费用"账户归集的本月发生的制造费用及有关分配标准编制的制造费用分配表等。

二、原始凭证的基本内容

不同的经济业务产生不同的原始凭证,尽管原始凭证品种繁多,格式各异,但为了准确反映和充分证明经济业务的执行和完成情况,都必须具备下列基本内容:

(1) 原始凭证的名称和编号。

(2) 原始凭证填制的日期。

(3) 原始凭证填制单位的名称。

(4) 接受原始凭证单位的名称。

(5) 经济业务的内容摘要。

(6) 经济业务的实物数量、单价和金额。

(7) 原始凭证的填制单位及经办人员的签名或盖章。

三、原始凭证的填制要求

原始凭证作为经济业务的原始证明,是进行会计核算的依据,它是具有法律效力的证明文件。因此它的填制必须符合下列要求。

(一) 真实可靠

原始凭证中应填写的项目和内容必须真实、正确地反映经济业务的原貌。无论日期、内容、数量和金额都必须如实填写,不能以估算和匡算的数字填列,更不能弄虚作假,改变事实的真相。如果从外单位取得的原始凭证有丢失,应由原签发单位出具盖有公章的证明,并注明原凭证的号码、金额等内容,由本单位负责人批准后,才能作为原始凭证。

（二）内容完整

原始凭证中规定的项目都必须填写齐全,包括文字和数字,不能缺漏,凭证填写的手续也必须完备。凡是具有大写和小写金额的原始凭证,大写与小写的金额必须一致,购买实物的原始凭证,必须有验收证明。

（三）书写清晰规范

原始凭证中文字和阿拉伯数字的书写字迹要清晰,易于辨认。阿拉伯数字应当一个一个地书写,不得连笔写。在阿拉伯数字前面应当书写货币币种符号,如人民币的货币符号"￥"。币种符号与阿拉伯数字之间不得留有空白。大写金额数字应用正楷或者行书填写,如壹、贰、叁、肆、伍、陆、柒、捌、玖、拾、佰、仟、万、亿、元、角、分、零、整(正)等字样,不得任意自造简化字。中文大写金额数字到"元"为止的,在"元"之后,应写"整"(或"正")字,在"角"之后可以不写"整"(或"正"字)。大写金额数字有"分"的,"分"后面不写"整"(或"正")字。中文大写金额数字前应标明"人民币"字样,大写金额数字应紧接"人民币"字样填写,不得留有空白。阿拉伯数字中间有"0"时,中文大写要写"零"字,阿拉伯数字中间连续有几个"0"时,中文大写金额中间可以只写一个"零"字,如￥150 006.00,应写成人民币壹拾伍万零陆元整。

各单位使用的支票等票据的出票日期,必须使用中文大写。为防止变造票据的出票日期,在填写月、日时,月为壹、贰的,日为壹至玖的,应在其前加"零"字;日为拾壹至拾玖的,应在其前加"壹"字,如2011年3月15日,应写成贰零壹壹年零叁月壹拾伍日。根据这些要求填写的支票如图表5-7所示。

图表5-7

支票号码：93866825

中国工商银行上海市分行支票

出票日期(大写)贰零壹陆 年零叁月壹拾伍日　　付款行名称：静安支行
收款人：张江公司　　出票人账号：110104328655

人民币(大写) 伍万贰仟零柒元零肆分	千	百	十	万	千	百	十	元	角	分
				￥5	2	0	0	7	0	4

用途：采购材料款　　　　　　　　　科目(借)＿＿＿＿
上列款项请从　　　　　　　　　　　对方科目(贷)＿＿＿＿
我账户内支付　　　泰兴工厂　　　　转账日期
出票人签章　　　　支票专用章　　　复核　　　　记账

原始凭证填制时,如发生差错不得任意涂改、刮擦和挖补,而应按规定的方法进行更正,并由更正人在更正处盖章,以示负责。提交银行的各种结算凭证,如有填写错误,应按规定将其作废后重新填写,销货发票如金额填写错误,应按规定将其作废后重新填写。

(四) 有经办人员和有关责任人员的签章

原始凭证在填制完成后,经办人员和有关责任人员都要认真审核并签章,对凭证的真实性、合法性负责。对于一些重大的经济业务,还应经过本单位负责人签章,以示批准的职权。

(五) 及时填制

原始凭证应在经济业务发生或完成时及时填制,并按规定的程序和手续传递至有关业务部门和会计部门,以便及时办理后续业务,并进行审核和记账。

四、原始凭证的审核

原始凭证的审核是保证会计信息真实、正确和合法的前提,是充分发挥会计监督作用的重要环节。审核原始凭证是一项重要的工作,只有经过会计人员审核无误的原始凭证,才能作为记账的依据。原始凭证审核的内容有以下三个方面。

(一) 审核原始凭证的合法性和合理性

会计人员应审核原始凭证所反映的经济业务是否符合政府的有关政策、法律、制度和本单位的计划、预算和合同的规定;是否符合审批权限和手续;费用是否符合开支标准和节约的原则等。会计人员对于弄虚作假、虚报冒领款项而伪造或刮擦、挖补、涂改的原始凭证有权拒绝接受,并及时向领导或上级领导机关汇报。

(二) 审核原始凭证的完整性

会计人员应审核原始凭证所应具备的内容是否填写齐全、经办人员和有关责任人员是否均已签章,是否按规定的手续办理。对填制给外单位的原始凭证应在凭证上加盖本单位财务章。会计人员对于内容填写不全、手续不完备的原始凭证,应退给原经办人员补办完整后才能受理。

(三) 审核原始凭证的正确性

会计人员要审核原始凭证中的文字摘要和数字是否清楚,数量、单价和金额是否正确,大写与小写的金额是否一致等。会计人员对于填写不清楚或有错误的原始凭证,应退给原经办人员更正后才能受理。

第三节 记账凭证

一、记账凭证的作用

由于原始凭证反映了经济业务的内容,是登记账簿的原始依据,所以也可以根据审核无误的原始凭证在观念上确定会计分录后,直接登记账簿。但是单位的各种经济业务错综复杂,原始凭证的种类繁多,格式不一,大小各异,而总分类账户及明细分类账户的数量又很多,直接登记账簿难免会发生差错,并且无法建立凭证与账簿之间索引关系。倘若发生差错,既不易于查找,而频繁的更改又影响账簿记录的严肃性,这就产生了需要一种书面载体,先将观念上会计分录记录下来,这种书面载体就是记账凭证。

记账凭证的作用主要表现在三个方面:首先,记账凭证是根据原始凭证载明的经济业务,对其会计要素的归属作出分析,列明其应借、应贷的会计科目和它们的金额,简要地列明经济业务的内容,经审核无误后,据以登记账簿。这就避免了根据原始凭证直接登记账簿容易发生的差错情况,保持了账簿记录的严肃性。其次,记账凭证的编制也对经济业务的内容起到了整理的作用,使账簿记录更具条理性。再次,为以后的审计工作也提供了便利。

二、记账凭证的分类

记账凭证按其填制的方式不同,可以分为复式记账凭证和单式记账凭证两类,现分别予以阐述。

(一)复式记账凭证

复式记账凭证是指将一项经济业务所涉及的会计科目全部集中填制在一张凭证上的记账凭证。复式记账凭证按照其用途不同,又可分为专用记账凭证和通用记账凭证两种。

1. 专用记账凭证 它是指记录不同性质的经济业务,要采用不同格式的记账凭证。它可分为收款凭证、付款凭证和转账凭证三种。

专用记账凭证除了要按月按照经济业务发生的先后顺序编写总号外,还应按记账凭证的种类编写分号。

(1)收款凭证 它是指用以记录货币资金收入业务的记账凭证。收款凭证又可分为现金收款凭证和银行存款收款凭证两种,它们是根据现金或银行存款收入业务的原始凭证填制的。出纳人员根据现金或银行存款收款原始凭证收取款项,同时应在凭证上加盖"收讫"戳记,以避免差错。现金和银行存款的收款凭证虽然格式是相同的,但它们应分"现收"和"银收"编写分号。收款凭证的格式如图表5-8所示。

需要说明的是在各种记账凭证中,账页栏在根据记账凭证登记账户时才予以记载。届时应填写记入总分类账或明细分类账的页次,也可以作记账符号"√"表示。

(2)付款凭证 它是指用以记录货币资金付出业务的记账凭证。付款凭证又可分为现金付款凭证和银行存款付款凭证两种,它们是根据现金或银行存款付款业务的原始凭证填制的。出纳人员应根据经过主管人员核准现金或银行存款付款

图表 5-8

光 明 电 机 厂
收 款 凭 证

总号	1
分号	银收1

借方科目：银行存款　　　　2016 年 3 月 1 日

摘　要	贷方科目	明细科目	账页	金　额 十万千百十元角分
收到客户偿还前欠账款	应收账款	大华工厂	√	6 7 6 4 0 0 0
	应收账款	南浦公司	√	5 2 1 0 0 0 0
合　计				1 1 9 7 4 0 0 0

附件 2 张

会计主管(签章)　　记账(签章)　　出纳(签章)　　复核(签章)　　制证(签章)

原始凭证支付款项，同时应在凭证上加盖"付讫"戳记，以避免重复付款。现金和银行存款的付款凭证格式是一致的，但它们也应分"现付"和"银付"编写分号。付款凭证的格式如图表 5-9 所示。

图表 5-9

光 明 电 机 厂
付 款 凭 证

总号	2
分号	现付1

贷方科目：库存现金　　　　2016 年 3 月 1 日

摘　要	借方科目	明细科目	账页	金　额 十万千百十元角分
采购员周林预支差旅费	其他应收款	周林	√	1 8 0 0 0 0
				1 8 0 0 0 0

附件 1 张

会计主管(签章)　　记账(签章)　　出纳(签章)　　复核(签章)　　制证(签章)

（3）转账凭证　　它是指记录不涉及款项收付的转账业务的记账凭证。它是根据转账业务的原始凭证填制的。其格式如图表 5-10 所示。

采用专用记账凭证，当发生现金和银行存款之间相互划转的经济业务时，为了避免重复记账，通常只编制付款凭证，不编制收款凭证。例如，向银行提取现金时，

图表 5-10

总号	3
分号	转1

光明电机厂
转账凭证
2016 年 3 月 1 日

摘要	会计科目	明细科目	账页	借方金额 十万千百十元角分	贷方金额 十万千百十元角分	
购进A材料1 000千克,	在途物资	A材料	√	2 5 0 0 0 0 0		附
@25元、B材料5 000千	在途物资	B材料	√	6 0 0 0 0 0 0		件
克,@12元,并发生	应交税费	应交增值税	√	1 4 4 5 0 0 0		1
进项税额,款项未付	应付账款	中远公司	√		9 9 4 5 0 0 0	张
合　计				9 9 4 5 0 0 0	9 9 4 5 0 0 0	

会计主管(签章)　　　　记账(签章)　　　　复核(签章)　　　　制证(签章)

只编制银行存款付出凭证;将现金存入银行时,只编制现金付出凭证。当发生一笔既涉及收款或者付款又涉及转账的经济业务时,应当将习惯上编制的复合会计分录,分解成简单会计分录,分别编制收款凭证或者付款凭证和转账凭证。

2. 通用记账凭证　　它是指记录不同性质的经济业务均采用同一格式的记账凭证。通用记账凭证的格式与专用记账凭证中的转账凭证相同。收款、付款和转账业务都填制该种凭证。现以前面所列的银行收款凭证填制通用记账凭证如图表 5-11 所示。

图表 5-11

编号	1

光明电机厂
记账凭证
2016 年 3 月 1 日

摘要	会计科目	明细科目	账页	借方金额 十万千百十元角分	贷方金额 十万千百十元角分	
收到客户偿还前欠账款	银行存款		√	1 1 9 7 4 0 0 0		附
	应收账款	大华工厂	√		6 7 6 4 0 0 0	件
	应收账款	南浦公司	√		5 2 1 0 0 0 0	2
						张
合　计				1 1 9 7 4 0 0 0	1 1 9 7 4 0 0 0	

会计主管(签章)　　　　记账(签章)　　　　复核(签章)　　　　制证(签章)

复式记账凭证的优点是能够集中反映账户的对应关系,便于了解经济业务的全貌,而且附件集中,便于进行复核和查找差错;缺点是不便于按会计科目汇总金额,也不便于分工记账。

(二)单式记账凭证

单式记账凭证是指按每笔经济业务所涉及的每个会计科目,分别填列在各张凭证上的记账凭证。采用单式记账凭证,一笔经济业务涉及几个会计科目,就要填制几张记账凭证。单式记账凭证按其登记的内容不同又可分为借项记账凭证和贷项记账凭证两种。借项记账凭证是指填列借方会计科目和金额的记账凭证;贷项记账凭证是指填列贷方会计科目和金额的记账凭证。现以前面所列的通用记账凭证图表 5-10 填制单式记账凭证如图表 5-12、图表 5-13 所示。

图表 5-12

光明电机厂
借项记账凭证

编号 $1\frac{1}{2}$

对应账户:应收账款　　　2016 年 3 月 1 日

摘　要	会计科目	明细科目	账页	十	万	千	百	十	元	角	分
收到客户偿还前欠货款	银行存款		√	1	1	9	7	4	0	0	0
合　计				1	1	9	7	4	0	0	0

附件 2 张

会计主管(签章)　　记账(签章)　　出纳(签章)　　复核(签章)　　制证(签章)

图表 5-13

光明电机厂
贷项记账凭证

编号 $1\frac{2}{2}$

对应账户:银行存款　　　2016 年 3 月 1 日

摘　要	会计科目	明细科目	账页	十	万	千	百	十	元	角	分
客户偿还前欠账款	应收账款	大华工厂	√			6	7	6	4	0	0
	应收账款	南浦公司	√			5	2	1	0	0	0
					1	1	9	7	4	0	0

附件 $1\frac{1}{2}$ 张

会计主管(签章)　　记账(签章)　　出纳　　复核(签章)　　制证(签章)

采用单式记账凭证时,每项经济业务要填制两张或两张以上的记账凭证,因此在编号时,对记录同一项经济业务的记账凭证应使用同样的顺序号,并在顺序号后面用分数形式表示共有几张凭证。如前面所列第一项经济业务有两张记账凭证,其编号分别为 $1\frac{1}{2}$、$1\frac{2}{2}$;倘若第二项经济业务有三张记账凭证,则编号分别为 $2\frac{1}{3}$、$2\frac{2}{3}$ 和 $2\frac{3}{3}$。

单式记账凭证的优点是便于记账人员按业务的性质分工记账,也便于按会计科目汇总,编制科目汇总表。缺点是核算工作量大,不能在一张记账凭证上反映整个经济业务的全貌,不便于查账。

此外,为了简化登记总分类账的手续,可以将记账凭证进行汇总后,编制汇总记账凭证或科目汇总表等,汇总记账凭证和科目汇总表也属于记账凭证的范畴,为了便于学员学习和理解,将在第十章会计核算程序中阐述。

三、记账凭证的基本内容

尽管记账凭证的种类不少,格式各异,但必须具备下列基本内容:
(1) 填制单位的名称。
(2) 记账凭证的名称。
(3) 记账凭证的编号和填制日期。
(4) 经济业务的内容摘要,即对经济业务的简要说明。
(5) 会计分录,包括会计科目和明细科目的名称及金额。
(6) 所附原始凭证的张数。
(7) 制证、复核、记账和会计主管等有关人员的签章,收款凭证和付款凭证还要有出纳人员的签章。

四、记账凭证的填制要求

为了保证会计核算的质量,会计人员在填制记账凭证时,必须符合下列要求。

(一) 摘要必须简明扼要

记账凭证的摘要栏是对经济业务的简要说明,要用简明扼要的语言概括经济业务的主要内容,以便登记账簿。

(二) 经济业务必须记录明确

会计人员可以根据每份原始凭证或多份同类经济业务的原始凭证填制一张记账凭证;也可以根据每份原始凭证汇总表填制一张记账凭证,以明确经济业务的来龙去脉和账户的对应关系。但不得将不同内容和类别的原始凭证汇总填制一张记账凭证。

(三) 会计科目必须正确运用

会计人员必须根据经济业务的内容,采用《企业会计准则——应用指南》中规定的会计科目正确编制会计分录,以保证核算的口径一致,便于综合汇总。会计科目不能任意用科目的编号或简称来代替。

(四)附件数量必须完整

除了少数更正错账和期末结转的记账凭证可以不附原始凭证外,其他的记账凭证所附的原始凭证必须完整无缺,并在记账凭证上注明所附原始凭证的张数,以便于复核摘要栏内所列明的经济业务的内容和确定的会计分录是否正确,也便于日后审计时查阅原始凭证。

倘若同一张原始凭证需填制数张记账凭证时,可以将原始凭证附在主要的记账凭证的后面,并应在未附原始凭证的记账凭证上注明"附件见第几号记账凭证"字样。倘若同一张原始凭证的支出需要多个单位共同负担的,应将其他单位负担的部分,开具原始凭证分割单,据以与对方进行结算。倘若原始凭证需要单独保管的,应在附件处加以说明。

(五)必须连续编号

记账凭证必须以月份为基础,根据业务发生的顺序按不同种类的记账凭证连续编号。倘若一笔经济业务需填制多张记账凭证时,可采取分数编号法,如转账的第8笔业务需填制两张记账凭证,这两张记账凭证的编号则分别为转字 $8\frac{1}{2}$ 和转字 $8\frac{2}{2}$。

(六)内容必须填写完整

记账凭证中的各项内容必须填写完整,制证、复核、出纳、记账、会计主管等各类人员在完成了各自的职责以后均应签章。

(七)空行必须画线注销

记账凭证填制完成经济业务事项后,如有空行,应当自最后一笔金额数字下的空行处至合计数上的空行处画线注销。以堵塞漏洞,使会计核算手续严密。

五、记账凭证的审核

为了使记账凭证核算的内容符合客观实际,正确地登记账簿,必须对记账凭证进行严格的审核,审核的内容主要包括以下四个方面。

(一)审核所附的原始凭证的真实性

审核记账凭证是否附有原始凭证或原始凭证汇总表;所附的原始凭证是否齐全,是否审核无误;原始凭证反映的经济业务发生的日期和内容是否与记账凭证填列的日期和摘要的内容相一致。

(二)审核记账凭证的正确性

审核记账凭证上所列应借、应贷的会计科目及明细科目是否恰当;使用的会计科目及其核算的内容是否符合《企业会计准则——应用指南》的规定；账户对应关系是否清晰，借、贷方的金额是否计算准确。

（三）审核记账凭证的完整性

审核记账凭证的各项内容是否按规定的要求填写完整；摘要是否填写清楚；日期、凭证编号、附件张数及各类有关人员的签章是否齐全等。

（四）审核记账凭证的合法性与合理性

审核记账凭证所反映的经济业务是否合法、合理，有无违法乱纪、弄虚作假的情况。

在审核中发现记账凭证有错误，应根据不同的情况进行处理。倘若尚未登记账簿，可以用划线更正法予以更正，也可以将错误的记账凭证予以作废，重新编制正确的记账凭证。倘若已经登记账簿，则应另行编制更正错账的记账凭证，具体的编制方法将在第六章会计账簿中阐述。

第四节　会计凭证的传递和保管

一、会计凭证的传递

（一）正确组织会计凭证传递的意义

会计凭证传递是指会计凭证从取得或填制日起到归档保管日止，按规定的程序和时间在本单位内部各有关部门及人员之间的传送和交接的过程。它包括传递程序、传递时间和传递手续等三个方面的内容。会计凭证的传递具体地说就是取得或填制会计凭证以后，应在什么时间内交到哪个部门、哪个工作岗位上，由谁接办业务手续，直至归档保管为止。倘若凭证是一式数联的，则应当具体明确各联的用途、交接时间和交接部门及工作岗位。

由于各种会计凭证所记录的经济业务不同，所涉及的部门和人员不同，所要据以办理的业务手续也不尽相同，因此各单位应根据自身各种经济业务的性质和特点，为每种会计凭证规定合理的传递程序、传递时间和传递手续。

会计凭证既是经济业务的记录，又是办理经济业务手续的依据，因此正确组织会计凭证的传递有着重要的作用，主要表现在以下三个方面。

1. 有利于经济业务的正常开展，提高经济活动的效率　经济业务的发生或完成往往由单位内部多个部门共同进行。例如，企业将产品销售给外地，通常要经过销售部门开单，储运部门提货发运，会计部门办理货款结算等手续，倘若会计凭证传递安排合理，就能使各个部门协调工作，缩短销售过程，从而提高经济活动的效率。

2. 有利于完善岗位责任制，加强会计监督　会计凭证的传递体现了部门和人员之间的分工协作关系。任何单位在经济活动中所发生的各项经济业务,以及本单位与各方面的经济联系,都要借助于会计凭证加以记录和证明。会计凭证作为记录经济业务,明确经济责任的书面证据,体现了岗位责任制的执行情况。因此,会计凭证传递程序实际上还起着相互牵制和相互监督的作用,它能够督促经办业务的有关部门和人员及时、正确地完成各项经济业务,按规定履行办理凭证手续,有利于完善岗位责任制,加强会计监督。

3. 有利于及时进行会计监督和会计核算　经济业务从发生到完成直至登记账簿有一定的间隔时间,正确、顺畅的会计凭证传递,能使会计部门尽早地了解经济业务的发生和完成情况,及时地进行会计监督和会计核算。

(二) 制定会计凭证传递办法的要求

为了组织好会计凭证的传递,在制订会计凭证传递办法时,应遵循以下三点要求。

1. 适当规定会计凭证的联数和会计凭证流经的必要环节　应根据经济业务的特点,内部机构设置和人员分工的情况,以及经营管理的需要,并从完善内部牵制制度的角度出发,具体规定各种会计凭证的联数,适当规定会计凭证流经的必要环节,使经办业务的部门和人员既能按照规定的程序处理业务,又能利用会计凭证了解经济业务的进程,及时提供信息,提高工作效率。应避免会计凭证传递流经不必要的环节,影响凭证的传递速度。

2. 合理地规定会计凭证在各个环节停留的时间　应根据各种会计凭证流经各个环节的部门及人员办理业务手续的需要,合理地确定会计凭证在各个环节停留的时间,以保证会计凭证的及时传递。既要防止时间过紧,会影响业务完成的质量;又要防止因时间过宽,形成会计凭证传递缓慢,办事拖沓的情况产生。

3. 在调查研究的基础上协商确定凭证的传递程序和传递时间　由于原始凭证涉及单位的各个部门和有关人员,范围大,因此会计部门要在调查研究后,会同各个部门和有关人员共同协商,以确定其传递程序和传递时间。记账凭证是会计部门的内部凭证,可由会计主管人员与制证、复核、出纳、记账等人员协商后,确定其传递程序和传递时间。

会计部门会同各有关部门共同制订的会计凭证传递办法,报经本单位领导批准公布后,有关部门和人员都必须遵照执行。倘若日后发现会计凭证传递过程中有不合理的环节,可以及时进行修订。对于若干主要的经济业务,可以绘制原始凭证流程图,供有关人员使用。

二、会计凭证的保管

会计凭证是重要的经济资料和会计档案,各单位在完成经济业务手续和登记账簿后，必须按规定立卷归档，形成会计档案资料，妥善保管，以备日后随时查阅。会计凭证在保管中应做到以下几点。

(一) 会计凭证的整理和装订

会计凭证在登记账簿后，应每日或定期对各种会计凭证加以分类整理，将各种记账凭证按照编号顺序，连同所附的原始凭证折叠整齐，加具封面和封底，装订成册，并在装订线上加贴封签，在封签处应由装订人员和会计主管加盖骑缝章，以明确责任。然后由装订人员在封面上注明单位名称、年度、月份、起讫日期、记账凭证的种类及起讫号数、记账凭证的张数和原始凭证的张数。会计凭证的封面格式如图表5-14所示。

图表 5-14

会计凭证封面　　　　2016 年 3 月
光 明 电 机 厂　　　　第 6 册
2016 年 3 月 26 日至 3 月 31 日　　　　共 6 册

凭证名称	凭证起讫号码		凭证张数	附件张数	备注
	自	至			
现金收入凭证	12	15	4	(略)	
现金付出凭证	22	28	7		
银行存款收入凭证	25	32	8		
银行存款付出凭证	33	42	10		
转账凭证	68	89	21		

会计主管：黄兴　　　　装订：刘捷

对于数量过多的原始凭证，如领料单，也可以另行装订，单独保管，但应在封面上注明所属记账凭证的日期、种类及编号，同时应在有关记账凭证上注明"附件另订"和原始凭证的名称及编号，以备查考。

对于各种经济合同、存出保证金收据以及涉外文件等重要的原始凭证，应当另编目录，单独登记保管，并在有关的记账凭证和原始凭证上相互注明日期和编号。

(二) 会计凭证的保管部门、保管期限和销毁

年度内装订成册的会计凭证由会计部门指定专人负责保管，在年终会计决算后，由会计部门编造清册移交本单位的档案部门保管。根据规定，会计凭证的保管期限通常为 15 年，但涉及外事和其他重要的会计凭证要永久保管。

在保管期间，倘若其他单位因特殊原因需要使用原始凭证时，经本单位会计机构负责人、会计主管人员批准后，在不拆散原卷册的前提下，提供查阅或者复制。

向外单位提供的原始凭证复制件,应当在专设的登记簿上登记,并由提供人员和收取人员共同签章。

对于保管期满需要销毁的会计凭证,必须编造清单,经本单位领导审核,报经上级主管部门批准后,由上级主管部门、档案部门和会计部门共同派员监销。

思 考 题

1. 什么是会计凭证?会计凭证有哪些作用?
2. 会计凭证分为哪两类?分别说明这两类凭证的定义。
3. 原始凭证按照其来源不同可分为哪两种?分别说明这两种凭证的定义。
4. 原始凭证按照其填制方法不同可分为哪几种?
5. 什么是一次原始凭证?什么是累计原始凭证?试举例说明。
6. 什么是汇总原始凭证?什么是转账原始凭证?试举例说明。
7. 原始凭证应具备哪些基本内容?
8. 试述原始凭证的填制要求。
9. 试述原始凭证审核的内容。
10. 记账凭证按其填制的方式不同可分为哪两类?分别说明这两类凭证的定义和优缺点。
11. 专用记账凭证可以分为哪几种?分别说明各种凭证的定义。
12. 记账凭证应具备哪些基本内容?
13. 填制记账凭证有哪些要求?
14. 试述记账凭证审核应包括哪些内容。
15. 什么是会计凭证传递?正确组织会计凭证传递有哪些作用?
16. 制定会计凭证传递办法有哪些要求?

练 习 题

练 习 题 一

一、目的 练习复式记账凭证的编制。

二、资料 南化工厂2016年1月份发生下列经济业务:

1. 2日,以银行存款归还前欠沪南工厂账款156 400元。
2. 3日,向沪南工厂购进A材料3 000千克,每千克78元,货款234 000元,增值税额39 780元。A材料已验收入库,款项尚未支付。
3. 4日,以银行存款支付A材料运输费5 000元,装卸费1 000元。
4. 5日,A材料采购完毕,结转A材料的实际采购成本。
5. 6日,从银行提取现金2 000元。
6. 8日,采购员预支差旅费1 600元,以现金付讫。

7. 10日，售给泰西工厂甲产品550件，每件售价560元，货款308 000元，增值税额52 360元，款项尚未收到。

8. 12日，收到泰西工厂前欠货款360 360元，存入银行。

9. 13日，以银行存款归还前欠沪北工厂账款131 600元。

10. 14日，采购员出差回来报销差旅费1 660元，又补付其现金60元，以结清其暂支款。

11. 15日，向银行提取现金176 000元，备发职工工资。

12. 15日，以现金176 000元发放职工工资。

13. 16日，根据合同规定预收安信工厂订购乙产品800件40%的货款128 000元，存入银行。

14. 17日，向沪北工厂购进B材料2 000千克，每千克102.50元，货款205 000元，增值税额34 850元，款项尚未支付。

15. 18日，以银行存款支付B材料运输费4 400元，装卸费600元。

16. 19日，B材料已验收入库，结转其实际采购成本。

17. 20日，以银行存款48 000元支付全年财产保险费。

18. 21日，摊销应由本月份负担的财产保险费，其中：生产车间占80%，行政管理部门占20%。

19. 22日，以银行存款捐赠贫困山区希望工程15 000元。

20. 25日，生产甲产品耗用A材料1 000千克，每千克80元；B材料1 200千克，每千克105元，生产乙产品耗用A材料1 500千克，每千克80元；B材料600千克，每千克105元，生产车间一般耗用A材料120千克，每千克80元，行政管理部门耗用B材料66千克，每千克105元，予以转账。

21. 26日，计提本月份固定资产折旧额44 800元，其中：生产车间39 040元，行政管理部门5 760元。

22. 28日，计提本月份短期借款利息5 908元。

23. 30日，售给安信工厂乙产品800件，每件400元，计货款320 000元，增值税额54 400元。其中128 000元为预收账款，收到其余货款及全部增值税额，存入银行。

24. 30日，以银行存款支付销售甲、乙两种产品运输费8 915元，推销产品广告费11 600元。

25. 31日，分配本月份职工工资，其中，生产甲产品工人工资80 000元，生产乙产品工人工资64 000元，车间管理人员工资12 000元，行政管理人员工资20 000元。

26. 31日，按工资总额14%计提职工福利费。

27. 31日，按生产工人工时分配本月份发生的制造费用。生产甲产品耗用5 000工时，生产乙产品耗用4 000工时。

28. 31日，本月份生产的甲产品800件，乙产品1 000件已全部完工，验收入库，分别结转其实际生产成本。

29. 31日，根据本月份增值税销项税额和进项税额的差额，按7%税率计提城市维护建设税，按3%征收率计提教育费附加。

30. 31日，结转已售甲、乙两种产品的生产成本。

31. 31日，将收入类账户结转"本年利润"账户。
32. 31日，将费用类账户结转"本年利润"账户。
33. 31日，根据本月份实现的利润总额按25%的税率计提所得税。
34. 31日，将所得税结转"本年利润"账户。
35. 31日，按净利润的20%计提盈余公积。
36. 31日，按净利润的70%计提应分配给投资者的利润。

三、要求

1. 根据上列资料编制收款凭证、付款凭证和转账凭证。
2. 根据编制的记账凭证登记"生产成本"、"制造费用"、"主营业务收入"、"主营业务成本"、"营业税金及附加"、"销售费用"、"管理费用"、"财务费用"、"营业外支出"和"本年利润"总分类账户。
3. 根据上列资料及编制的记账凭证登记"生产成本"明细分类账户。
4. 根据"生产成本"明细分类账登记的结果编制"产品单位成本计算表"。

练 习 题 二

一、目的　练习单式记账凭证的编制。

二、资料　本章习题一的前12笔经济业务。

三、要求　根据上列资料编制单式记账凭证。

第六章 会计账簿

第一节 会计账簿概述

一、会计账簿的意义

会计账簿是指由具有一定格式和互有联系的账页所组成,以会计凭证为依据,用来序时地、分类地记录和反映全部经济业务的簿籍。账簿是由许多印制成一定格式的账页组成的,一旦将会计科目或会计明细科目填入某个账页后,该账页就成为记录该会计科目或该明细科目所规定的核算内容的账户。

各个单位在经济业务发生时取得和填制原始凭证,经审核无误后据以采用复式记账的方法,编制记账凭证,将大量的经济信息转化为会计信息,从而完成了会计基本程序的第一步骤。然而记账凭证数量众多,而且分散,每张记账凭证只能记录一项经济业务,反映个别的会计信息。因此需要设置账簿,将个别的会计信息加以集中归类整理后,登记到会计账簿中去,以全面、系统地反映单位经济活动的情况。

二、会计账簿的作用

设置和登记账簿既是会计基本程序的第二步骤,又是会计核算的专门方法之一。它是会计核算的重要环节,在经济管理中有着重要的作用,主要表现在以下四个方面。

(一)提供系统完整的会计信息

通过设置和登记账簿,将会计凭证上反映的零散会计核算资料加以归类、整理和汇总,形成集中的、全面的、系统的会计核算资料,以全面、系统地反映各项资产、负债、所有者权益和经济活动的动态情况及其结果,为经营管理提供系统完整的会计信息。

(二)保护单位财产物资的安全与完整

通过设置和登记账簿,可以具体反映各项财产物资的增减变动及其结存情况,定期将账簿记录与财产物资进行核对,一旦发现账实不符,要及时查明原因,明确经济责任,从而有助于财产物资的严格管理,保护了单位财产物资的安全和完整。

(三)为编制财务报告提供依据

会计账簿所提供的各种会计信息,经过加工整理后,成为编制财务报告的依据。财务报告能否及时编制和报送,财务报告上各项指标是否真实正确,均与会计账簿的设置和登记的质量有密切的关系。

(四)为考核、分析和检查经济活动情况提供重要的依据

会计账簿记录提供了各种各样的会计信息,通过这些会计信息可以考核成本、费用、收入、利润预算的完成情况;分析经营管理中的成绩和不足,从而可以扬长避短,提高经营管理水平;并可以检查企业财经法规、制度的执行情况,财经纪律的遵守情况。

三、会计账簿的种类

会计账簿种类较多,用途和形式各异,相互之间构成了严密的账簿体系,从而为经营管理者提供各种会计信息。为了正确地设置和运用会计账簿,就需要了解会计账簿的种类。会计账簿可以按不同的标准分类,分类的方法主要有以下两种。

(一)按会计账簿的用途分类

会计账簿按照其用途不同,可分为日记账簿、分类账簿和备查账簿三种。

1. 日记账簿　　又称序时账簿,简称日记账,是指按照经济业务发生的时间先后顺序,逐日、逐笔连续记录经济业务的账簿。日记账簿按其记录的内容不同,又可分为普通日记账和特种日记账两种。

(1) 普通日记账　　它是指用来记录全部经济业务发生情况的日记账簿。

(2) 特种日记账　　它是指用来记录特定项目经济业务发生情况的日记账簿。

日记账作为经济业务的序时原始记录,便于查阅某一笔、某一天或某一时期经济业务的发生或完成情况,可以作为登记分类账的依据,也可以与分类账的有关账户相互核对、进行检查。日记账能防止凭证的散失和抽换,在保护会计凭证的完整性和严肃性方面发挥了重要的作用。

2. 分类账簿　　简称分类账,是指对经济业务按照账户的分类进行分户登记的账簿。账户与分类账簿既有联系,又有区别。账户是反映某一特定项目的经济内容及其增减变动的结果;而分类账则是包括各类账户在内的账簿。也就是说,分类账是账户的系统组合,分类账分解开来就是一个个账户。

由于账户分为总分类账户和明细分类账户,因此分类账也就分为总分类账和明细分类账。

(1) 总分类账　　简称总账,是指由所有总分类科目开设的总分类账户所组成,用以分类记录全部经济业务总括核算资料的分类账簿。

(2) 明细分类账　　简称明细账,是指根据总分类科目设置的,由其所属的明细分类科目开设的明细分类账户所组成,用以记录某一类经济业务明细核算资料的分类账簿。

单位的全部经济业务通过整理分类后,都记入分类账各有关账户中去。因此

分类账反映了经济单位所有的经济活动情况、包括财务状况、经营成果和现金流量,它是编制财务报告的依据,在会计工作中起着重要的作用。

3. 备查账簿　　又称辅助账簿,简称备查账,是指对某些不能在日记账和分类账中记录的经济事项或记录不全的经济业务进行补充登记的账簿。其主要是为某些经济业务的内容提供必要的参考资料,比如租入固定资产登记簿、受托加工材料登记簿等。

各个单位应根据实际需要来设置备查账,其格式也由各单位根据管理的需要自行设计,备查账发挥了备忘参考和补充经济信息的作用。

(二)按会计账簿的外表形式分类

会计账簿按照其外表形式不同,可分为订本式账簿、活页式账簿和卡片式账簿三种。

1. 订本式账簿　　简称订本账,是指在账簿启用前,将一定数量的印有专门格式的账页按顺序号固定装订成册的账簿。订本式账簿的优点是能够避免账页散失,防止账页被抽换,比较严密安全;它的缺点是由于账页固定,在开设各个账户时,必须预留空白账页,倘若预留过多,会造成浪费;预留过少,则使账户记录前后分开,影响账户记录的连续性,不便于查阅。况且在同一时间内,只能由一人登记,不便于分工记账。通常总分类账、现金日记账和银行存款日记账等重要的会计账簿应采用订本式账簿。

2. 活页式账簿　　简称活页账,是指将一定数量的零散的印有专门格式的账页组成的账簿。活页式账簿平时将账页装置在账夹中,年终结账后装订成册。这种账簿的优点是可以根据实际需要,随时增减账页,不会造成浪费,也便于分工记账;其缺点是账页容易散失或被抽换。因此,账页在使用时应连续编号,并由记账人员和会计主管签章,以明确责任,防止弊端。通常一般明细分类账可以采用活页式账簿。

3. 卡片式账簿　　简称卡片账,是指将一定数量的、零散的、印有专门格式的硬纸卡片账页组成的账簿。卡片式账簿平时将账页装置在卡片箱中,由专人负责保管。其具有随时可以抽出账页,予以记录,并随时放回的特点;还具有可以根据需要跨年度使用的特点。这种账簿的优缺点及防范措施与活页式账簿相同,不再重述。通常原材料明细分类账、固定资产明细分类账等财产物资明细账可以采用卡片式账簿。

四、设置账簿的原则

各个单位应根据经营业务的性质和特点来确定设置各种会计账簿及账簿组织的体系,尽管不同单位之间差异很大,但在设置账簿时,均应该遵循下列两个原则。

(一)全面系统原则

由于会计账簿担负着记录会计数据,并将其加工制作成会计信息的重要任务,因此各个单位应根据自身经济活动的发展和管理的需要设置各种日记账、分类账和备查账等有关账簿。账簿设置的数量和格式必须以全面、系统地核算和监督单位经济活动情况为原则,从而为本单位的经营管理以及为同本单位有着经济利益关系的单位或个人提供必要的会计信息。

(二)科学适用原则

账簿的设置应根据单位规模的大小、经济业务的繁简和会计人员的配备情况,在满足实际需要的前提下,尽量节约人力和物力,不重复设账和因人设账。账簿的格式应按所记录的经济业务的内容和需要提供的会计信息进行设计,力求简明实用,以有利于提高核算的效率和质量,有利于单位的领导和群众看账及用账,使账簿的设置科学适用。

第二节 会计账簿的设置与登记

一、日记账簿的设置与登记

日记账簿分为普通日记账和特种日记账两种,现分别予以阐述。

(一)普通日记账的设置与登记

普通日记账是用来序时登记全部经济业务的账簿。它是按经济业务发生或完成时间的先后顺序,确定会计分录后,将其记入普通日记账。普通日记账账页的格式见图表6-1。

图表6-1

普通日记账

单位:元

2016年		业务号数	摘　　要	会计科目	账页	借方金额	贷方金额
月	日						
3	1	1	提现	库存现金 银行存款	(略)	2 000	2 000
		2	销售甲产品1 000件,单价120元,销项税额20 400元	银行存款 主营业务收入 应交税费		140 400	120 000 20 400
		3	购进A材料1 600千克,单价60元,进项税额16 320元	在途物资 应交税费 银行存款		96 000 16 320	112 320
		4	生产甲产品领用B材料800千克,每千克90元	生产成本 原材料		72 000	72 000

第六章 会计账簿

从上表可以看出普通日记账实质上是记录会计分录的账簿,因此又称为分录簿。

普通日记账是早期的日记账,它是根据原始凭证直接登记的,起到了记账凭证的作用。以后随着生产的不断发展,经营规模的不断扩大,企业的经济活动日益繁杂。普通日记账不分主次地记录了全部的经济业务,显得过于庞杂,已不能适应管理的需要,记账凭证的产生替代了普通日记账的功能,因此对账簿组织体系进行变革,从而诞生了特种日记账。

(二)特种日记账的设置与登记

特种日记账是指用来序时地登记某一特定项目经济业务的账簿,以反映某一特定项目的详细情况。它是从普通日记账发展而来的。比如,各单位为了加强对现金和银行存款的管理,设置了现金日记账和银行存款日记账,分别逐日逐笔地记录现金和银行存款的收付业务;又如,为了加强对进货和销货的管理,分别设置了进货日记账和销货日记账;还有转账日记账专门用来逐日逐笔记录不涉及现金、银行存款收付的转账业务。

由于现金日记账、银行存款日记账和转账日记账是从普通日记账分化而来的,所以开始时也是根据原始凭证登记的。自从出现了记账凭证后,便根据记账凭证并结合其所附的原始凭证进行登记。以后,为了简化核算手续,保留了现金日记账和银行存款日记账,省略了转账日记账。

转账日记账账页的格式及登记方法与普通日记账相同,不再重述。其他特种日记账账页的格式有三栏式和多栏式两种。

1. 三栏式特种日记账　　它是指在账页设有收入、付出和结存三个金额栏的特种日记账。三栏式特种日记账主要有现金日记账和银行存款日记账。

现金日记账通常由出纳人员根据审核无误的现金收款凭证和付款凭证逐日逐笔顺序登记的。登记时应填明日期、凭证号数、摘要、对方科目、收入金额和付出金额。对于从银行提取现金的业务,由于只填制银行存款付款凭证,而不填制现金收款凭证,因此现金的收入金额应根据银行存款付款凭证登记。每日收付款项登记完毕,应分别计算收入金额和付出金额的合计数,并结出余额。然后,再将账面余额与库存现金实存数额相核对,以保证账款相符。现金日记账的格式如图表6-2所示。

银行存款日记账通常由出纳人员根据审核无误的银行存款收款凭证和付款凭证逐日、逐笔顺序登记的。登记时应填明日期、凭证号数、摘要、结算凭证的种类和号数、对方科目、收入金额和付出金额。对于将现金存入银行的业务,由于只填制现金付款凭证,而不填制银行存款收入凭证,因此,银行存款收入金额应根据现金付出凭证登记。每日收付款项登记完毕,应分别计算收入金额和付出金额的合计数,并结出余额,以便于与银行对账单进行核对。银行存款日记账的格式如图表6-3所示。

图表 6-2

现金日记账

单位：元

2016年		凭证号数	摘要	对方科目	收入金额	付出金额	结存金额
月	日						
1	1		上年结转				2 100
		现付1	周明预支差旅费	其他应收款		1 500	
		现付2	支付购入材料运费	在途物资		510	
		银付3	提现	银行存款	2 510		
		现付3	厂部复印机修理费	管理费用		360	
		现收1	陈群退回出差余款	其他应收款	28		2 268
1	1		本日合计		2 538	2 370	2 268

图表 6-3

银行存款日记账

单位：元

2016年		凭证号数	摘要	结算凭证		对方科目	收入金额	付出金额	结存金额
月	日			种类	号数				
1	1		上年结转						97 850
		银收1	产品销售收入	（略）		主营业务收入	128 000		
		银收1	收到销项税额			应交税费	21 760		
		银付1	支付购买材料款			在途物资		72 000	
		银付1	支付进项税额			应交税费		12 240	
		银付2	归还前欠材料款			应付账款		87 600	
		银付3	提现			库存现金		2 510	
		银付4	支付厂部电话费			管理费用		542	
		银收2	客户违约赔偿金			营业外收入	2 670		
		银收3	收到前欠销货款			应收账款	65 800		141 188
1	2		本日合计				218 230	174 892	141 188

2. 多栏式特种日记账　它是指在账页的收入金额栏和付出金额栏分别按对应科目设置专栏的特种日记账。多栏式特种日记账主要有现金日记账和银行存款日记账。通过多栏式特种日记账收入各专栏的金额，可以分别反映现金和银行存款收入的来源，通过付出各专栏的金额可以分别反映现金和银行存款的用途，这两种账簿的格式基本相同。

根据图表6-2三栏式现金日记账的资料登记多栏式现金日记账如图表6-4所示。

图表6-4

现金日记账
单位：元

2016年		凭证号数	摘要	收入金额			付出金额				结存金额
				应贷对方科目			应借对方科目				
月	日			银行存款	其他应收款	合计	其他应收款	在途物资	管理费用	合计	
1	2		上年结转								2 100
		现付1	周明预支差旅费				1 500			1 500	
		现付2	支付购入材料运费					510		510	
		银付3	提现	2 510		2 510					
		现付3	厂部复印机修理费						360	360	
		现收1	陈群退回出差余款		28	28					2 268
1	2		本日合计	2 510	28	2 538	1 500	510	360	2 370	2 268

在实际工作中，采用多栏式现金日记账和银行存款日记账时，往往会涉及较多的对应科目，将要设置较多的专栏，这就会造成账页篇幅过长。因此，多栏式现金或银行存款日记账又可以分别设置现金或银行存款收入日记账和现金或银行存款付出日记账。

根据图表6-3银行存款日记账分别登记银行存款收入日记账和银行存款付出日记账如图表6-5、6-6所示。

图表6-5

银行存款收入日记账
单位：元

2016年		凭证号数	摘要	结算凭证		应贷对方科目			收入合计	付出合计	结存金额
				种类	号数	应收账款	主营业务收入	应交税费	营业外收入		
月	日										
1	2		上年结转								97 850
		银收1	收到销售收入及销项税额	(略)	(略)		128 000	21 760		149 760	
		银收2	客户违约赔偿金						2 670	2 670	
		银收3	收到前欠销货款			65 800				65 800	
1	2		本日合计			65 800	128 000	21 760	2 670	218 230	174 892	141 188

图表6-6

银行存款付出日记账　　　　　　　　　　　　　　　单位：元

2016年		凭证号数	摘要	结算凭证		应借对方科目					付出合计
月	日			种类	号数	库存现金	在途物资	应付账款	应交税费	管理费用	
1	2	银付1	支付购买材料货款及进项税额				72 000		12 240		84 240
		银付2	归还前欠材料款	(略)	(略)			87 600			87 600
		银付3	提现			2 510					2 510
		银付4	支付厂部电话费							542	542
1	2		本日合计			2 510	72 000	87 600	12 240	542	174 892

多栏式现金日记账和银行存款日记账的登记方法有两种。

一种是由出纳人员根据审核后的收款凭证逐日、逐笔分别登记现金和银行存款的收入日记账和付出日记账，每日结出收入日记账和付出日记账的合计数，并将付出日记账的付出合计数转记入收入日记账当日付出合计栏内，以结算当日结存金额。会计人员应对多栏式现金日记账和银行存款日记账加强检查监督，并定期（旬末或月末）根据多栏式现金和银行存款日记账各专栏的合计数，分别登记各有关的总分类账户。

另一种是设置现金和银行存款出纳登记簿，由出纳人员根据审核后的收款凭证和付款凭证逐日、逐笔登记，以便随时掌握现金和银行存款的收入、付出和结存情况，然后将收款凭证和付款凭证转交会计人员据以逐日汇总登记多栏式现金和银行存款日记账，并定期根据日记账各专栏的合计数登记各有关的总分类账户。采用这种记账方法，出纳人员登记出纳登记簿，会计人员登记多栏式日记账等，符合内部会计控制原则，有利于加强内部控制和监督。

二、分类账簿的设置与登记

分类账簿分为总分类账和明细分类账，现分别予以阐述。

（一）总分类账的设置与登记

总分类账是按照一级会计科目分类设置的，用于反映全部经济业务总括情况的账簿。在总分类账中，应按会计科目的编号顺序设置总分类账户。通过总分类账，能够反映各种资产、负债、所有者权益以及收入、费用和利润的概况，为编制财务报告提供资料。

总分类账按账页的格式不同，可分为以下三种。

1. **三栏式总分类账**　　它是指采用借方、贷方和余额三栏式账页的总分类账。这是最常用的一种总分类账，其格式如图表6-7所示。

图表 6-7

总分类账(三栏式)

账户名称：原材料　　　　　　　　　　　　　　　　　　　　　　　　单位：元

2016 年		凭证号数	摘要	借方	贷方	借或贷	余额
月	日						
1	1		上年结转			借	155 960
	2	5	生产甲产品领料		91 600	借	64 360
	3	16	结转 A 材料采购成本	108 800		借	173 160
	4	28	生产车间领用维修材料		7 200	借	165 960
	5	42	行政管理部门领料		2 010	借	163 950

以上总分类账是根据记账凭证逐笔登记的，在实际工作中，要根据单位所采用的会计核算程序来确定，各种会计核算程序总分类账的登记方法将在第十章会计核算程序中阐述。

2. 对应账户式总分类账　　它是指在各账户反映账户对应关系的总分类账。

采用这种账簿可以反映各总分类账户借、贷方发生额的来龙去脉，其格式如图表 6-8 所示。

图表 6-8

总分类账(对应账户式)

账户名称：原材料　　　　　　　　　　　　　　　　　　　　　　　　单位：元

2016 年		凭证号数	摘要	对方科目	借方	贷方	借或贷	余额
月	日							
1	1		上年结转				借	155 960
	2	5	生产甲产品领料	生产成本		91 600	借	64 360
	3	16	结转 A 材料采购成本	在途物资	108 800		借	173 160
	4	28	生产车间领用维修材料	制造费用		7 200	借	165 960
	5	42	行政管理部门领料	管理费用		2 010	借	163 950

对应账户式总分类账只能根据记账凭证逐笔进行登记。

3. 多栏式总分类账　　又称日记总账，是指将全部账户集中在一张账页中登记的总分类账。它具有序时和分类的双重作用，可以减少记账的工作量，能全面地反映资金运动的情况。但这种账簿篇幅较长，适用于规模较小、经济业务较少的单位。多栏式总分类账的格式如图表 6-9 所示。

总分类账（多栏式）

单位：元

2016年		凭证号数	摘要	库存现金 借方	库存现金 贷方	银行存款 借方	银行存款 贷方	在途物资 借方	在途物资 贷方	应付账款 借方	应付账款 贷方	实收资本 借方	实收资本 贷方	营业外支出 借方	营业外支出 贷方
月	日														
	1		上年结转	586		221 260							1 510 000		
	1	银付1	偿还前欠材料款				55 500			55 500					
	1	银付2	提现	2 214			2 214								
	1	现付1	支付罚金		300									300	
	1	转1	购进A材料货款未付					92 800			92 800				
	1	银付3	支付A材料运输费				500	500							
	1	银收1	投资者追加投资额			100 000							100 000		
	2		本日余额	2 500		264 046		93 300			154 120		1 610 000	300	

图表 6-9

多栏式总分类账通常是根据记账凭证逐笔进行登记的。

(二) 明细分类账的设置与登记

明细分类账是按照二级或三级会计科目设置的,用于反映某类经济业务详细情况的账簿。各单位应根据实际需要为有关的总分类账户设置明细分类账。在各种明细分类账中,分别按照二级科目或三级科目开设明细账户,用以分类、连续地记录有关资产、负债、所有者权益、收入、费用和利润的详细情况,作为对总分类账的补充。

明细分类账按账页的格式不同,可分为以下四种。

1. 三栏式明细分类账 它是指采用借方、贷方和余额三栏金额式账页的明细分类账。它适用于仅需反映金额核算的经济内容,如反映应收账款、其他应收款、待摊费用、应付账款等总分类账户详细情况的明细分类账。三栏式明细分类账的格式与三栏式总分类账相同,但明细分类账通常采用活页式账簿。

2. 数量金额三栏式明细分类账 它是指采用借方(收入)、贷方(发出)和余额(结存)三栏数量和金额式账页的明细分类账。它适用于既要反映实物数量,又要反映金额的经济内容,如反映原材料、库存商品等实物资产详细情况的明细分类账。

这种明细账应根据原材料、库存商品等的收、发原始凭证,逐笔进行登记,以便加强对这些资产的实物管理和使用的监督。数量金额三栏式明细账的格式如图表6-10所示。

图表6-10

原材料明细分类账

材料类别:钢材　　　　　材料编号:505　　　　　计量单位:千克
材料名称:圆钢　规格10 cm　存放地点:甲库　　　金额单位:元

2016年		凭证号数	摘要	借方(收入)			贷方(发出)			余额(结存)		
月	日			数量	单价	金额	数量	单价	金额	数量	单价	金额
1	1		上年结转							22 150	5.20	115 180
	5	(略)	购进	10 000	5.20	52 000				32 150	5.20	167 180
	10		生产A产品				5 600	5.20	29 120	26 550	5.20	138 060
	18		生产B产品				7 200	5.20	37 440	19 350	5.20	100 620
	21		车间维修用				250	5.20	1 300	19 100	5.20	99 320
	30		购进	8 000	5.20	20 800				27 100	5.20	148 920
1	31		本月发生额及余额	18 000	5.20	46 800	13 050	5.20	67 860	27 100	5.20	140 920

3. 多栏式明细分类账　　它是指采用按二级明细科目设置专栏形成多栏式账页的明细分类账。它是根据有关总分类账户需要提供资料的要求设置的。多栏式明细分类账有单向登记和双向登记两种。

（1）单向登记多栏式明细分类账　　它是指仅在单一方向登记的明细分类账,如成本、费用类明细分类账,平时只在借方登记,而收入类明细分类账平时只在贷方登记。倘若发生冲减成本、费用、冲减收入及月末结转分配业务时,可以用红字进行登记,予以冲转。单向登记多栏式明细账的格式如图表6-11所示。

（2）双向登记多栏式明细分类账　　它是指在借、贷双方均采用多栏登记的明细分类账,如本年利润明细分类账、利润分配明细分类账等。双向登记多栏式明细分类账如图表6-12所示。

4. 两栏式明细分类账　　它是指采用借方和贷方两栏金额式账页进行同行登记的明细分类账。其特点是将前后密切相关的同一组经济业务,不论发生时间的先后,均登记在账页的同一行次的"借方栏"和"贷方栏",通过借、贷方的相互对照,便于检查每笔经济业务的完成及变动情况,通常适用于同一组经济业务中借方发生多笔,贷方发生一笔;或贷方发生多笔,借方发生一笔才能结清的账户。如在途物资、应收账款、应付账款等账户。两栏式明细分类账的格式如图表6-13所示。

三、总分类账与明细分类账的关系

总分类账的各个账户是根据总分类科目开设的,通过总分类账核算,提供总括资料。而明细分类账的各个账户是根据明细分类科目开设的,通过明细分类核算,提供详细资料。企业在进行总分类账核算的同时,还要进行明细分类账核算,以满足不同管理部门对会计信息不同层次的需求。

由于企业领导层需要了解各种资产、负债和所有者权益的结构和收入、费用的完成情况等总括的会计信息,而企业的各个职能部门却需要了解与本部门管理内容密切相关的、详细的会计信息,比如,供应部门需要了解各种材料收入、发出和结存的详细情况,以便及时采购材料,保证生产的需要;销售部门需要了解应收账款的详细情况,以便了解客户的商业信用,及时收回货款。因此企业在会计核算时,既要设置总分类账,又要设置明细分类账。

总分类账户与其所属的明细分类账户之间存在着密切的联系。总分类账户反映综合的会计信息,对其所属的明细分类账户起着统驭和控制的作用,被称为统驭账户;明细分类账户反映具体的会计信息,对其总分类账户起着补充和说明的作用,被称为从属账户。两者所核算的对象是一致的,其区别仅仅是核算的详简程度不同,这样提供的会计信息可以互为补充。

图表 6-11

制造费用明细分类账（多栏式）

单位：元

2016年		凭证号数	摘要	借方							合计	借方余额
月	日			职工薪酬	折旧费	修理费	机物料消耗	办公费	差旅费	保险费	其他费用		
1	3	（略）	领用材料				1 785					1 785	1 785
	5		支付车间工程师差旅费						1 680			1 680	3 465
	8		支付机器设备修理费			2 270						2 270	5 735
	12		支付办公费用					480				480	6 215
	30		计提固定资产折旧		27 260							27 260	39 180
	31		分配工资	15 000								15 000	54 180
	31		计提福利费	2 100								2 100	56 280
	31		摊销车间财产保险费							3 360		3 360	59 640
1	31		本月合计	17 100	27 260	2 270	3 980	1 050	1 680	3 360	2 940	59 640	59 640
	31		结转生产成本	17 100	27 260	2 270	3 980	1 050	1 680	3 360	2 940	59 640	-0-

图表 6-12

本年利润明细分类账（多栏式）

单位：元

2016年		凭证号数	摘要	借方						贷方		合计	借或贷	余额
月	日			主营业务成本	营业税金及附加	销售费用	管理费用	财务费用	营业外支出	所得税费用	合计	主营业务收入	营业外收入		
1	31	（略）	收入类账户转入									438 000	1 800	439 800	贷	439 800
1	31		费用类账户转入	318 600	2 800	11 580	28 220	3 010	6 690		370 900				贷	68 900
1	31		所得税费用账户转入							17 225	17 225				贷	51 675
1	31		本期发生额及余额	318 600	2 800	11 580	28 220	3 010	6 690	17 225	388 125	438 000	1 800	439 800	贷	51 675

图表 6-13

在途物资明细分类账

单位：元

行次	材料名称	2016年		凭证号数	摘要	借方	贷方		转销符号
		月	日			金额	摘要	金额	
1	A材料	1	2	（略）	支付材料款	95 760	结转采购成本	96 360	√
		1	4		支付材料运输费	600			
2	B材料	1	3		支付材料款	124 320	结转采购成本	125 160	√
		1	7		支付材料运输费	840			
3	C材料	1	8		支付材料款	76 980			
		1	10		支付材料运输费	480			
4	D材料	1	9		支付材料款	64 000			
		1	月	10	日	借方余额	141 460		

四、总分类账与明细分类账的平行登记

平行登记是指在经济业务发生后,以会计凭证为依据,一方面要在有关的总分类账户进行总括登记;另一方面要在总分类账户所属的明细分类账户进行详细登记。通过总分类账和明细分类账的平行登记,期末进行相互核对,可以及时发现错账,予以更正,以保证账簿记录的准确性。

(一)平行登记的要点

平行登记必须做到以下四个要点。

1. 记账的时期相同　　对于发生的每笔经济业务,应根据会计凭证在有关的总分类账户中进行总括的登记;同时还应在有关明细分类账户中进行详细的登记,两者登记的时期必须一致。

2. 记账的方向相同　　对于发生的每笔经济业务,凡是登记在总分类账户借方的,也应该登记在其所属的明细分类账户的借方;凡是登记在总分类账户贷方的,也应该登记在其所属的明细分类账户的贷方。两者登记的方向必须一致。

3. 记账的金额相等　　对于发生的每笔经济业务,记入总分类账户中的金额,必须与记入其所属的各明细分类账户的金额之和相等。

4. 记账的原始依据相同　　虽然总分类账户是根据记账凭证登记的,明细分类账是根据原始凭证登记的,但是记账凭证是根据原始凭证编制的,因此登记总分类账户和明细分类账户的原始依据均是证明经济业务发生的原始凭证,两者必须一致。

(二)平行登记的方法

在平行登记时,首先设置并登记总分类账户及其所属的明细分类账户的期初余额;其次根据记账凭证上列明的会计分录,在有关的总分类账户中进行总括登记,并根据记账凭证及其所属的原始凭证在总分类账户所属的明细分类账户中进行详细登记;最后分别在总分类账户及其所属明细分类账户中结出本期发生额与期末余额,并检查它们是否相等。

平行登记的结果使总分类账户和其所属的明细分类账户之间存在着特定的数量关系,这种关系用公式表示如下:

总分类账户本期发生额＝所属各明细分类账户本期发生额合计数

总分类账户期末余额＝所属各明细分类账户期末余额合计数

因此,这两个公式成为检查总分类账户与其所属的明细分类账户的登记是否正确的依据。

【例1】　京华工厂2016年4月1日"原材料"总分类账户余额为195 600元,其所属明细分类账户余额为A材料1 500千克,单价76元,金额114 000元;B材料

1 200千克,单价68元,金额81 600元。接着4月份发生下列有关的经济业务：

1. 4月10日,购进的A材料1 000千克,单价76元,金额76 000元,已验收入库,结转材料采购成本。

2. 4月20日,购进的A材料900千克,单价76元,金额68 400元；B材料1 500千克,单价68元,金额102 000元,均已验收入库,结转材料采购成本。

3. 4月30日,根据各部门的领料单编制的"材料耗用汇总表"如图表6-14所示。

图表6-14

材料耗用汇总表

2016年4月1日至30日　　　　　　　　金额单位：元

耗用材料 材料用途	A 材料			B 材料			金额合计
	数量	单价	金额	数量	单价	金额	
生产甲产品	1 050	76	79 800	800	68	54 400	134 200
生产乙产品	750	76	57 000	700	68	47 600	104 600
生产车间一般耗用	50	76	3 800	20	68	1 360	5 160
行政管理部门耗用	10	76	760				760
合　　计	1 860		141 360	1 520		103 360	244 720

（1）根据上列3笔经济业务,作分录如下：

```
4月10日：借：原材料——A材料                76 000.00
              贷：在途物资——A材料              76 000.00

4月20日：借：原材料——A材料                68 400.00
         借：原材料——B材料               102 000.00
              贷：在途物资——A材料              68 400.00
              贷：在途物资——B材料             102 000.00

4月30日：借：生产成本——甲产品              134 200.00
         借：生产成本——乙产品              104 600.00
         借：制造费用                         5 160.00
         借：管理费用                           760.00
              贷：原材料——A材料             141 360.00
              贷：原材料——B材料             103 360.00
```

（2）根据前列资料及会计分录开设并登记原材料总分类账户及其所属明细分类账户如图表6-15、图表6-16所示。

图表6-15

总 分 类 账

账户名称：原材料　　　　　　　　　　　　　　　　　　　　单位：元

2016年		凭证号数	摘　要	借方	贷方	借或贷	余　额
月	日						
4	1		期初余额			借	195 600
	10	1	购进	76 000		借	271 600
	20	2	购进	170 400		借	442 000
	30	3	领用		244 720	借	197 280
4	30		本期发生额及余额	246 400	244 720	借	197 280

图表6-16

原材料明细分类账

材料名称：A材料　　　　　　数量单位：千克　　　　　　金额单位：元

2016年		凭证号数	摘　要	收　入			发　出			结　存		
月	日			数量	单价	金额	数量	单价	金额	数量	单价	金额
4	1		期初余额							1 500	76	114 000
	10	1	购进	1 000	76	76 000				2 500	76	190 000
	20	2	购进	900	76	68 400				3 400	76	258 400
	30	3	领用				1 860	76	141 360	1 540	76	117 040
4	30		本期发生额及余额	1 900	76	144 400	1 860	76	141 360	1 540	76	117 040

材料名称：B材料　　　　　　数量单位：千克　　　　　　金额单位：元

2016年		凭证号数	摘　要	收　入			发　出			结　存		
月	日			数量	单价	金额	数量	单价	金额	数量	单价	金额
4	1		期初余额							1 200	68	81 600
	20	2	购进	1 500	68	102 000				2 700	68	183 600
	30	3	领用				1 520	68	103 360	1 180	68	80 240
4	30		本期发生额及余额	1 500	68	102 000	1 520	68	103 360	1 180	68	80 240

(3) 根据原材料明细分类账户编制原材料明细分类账户本期发生额及余额试算表如图表 6-17 所示。

图表 6-17

原材料明细分类账户本期发生额及余额试算表

2016 年 4 月份　　　　　　　　　　　　　　　　　　　　单位：元

明细分类账户	计量单位	单价	期初余额		本期发生额				期末余额	
					收入		发出			
			数量	金额	数量	金额	数量	金额	数量	金额
A 材料	千克	76	1 500	114 000	1 900	144 400	1 860	141 360	1 540	117 040
B 材料	千克	68	1 200	81 600	1 500	102 000	1 520	103 360	1 180	80 240
合计	—	—	—	195 600	—	246 400	—	244 720	—	197 280

将原材料明细分类账户本期发生额及余额试算表的期初余额、本期发生额和期末余额的合计数，分别与原材料总分类账户的期初余额、本期发生额和期末余额相核对，结果完全相等。表明原材料总分类账户和其所属的明细分类账户的记录是正确的。如果两者的数额不相等，表明账户记录或结账有错误，应及时查明，予以更正。

第三节　记账规则和更正错账的方法

一、会计账簿启用与登记的规则

（一）会计账簿启用的规则

会计账簿是储存会计信息的重要的会计档案，为了确保账簿记录的严肃性、合规性和完整性，明确记账责任，会计人员在启用新账簿时，应在账簿封面上写明单位名称和账簿名称；在账簿扉页上应填列"账簿启用和经管人员一览表"，其内容包括：启用日期、账簿页数、记账人员和会计主管人员姓名，并加盖人名章和单位公章。记账人员或会计主管人员调动工作或因故离职时，应办理交接手续，在交接记录栏内填明交接日期、接办人员和监交人员姓名，由交接双方人员签名或盖章。账簿启用及接交表的格式如图表 6-18 所示。

启用订本式账簿，应从第一页起顺序编定页数，不得跳页、缺号。使用活页式账簿，其账页通常设有分页和总页，应在使用账页时顺序编定分页数，年末必须装订成册。装订后再按实际使用的账页顺序编定总页数；另加目录，并注明各个明细分类账户的名称和页次。

图表 6-18

账簿启用及接交表

	单位名称				公　章	
	账簿名称		（第　册,共　册）			
	账簿编号					
	账簿页数	本账簿共计　页				
	启用日期	公元　年　月　日				
经管人员	单位主管		会计主管		复　核	记　账
	姓名	盖章	姓名	盖章	姓名　盖章	姓名　盖章
接交记录	经管人员		接管		交出	
	职别	姓名	年　月　日	盖章	年　月　日	盖章
备注						

（二）会计账簿登记的规则

登记会计账簿是会计的基础工作,为了保证记账的准确、及时、完整、清晰和规范,会计人员应遵循下列规则：

1. 登记账簿的依据　　必须根据经过审核无误的记账凭证及所附的原始凭证登记账簿。

2. 登记账簿用笔及记入账簿的颜色　　登记账簿必须使用蓝黑色墨水或者碳素墨水书写,不得使用圆珠笔（银行的复写账簿除外）或者铅笔书写。但在下列情况下,可以使用红色墨水钢笔书写：

（1）在单向登记的多栏式日记账中,发生冲减成本、费用或收入,及月末结转分配业务时,表示减少。

（2）用红字冲账法更正错账。

（3）结账划线。

3. 登记账簿的内容　　应将记账凭证的日期、凭证种类和编号、经济业务的摘要和金额逐项记入账内,记账后要在记账凭证上签章,并注明所记账簿的页次或作记账符号"√",以防漏记或重记。

4. 账簿中书写文字和数字的要求　　书写的文字和数字必须规范、整洁、清晰,应紧贴底线,并在上面留有适当的空距,一般应为格子宽度的 $\frac{1}{2}$ 至 $\frac{2}{3}$,以便于日后发生错账时更正。数字的大小要匀称,必须一个一个地写,不可连笔书写,字体通常自左向右略为倾斜,倾斜的幅度要前后一致,通常在60～75度之间较为适宜;数字的书写,除7与9两字下端可以略为出格外,其余数字都应写在格内。

5. 账簿的登记顺序　　必须按照账簿页次顺序逐行、逐页登记,不得跳行、漏页。倘若发生跳行、漏页,应当将空行、空页处用红色墨水钢笔画对角线注销,或者注明"此行空白"或"此页空白"字样,并由记账人员签章确认。

6. 登记账簿的借贷方向必须正确　　登记账簿必须按记账凭证上的分录所指明的借、贷方向登记,不得记错方向,凡需要结出余额的账户,在结出余额后,应在"借或贷"栏内写明"借"或"贷"的字样;没有余额的账户,应在该栏内写"平"字样,并在余额栏"元"位上用"-0-"表示。

7. 登记账簿的转页手续　　各账户在账页记满时,应办理转页手续,以保持记账的连续和衔接。即在结转次页时,在前页的最末一行,分别加计借、贷双方发生额,结出余额,并在该行摘要栏内注明"过次页"字样。然后再将借、贷双方发生额和余额填入次页的第一行内,并在该行摘要栏内注明"承上页"字样。

8. 登记账簿错误的更正　　账簿登记发生错误后,不准涂改、挖补、刮擦或者用药水消除字迹,不准重新抄写,应按规定的方法进行更正。

二、更正错账的方法

登记账簿是会计核算的重要环节,会计人员应认真、细致地进行登记。然而在实际工作中,无论是采取手工记账,还是采取电子计算机记账,均有可能发生错误。当会计人员发现账簿记录错误时,应根据错账的性质和具体情况采用正确的方法进行更正,更正的方法有划线更正法、红字冲账法和补充登记法三种。

(一) 划线更正法

划线更正法是指用划红线注销原有的错误记录,然后在错误记录的上方写上正确记录的方法。

在记账凭证正确的前提下,发生记账错误,包括文字或数字错误,以及结账时数字计算错误等,均应采用划线更正法予以更正。更正时应在错误的文字或数字正中划一条单红线,表示注销错账,然后在所划文字或数字的上方填写正确的文字或数字,并由经手人在更正处盖章,以明确责任。需要注意的是当数字发生错误时,必须将整笔数字全部划去,重新书写,不得只划错误的数字进行局部更正。例如,将5 400元误记为4 500元,应将4 500元全部用红线划销,再写上正确的5 400元,不得只更正4和5两位数字。

（二）红字冲账法

红字冲账法又称红字更正法，是指用红字冲销或冲减原有的错误记录，以更正或调整记账错误的方法。红字冲账法按照其冲销错账的程度不同，可分为全额冲账法和差额冲账法两种。

1. **全额冲账法** 它是指先将错账全部用红字冲销，再编制正确的记账凭证以更正错账的方法。会计人员在记账以后发现记账凭证中应借、应贷的会计科目有错误时，应采用全额冲账法更正。红字在记账中表示减少，起到了冲销的作用。更正时，先用红字金额填制一张与错误记账凭证相同的记账凭证，在其摘要栏内写明"冲销某月某日某号记账凭证错误"，据以用红字登记入账，冲销原来的错误记录；同时用蓝字重新填制一张正确的记账凭证，在其摘要栏内写明"更正某月某日某号记账凭证错误"，据以登记入账。

【例2】 生产车间生产甲产品领用 A 材料 50 000 元，在填制记账凭证时误记入"制造费用"账户，作分录如下：

借：制造费用	50 000.00
贷：原材料	50 000.00

在登记账簿后，发现上述错误时，应先用红字金额填制一张内容相同的记账凭证，作分录如下：

借：制造费用	50 000.00
贷：原材料	50 000.00

再用蓝字金额填制一张正确的记账凭证，作分录如下：

借：生产成本	50 000.00
贷：原材料	50 000.00

2. **差额冲账法** 它是指将多记金额予以冲减的更正方法。记账以后发现记账凭证中的应借、应贷的会计科目并无错误，仅仅是所记金额大于应记金额，应采用差额冲账法。更正时，可将多记的金额用红字填制一张与原来会计科目相同的记账凭证，据以登记入账，以冲销原来多记的金额。

【例3】 A 材料采购完毕，验收入库，结转 A 材料采购成本 68 000 元，在填制记账凭证时，误记为 86 000 元，作分录如下：

借：原材料	86 000.00
贷：在途物资	86 000.00

在登记账簿后，发现上述错误时，应用红字金额填制一张记账凭证，将多记金

额 18 000 元冲销，作分录如下：

  借：原材料   18 000.00

   贷：在途物资   18 000.00

（三）补充登记法

补充登记法是指用蓝字填制一张补充记账凭证，补足账户中少记金额的方法。

在登记账簿后，发现记账凭证上应用的会计科目正确，而所记金额小于应记金额，应采用补充登记法更正。更正时，可将少记金额用蓝字填制一张与原来会计科目相同的记账凭证，据以登记入账，以补足原来账户少记的金额。

【例4】 以现金支付行政管理部门复印机修理费 760 元。在填制记账凭证时，误记为 670 元，作分录如下：

  借：管理费用   670.00

   贷：库存现金   670.00

在登记账簿后，发现上述错误时，应用蓝字金额填制一张记账凭证，将少记的金额 90 元补上。作分录如下：

  借：管理费用   90.00

   贷：库存现金   90.00

思 考 题

1. 什么是会计账簿？它有哪些作用？
2. 会计账簿按照其用途不同可分为哪几种？分述各种账簿的定义。
3. 日记账按其记录的内容不同可分为哪几种？分述各种账簿的定义。
4. 分类账可以分为哪几种？分述各种账簿的定义。
5. 会计账簿按照其外表形式不同可分为哪几种？分述各种账簿的定义、优缺点和适用性。
6. 设置会计账簿应遵循哪些原则？
7. 分别谈谈三栏式现金日记账和银行存款日记账记账的依据、记账的内容和记账的要求。
8. 多栏式特种日记账与三栏式特种日记账相比较有何优点？
9. 多栏式特种日记账有哪两种登记方法？
10. 总分类账按其账页的格式不同可分为哪几种？分述各种总分类账的定义和特点。
11. 明细分类账按其账页的格式不同可分为哪几种？分述各种明细分类账的定义和适用性。
12. 试述总分类账与明细分类账的关系。
13. 什么是平行登记？平行登记必须做到哪些要点？

14. 总分类账户与其所属的明细分类账户如何进行平行登记？平行登记的结果使两者之间存在什么特定的数量关系？

15. 试述会计账簿启用的规则。

16. 试述会计账簿登记的规则。

17. 更正错误有哪些方法？分述各种方法的定义和适用性。

练 习 题

练 习 题 一

一、目的　练习特种日记账的登记。

二、资料　南化工厂 2016 年 1 月 1 日"现金日记账"的余额为 1 000 元，"银行存款日记账"的余额为 322 500 元。

三、要求

1. 根据上列资料设置三栏式"现金日记账"和"银行存款日记账"。

2. 根据第五章习题一编制的"收款凭证"和"付款凭证"分别登记三栏式"现金日记账"和"银行存款日记账"。

3. 根据上列资料设置多栏式"现金日记账"和"银行存款日记账"。

4. 根据第五章习题一编制的"收款凭证"和"付款凭证"分别登记"多栏式现金日记账"和"银行存款日记账"。

练 习 题 二

一、目的　练习分类账的登记。

二、资料

1. 南化工厂 1 月 1 日各总分类账户的余额如图表 6-19 所示。

图表 6-19

账 户 余 额 表　　　　　　　　　　　　　　　　单位：元

账　　户	借方余额	账　　户	贷方余额
库存现金	1 000	短期借款	220 000
银行存款	322 500	应付账款	288 000
应收账款	128 700	应付职工薪酬	9 500
原材料	196 800	累计折旧	92 100
库存商品	268 000	实收资本	900 000
固定资产	624 600	资本公积	10 800
		盈余公积	21 200
合　　计	1 541 600		1 541 600

2. 该厂1月1日有关明细分类账户余额如下。

(1) 原材料明细分类账：

A 材料　1 200 千克　　　　　　单价　80 元　　　　　金额　96 000 元

B 材料　　960 千克　　　　　　单价　105 元　　　　金额　100 800 元

(2) 应付账款明细分类账：

　　沪南工厂　　　　　　　　　156 400 元

　　沪北工厂　　　　　　　　　131 600 元

三、要求

1. 根据"资料1"，设置三栏式总分类账户。

2. 根据"资料2"，设置"原材料"明细分类账和"应付账款"明细分类账。

3. 根据第五章习题一编制的"收款凭证"、"付款凭证"和"转账凭证"，登记总分类账户。

4. 根据第五章习题一编制的有关"收款凭证"、"付款凭证"和"转账凭证"，分别登记"原材料"明细分类账与"应付账款"明细分类账。

5. 根据登记完毕的总分类账户，编制"本期发生额及余额试算平衡表"进行试算平衡。

6. 根据登记完毕的"原材料"明细分类账和"应付账款"明细分类账，分别编制"原材料明细分类账试算表"和"应付账款明细分类账试算表"。并分别与其总分类账户进行核对。

练 习 题 三

一、目的　练习错账的更正。

二、资料　华昌工厂发生下列错账：

1. 以银行存款预付生产车间全年的财产保险费 35 400 元，作分录如下，并已登记入账。

　　借：制造费用　　　　　　　　　　　　　　　　　　　　　　　　35 400.00
　　　　贷：银行存款　　　　　　　　　　　　　　　　　　　　　　　　35 400.00

2. 生产车间生产 A 产品领用甲材料 68 000 元，作分录如下，并已登记入账。

　　借：生产成本　　　　　　　　　　　　　　　　　　　　　　　　86 000.00
　　　　贷：原材料　　　　　　　　　　　　　　　　　　　　　　　　　86 000.00

3. 采购员预支差旅费 1 800 元，作分录如下，并已登记入账。

　　借：管理费用　　　　　　　　　　　　　　　　　　　　　　　　 1 800.00
　　　　贷：库存现金　　　　　　　　　　　　　　　　　　　　　　　 1 800.00

4. 乙材料采购完毕，验收入库，结转乙材料实际采购成本 72 000 元，作分录如下，并已登记入账。

　　借：原材料　　　　　　　　　　　　　　　　　　　　　　　　　27 000.00
　　　　贷：在途物资　　　　　　　　　　　　　　　　　　　　　　　27 000.00

5. 计提本月份生产车间固定资产折旧费 32 700 元，作分录如下，并已登记入账。

　　借：生产成本　　　　　　　　　　　　　　　　　　　　　　　　23 700.00
　　　　贷：累计折旧　　　　　　　　　　　　　　　　　　　　　　　23 700.00

6. 计提本月份短期借款利息 1 110 元，作分录如下，并已登记入账。

　　借：财务费用　　　　　　　　　　　　　　　　　　　　　　　　11 100.00
　　　　贷：应付利息　　　　　　　　　　　　　　　　　　　　　　　11 100.00

7. 预收金桥工厂订购 B 产品 40% 的货款 36 000 元，存入银行，作分录如下，并已登记入账。

　　借：银行存款　　　　　　　　　　　　　　　　　　　36 000.00
　　　　贷：主营业务收入　　　　　　　　　　　　　　　　36 000.00

8. 收到新光工厂投资的机器设备 1 台，价值 24 300 元，已验收使用，作分录如下，并已登记入账。

　　借：固定资产　　　　　　　　　　　　　　　　　　　23 400.00
　　　　贷：实收资本　　　　　　　　　　　　　　　　　　23 400.00

9. 以银行存款支付生产车间机器设备修理费 890 元，作分录如下，尚未登记入账。

　　借：制造费用　　　　　　　　　　　　　　　　　　　　980.00
　　　　贷：银行存款　　　　　　　　　　　　　　　　　　　980.00

三、要求　采用最适合的方法更正错账。

第七章 编制财务报告前的准备工作

第一节 编制财务报告前准备工作概述

一、编制财务报告前准备工作的意义

企业在生产经营活动中发生大量的经济业务,会计人员将证明经济业务发生的原始凭证审核无误后,据以编制记账凭证,完成了会计基本程序的第一步;再根据记账凭证及其所属的原始凭证登记会计账簿,完成了会计基本程序的第二步。会计的前两个基本程序是会计期间的日常核算和监督,由于会计是需要分期核算的,因此在会计期末要对会计账簿的记录进行归类和分析,据以编制财务报告,以便对企业在会计期间的财务状况、经营成果和现金流量进行总结,从而完成会计基本程序的最后一步。

财务报告是与企业有着经济利益关系的各方提供会计信息的主要渠道,因此财务报告的编制要求做到数字真实、计算准确、内容完整、编报及时。为了满足编制财务报告的需要,就必须做好编制前的准备工作。

二、编制财务报告前的各项准备工作

为了使企业财务报告所提供的会计信息真实可靠,准确无误,在编制财务报告前,应做好下列各项准备工作。

(一)确定期末存货成本

工业企业的存货主要有原材料、在产品和产成品,商品流通企业的存货主要是库存商品。

由于存货的类别、品种复杂,数量繁多,采购地区、采购批次或者生产批次的不同,以致同一品种的存货其单价往往不同;又由于存货投入生产或销售发出的次数频繁,需要多次确定其发出时的单价,因此存货的记录、计算的工作量较大。

存货经常处于流动状态,因此,存货的计量必须以存货在各个会计期间的具体实物数量为依据。存货计量应包括确定并核实存货数量和选用适当的计价方法两个方面。

期末存货成本反映在会计期末存货的具体形态和价值分布上。期末存货成本与期内发出存货成本有着密切的关系,期末存货计价的正确与否,直接影响发出存货成本的正确性,从而影响到企业利润的正确性。因此,期末存货的正确计价对财务报告披露会计信息的准确性有着重要的意义。

(二) 期末账项调整

1. 收入和费用的归属期与收付期　　企业的生产经营活动是一个持续不断的过程,为了及时向与企业有关的各方提供会计信息,就需要将企业连续不断的生产经营活动分割为各个会计期间,从而分期处理经济业务、结算账目和编制财务报告。会计期间分为年度、半年度、季度和月度。

由于有了会计期间,就产生了本期与非本期的区别。因此,企业可以在会计期末,将本期的收入与费用进行比较,以确定其经营成果。这样就需要研究收入和费用的收付期与归属期。收入和费用的收付期是指企业取得现金收入的期间和以现金支付费用的期间。这里所指的现金是广义的现金,包括现金和银行存款。收入和费用的归属期是指企业收入实现的期间和费用发生的期间。在实际工作中,收入和费用的支付期与归属期可能出现下列三种情况。

(1) 收入和费用的收付期与归属期相一致　　这是最普遍的一种情况。在这种情况下,本期收到本期已实现收入的现金,本期也以现金支付本期发生的费用。

(2) 收入和费用的收付期早于归属期　　在这种情况下,本期虽已收到或付出现金,但却应归属于以后会计期间的收入或费用。例如,本月预收客户订购于下月交货的产品的货款,这笔收入在下个月交货时才实现;又如,年末预付明年全年的财产保险费,这笔预付费用应归属于以后整个年度的 12 个月,每个月负担 $\frac{1}{12}$。

(3) 收入和费用的收付期迟于归属期　　在这种情况下,本期已实现的收入将在以后会计期间收到现金,本期发生的费用将在以后会计期间支付现金。例如,赊销产品,本月销售产品后允许客户在下个月支付货款;又如,企业每个季度前一二个月向银行借款的利息费用,将在每个季度第 3 个月支付等。

当企业的收入和费用出现收付期与归属期不一致的情况时,在会计核算上有收付实现制和权责发生制两种不同的处理方法。

2. 收付实现制　　又称实收实付制,是指以现金的收到和支付为标准来确认收入和费用的方法。采用这种方法,凡属于本期收到现金的收入和以现金支付的费用,不论其是否归属于本期,均作为本期的收入和费用入账;反之,凡属于本期未收到现金的收入和未以现金支付的费用,即使应归属于本期,也不作为本期的收入和费用入账。

收付实现制由于不存在跨期的收入与费用,因此在会计期末,不需要进行账项调整,会计核算也较为简便。然而这种方法由于本期的收入与费用缺乏合理的配比,因此其所反映的收入、费用和利润就不够准确。根据我国《企业会计准则》的规定,这种方法仅适用于行政、事业等预算单位。

3. **权责发生制** 又称应收应付制,是指以权利的形成和责任的发生为标准来确认收入与费用的方法。采用这种方法,凡归属于本期的收入和费用,不论其是否收到和支付现金,均作为本期的收入和费用入账;反之,凡不归属于本期的收入和费用,即使已经收到和支付现金,也不能作为本期的收入和费用入账。

权责发生制能使本期的收入与费用相配比,从而准确地反映本期的收入、费用和利润。然而采用这种方法,在会计期末要对各项跨期收入和费用项目进行账项调整,会计核算较为繁琐。根据我国《企业会计准则》的规定,各类企业均应采用权责发生制。因此账项调整也就成为企业编制财务报告前的准备工作。

(三) 对账和结账

在日常会计工作中,由于记账、算账差错或其他原因均会发生账簿记录错误,或者发生账簿记录与实际情况不一致的情况,因此需要通过对账,以做到账证相符、账账相符和账实相符。并且在这基础上进行结账,先计算出各损益类账户的净发生额,编制结账分录,并据以登记各有关账户,然后在各损益类账户以及资产、负债和所有者权益类账户中结出本期发生额及余额,从而为编制财务报告做好最后的准备工作。

第二节 确定期末存货成本

一、确定期末存货的数量

要确定期末存货成本,首先要确定期末存货的数量,确定期末存货数量取决于存货盘存的制度。存货盘存制度有实地盘存制和永续盘存制两种,现分别予以阐述。

(一) 实地盘存制

实地盘存制又称定期盘存制,是指在期末通过对存货进行实物盘点来确定期末存货的结存数量,据以推算本期发出存货数量的方法。

采用实地盘存制的企业,各种存货的账面记录,平时只登记收入的数量和金额,不登记发出的数量。期末结账时,通过实地盘点所确定的期末结存数量,倒挤推算出本期发出数量,并进而计算出本期发出的存货成本。其计算公式如下:

存货期末成本＝期末存货盘存数量×存货单位成本

存货本期发出数量＝存货期初数量＋本期存货收入数量－期末存货盘存数量

存货本期发出成本＝存货期初成本＋本期存货收入成本－期末存货成本

实地盘存制的优点是：由于平时发出存货的数量不予记录，因此也不需要逐日计算结存数量，从而简化了核算工作。其缺点是不能在账面上随时反映存货发出和结存的情况，及时提供存货管理所需要的各种信息。同时，由于按"以存计耗"或"以存计销"来倒挤材料耗用成本或产品销售成本，就可能将由于存货的损耗、短缺、盗窃和浪费等原因所造成的损失都隐藏在倒挤的耗用成本或销售成本之中，从而不利于加强存货的监督与管理，影响了成本计算的准确性。因此这种制度仅适用于一些价值低、损耗小、收发频繁的存货。

（二）永续盘存制

永续盘存制又称账面盘存制，是指根据会计凭证逐笔登记各种存货收入和发出的数量，并随时结出账面结存数量的方法。

采用永续盘存制企业要按每一种存货的品名规格设置明细分类账户。平时既要登记收入的数量和金额，又要登记发出的数量和金额，计算结存的数量和金额。为了保证存货的安全与完整，仍需要定期或不定期地对存货进行实地盘点，以查明账实是否相符，以及账实不符的原因。永续盘存制期末账面存货数量和金额的计算公式如下：

期末账面存货数量＝期初存货数量＋本期收入存货数量－本期发出存货数量

期末账面存货金额＝期末账面存货数量×存货单价

永续盘存制的优点是：能及时反映各种存货的收入、发出和结存的情况；当存货盘点发生盈亏时，便于及时查明原因，予以转账；其核算手续严密有利于对存货的监督和管理；还可以将存货明细分类账上的结存数与存货的最高储备量和最低储备量相比较，检查存货是否超额或不足，以便及时采取措施，使存货数量合理，加速资金周转。其缺点是存货明细分类账核算的工作量大。即使这样，与实地盘存制相比较，由于其在管理上有明显的优势，因此，除特殊情况外，一般存货都应采用永续盘存制。

二、确定期末存货成本和发出的存货成本

企业采用永续盘存制或实地盘存制确定了期末存货数量和发出存货数量后，还要计算期末存货成本和发出存货成本。由于会计期间收入的存货的单价往往不一致，因此，存在着如何确定存货单位成本的问题，确定存货单位成本的方法主要有先进先出法和加权平均法。

（一）先进先出法

先进先出法是指根据先入库先发出的原则，对于发出的存货以先入库存货的单价计算发出存货成本的方法。采用这种方法的具体做法是：先按存货的期初余额的单价计算发出的存货的成本，领发完毕后，再按第一批入库的存货的单价计算，依此从前向后类推，计算发出存货和结存存货的成本。

会计学基础

【例1】 宏兴工厂1月1日结存A材料1 000千克,单价35元,金额35 000元,本月份收发料的情况如图表7-1所示。用先进先出法计算A材料本期发出成本和期末结存成本如图表7-2所示。

图表7-1

A材料收发料业务资料

数量单位:千克　金额单位:元

2016年		业务号数	收料			发料数量
月	日		数量	单价	金额	
1	5	(略)	1 600	38.00	60 800.00	
	10					800
	20					1 000
	25		1 400	36.00	50 400.00	
	31					750

图表7-2

原材料明细分类账

材料名称:A材料　计量单位:千克　最高储备量:2 600　最低储备量:800　金额单位:元

2016年		凭证号数	摘要	收入			发出			结存		
月	日			数量	单价	金额	数量	单价	金额	数量	单价	金额
1	1		期初余额							1 000	35.00	35 000.00
	5	(略)	购进	1 600	38.00	60 800.00				1 000	35.00	35 000.00
										1 600	38.00	60 800.00
	10		发出				800	35.00	28 000.00	200	35.00	7 000.00
										1 600	38.00	38 000.00
	20		发出				200	35.00	7 000.00	800	38.00	30 400.00
							800	38.00	30 400.00			
	25		购进	1 400	36.00	50 400.00				800	38.00	30 400.00
										1 400	36.00	50 400.00
	31		发出				750	38.00	28 500.00	50	38.00	1 900.00
										1 400	36.00	50 400.00
1	31		本月合计	3 000		111 200.00	2 550		93 900.00	50	38.00	1 900.00
										1 400	36.00	50 400.00

采用先进先出法能随时结出发出存货的成本和结存存货成本,且结存存货的成本接近市场价格,但每次发货要根据先入库存货的单价计价,计算的工作量较大。

(二) 加权平均法

加权平均法是指在一个计算期内综合计算存货的加权平均单价,将其乘以发出存货的数量而计算发出存货成本的方法。其计算公式如下:

$$加权平均单价 = \frac{期初结存存货金额 + 本期收入存货金额}{期初结存存货数量 + 本期收入存货数量}$$

$$发出的存货成本 = 发出存货数量 \times 加权平均单价$$

【例 2】 根据前例资料,用加权平均法计算 A 材料发出成本和期末结存成本如图表 7-3 所示。

图表 7-3

原材料明细分类账

材料名称:A 材料　　计量单位:千克　　最高储备量:2 600　　最低储备量:800　　金额单位:元

2016年		凭证号数	摘要	收入			发出			结存		
月	日			数量	单价	金额	数量	单价	金额	数量	单价	金额
1	1		期初余额							1 000	35.00	35 000.00
	5	(略)	购进	1 600	38.00	60 800.00				2 600		
	10		发出				800			1 800		
	20		发出				1 000			800		
	25		购进	1 400	36.00	50 400.00				2 200		
	31		发出				750			1 450		
	31		发出材料成本						93 202.50	1 450	36.55	52 997.50
1	31		本月合计	3 000		111 200.00	2 550		93 202.50	1 450	36.55	52 997.50

$$加权平均单价 = \frac{35\,000 + 60\,800 + 50\,400}{1\,000 + 1\,600 + 1\,400} = 36.55(元)$$

本期发出材料成本 = 2 550 × 36.55 = 93 202.50(元)

期末结存材料成本 = 1 450 × 36.55 = 52 997.50(元)

采用加权平均法计算发出存货的成本较为均衡,计算的工作量较小。但由于计算必须在月末进行,因此平时无法掌握存货的结存金额。

第三节 期末账项调整

一、账项调整概述

账项调整是指将属于本期已经发生而尚未入账的收入和费用,按照权责发生制的原则调整入账。

因为会计核算是分期的,在会计期间,有的经济业务虽已收到了现金,由于商品或劳务尚未提供,不能归属于本期的收入;有的经济业务虽已支付了现金,但本期尚未受益,不能归属于本期的费用;反之,有的经济业务收入已经实现,虽然还没有收到现金,但应归属于本期的收入;有的经济业务费用已经发生,虽然还没有支付现金,但应归属于本期的费用。为了正确确认本期的收入和费用,准确地反映企业的利润,在会计期末就需要将这些收入和费用进行账项调整。

二、账项调整的内容

账项调整的内容有预收收入、应计收入、预付费用和应计费用四项,现分别予以阐述。

(一)预收收入

预收收入是指款项本期已经收到,但产品或劳务尚未提供,企业尚未实现的收入。企业发生预收收入,在交付产品或提供劳务前,是企业的暂收款项,是对预付单位的一项负债,只有在交付产品或提供劳务后,才能确认其为收入。预收收入主要有预收客户订购产品的定金,预收客户租赁固定资产的租金,以及预收的向客户提供劳务的劳务费等。

企业取得预收收入时,借记"银行存款"账户,贷记"预收账款"账户。企业在确认收入实现时,再借记"预收账款"账户,贷记"主营业务收入"或"其他业务收入"账户。

【例3】 6月1日,光华工厂将闲置设备一台租赁给南新工厂,预收该厂半年租金7 200元,存入银行,作分录如下:

借:银行存款 7 200.00
　　贷:预收账款 7 200.00

【例4】 6月30日,确认本月份实现的租赁设备收入,予以调整入账,作分录如下:

借：预收账款　　　　　　　　　　　　　　　　　　　1 200.00
　　贷：其他业务收入　　　　　　　　　　　　　　　　　　1 200.00

（二）应计收入

应计收入是指产品或劳务已经提供，款项尚未收到，企业已实现的收入。当企业向客户交付了产品或提供了劳务，虽然货款尚未收到，但企业对客户有求偿权，成为客户的债权人，根据权责发生制原则，应将其确认为企业的收入。

企业在交付产品或提供劳务后，借记"应收账款"账户，贷记"主营业务收入"账户；在取得收入时，再借记"银行存款"账户，贷记"应收账款"账户。

（三）预付费用

预付费用是指企业已经支付，但本期尚未受益或本期虽已受益，但受益期涉及多个会计期间的费用。企业支付了费用，倘若在本期受益，应作为本期的费用入账；倘若本期没有受益，预付费用则成为企业的一项资产，然后在各受益期摊销时，再转为各期的费用。预付费用主要有预付财产保险费和预付租金等。

企业在预付费用时，借记"待摊费用"账户，贷记"银行存款"账户；在按各受益期分期摊销时，再借记"制造费用"、"管理费用"等账户，贷记"待摊费用"账户。

【例5】　2015年12月30日，以银行存款预付明年全年财产保险费39 600元，作分录如下：

借：待摊费用　　　　　　　　　　　　　　　　　　　39 600.00
　　贷：银行存款　　　　　　　　　　　　　　　　　　　39 600.00

【例6】　2016年1月31日，摊销应由本月份负担的财产保险费，其中，生产车间负担85%，行政管理部门负担15%，作分录如下：

借：制造费用　　　　　　　　　　　　　　　　　　　2 805.00
借：管理费用　　　　　　　　　　　　　　　　　　　　 495.00
　　贷：待摊费用　　　　　　　　　　　　　　　　　　　3 300.00

（四）应计费用

应计费用是指本期已经发生或已经受益，但款项尚未支付的费用。企业发生了费用，虽然尚未支付，为了使费用与收入相配比，仍应将其作为费用入账。尚未支付的款项则成为企业的一项负债。应付费用主要有应付利息、应交税费等。

企业从银行借入的款项是要支付利息的，银行在每个季度末才向企业收取借款的利息。但企业每个月都发生借款利息，那么每个季度的前两个月均要计提应付利息入账，届时借记"财务费用"账户，贷记"应付利息"账户。当季末支付一个季度借款利息时，根据前两个月借款利息的计提数借记"应付利息"账户，根据实际支付的利息与计提利息数的差额借记"财务费用"账户；根据实际支付的借款利息贷记"银行存款"账户。

【例7】 1月31日,计提本月份应负担的短期借款利息2 700元,作分录如下:

借:财务费用　　　　　　　　　　　　　　　　　　2 700.00
　　贷:应付利息　　　　　　　　　　　　　　　　　2 700.00

【例8】 3月31日,以银行存款支付第一季度短期借款利息7 710元,查2月份计提短期借款利息2 400元,作分录如下:

借:应付利息(2 700+2 400)　　　　　　　　　　　5 100.00
　　财务费用　　　　　　　　　　　　　　　　　　2 610.00
　　贷:银行存款　　　　　　　　　　　　　　　　7 710.00

企业还应按应交增值税额的一定比例交纳城市维护建设税和教育费附加,并按利润总额的一定比例交纳所得税。然而,企业本期发生的各项税费,税务部门在次月才征收,这些税费也属于本期应计费用,在各月末计提城市维护建设税、教育费附加和所得税时,分别借记"营业税金及附加"账户和"所得税费用"账户,贷记"应交税费"账户;在次月交纳这些税费时,再借记"应交税费"账户,贷记"银行存款"账户。

第四节　对账和结账

一、对账

(一)对账的意义

对账是指会计人员将账簿记录进行核对。会计信息质量的第一个要求就是可靠性,可靠性要求企业以实际发生的交易或事项为依据,进行会计确认、计量和报告,如实反映符合确认和计量要求的各项会计要素及其他相关信息,保证会计信息真实可靠、内容完整。然而在实际工作中,难免会发生各种各样的差错,如编制记账凭证发生差错、登记账簿发生差错、存货在收发中发生差错等。为了保证账簿记录的真实性和准确性,在结账以前必须进行对账。

在对账时,可以运用复式记账的平衡原理、各种账簿记录之间相互勾稽的关系和账实之间的内在联系,验证账证、账账和账实是否相符。发现错账,予以更正,发现问题及时向领导汇报,以确保会计信息的真实可靠。

(二)对账的内容

对账的内容包括账证核对、账账核对和账实核对。

1. **账证核对**　　它是指将各种会计账簿的记录与会计凭证进行相互核对。会计账簿包括各种日记账和分类账。会计凭证包括记账凭证及其所附的原始凭证。账证核对通常在日常记账过程中进行,可使错账及时得到更正。当月末发现账账不符或账实不符时,还应追根溯源地将账簿记录与会计凭证进行核对,以保证账证相符。

2. 账账核对　　它是指将各种账簿之间有关记录进行相互核对。账账核对是在账证核对的基础上进行的。

（1）账账核对的内容和方法　　账账核对的内容有总分类账各账户借方期末余额合计数与贷方期末余额合计数核对相符;现金日记账和银行存款日记账的本期发生数合计数和期末余额与总分类账中的"库存现金"和"银行存款"总分类账户的本期发生额合计数和期末余额核对相符;各明细分类账户的本期发生额合计数和期末余额合计数与统驭其的总分类账户的本期发生额合计数和期末余额核对相符;会计部门各种财产物资明细分类账期末余额与财产物资保管和使用部门的有关财产物资的保管账的期末余额核对相符。

账账核对的方法主要是编制"总分类账本期发生额及余额试算平衡表"和"明细分类账户本期发生额及余额试算表"等。

（2）错账的原因　　错账的原因是多种多样的,除了少数是记账凭证的错误外,主要是记账时发生差错,记账差错的类型有遗漏记账、重复记账、借贷方向记错、金额位数记错和金额相邻数字错位等。

（3）记账错误查找的方法　　查找记账错误的方法主要有差额法、除二法和除九法。

差额法是指直接根据账账之间的差额在有关账户与记账凭证中查找记账错误的方法。在对账时,账面实记金额小于应记金额可能是遗漏记账;账面实记金额大于应记金额可能是重复记账。这种方法是用于查找遗漏记账和重复记账的有效方法。

除二法是指将账账之间的差额除以二,根据取得的商数在有关账户与记账凭证中查找记账错误的方法。因为应记入借方的金额误记入贷方,或者应记入贷方的金额误记入借方,那么结出的余额将比错记金额多出一倍,所以除二法所取得的商数就是记错借贷方向的金额。因此除二法是用以查找金额记错借贷方向的有效方法。

除九法是指将账账之间的差额除以九,如能被除尽,然后再根据取得的商数分析查找记账错误的方法。除九法能查找的记账错误有以下两种。

一种是记账时将金额记错位数,也就是大小数错误,这种错误无论是多记金额,还是少记金额,其差额必然是较小数的九倍。例如,将5 000元多记为50 000元,其差额为45 000元,除以九商数为5 000元,正好是应记的金额;反之,如少记为500元,其差额为4 500元,除以九商数为500元,正好是记错的金额,将其乘以10,积数是5 000元,也就是应记的金额。

另一种是金额相邻数字错位,也就是将金额的前后数字颠倒,由此而产生的差额也能被九除尽。例如,将 4 320 元误记为 4 230 元,差额为 90 元,又如,将 7 280 元误记为 7 820 元,差额为 540 元,这些差额均能被九除尽。

因此除九法是查找金额记错位数、金额相邻数字错位的有效方法。

以上阐述的差额法、除二法、除九法仅仅介绍了排查记账错误的方法,在实际工作中,运用上述方法排查出错账疑点后,还需要与记账凭证及其所附的原始凭证进行核对以后,才能予以确认,届时用划线更正法予以更正。

3. 账实核对　　它是指将各种财产物资的账面余额与财产物资的实际结存数额进行相互核对。账实核对是在账账核对的基础上进行的,它是保证账实相符的重要措施。

账实核对的主要内容有:现金日记账账面余额与现金实际库存数额相核对;银行存款日记账账面余额与开户银行对账单余额核对;原材料、生产成本、库存商品等各种实物明细分类账账面余额与原材料、在产品、库存商品等各种实物实存数额相核对;应收账款、预付账款、应付账款、预收账款、其他应收款、其他应付款明细分类账账面余额与有关债务、债权单位或个人进行查询核对。

账实核对的方法是财产清查,关于这方面的内容将在下一节中单独阐述。

二、结账

(一)结账的意义

结账是指在会计期末经济业务全部登记入账后,结算出各账户的本期发生额和期末余额。为了总结企业各个会计期间的经济活动,反映企业的财务状况,考核其经营成果,便于编制财务报告,必须在各个会计期末进行结账。

在结账前,应查明本期发生的经济业务是否已全部登记入账,不能为了赶编财务报告而提前结账;也不能将本期发生的经济业务拖延至下期入账,更不能先编制财务报告而后结账。

(二)结账的内容

结账的内容包括结转损益类账户和结转资产、负债和所有者权益类账户,现分别予以阐述。

1. 损益类账户的结账工作　　损益类账户包括收入类账户和费用类账户,这类账户的本期发生额,在会计期末全部要结转"本年利润"账户,结转后均无余额,因此,损益类账户又被称为虚账户。

损益类账户的结账程序是:首先,计算出本期各损益类账户的净发生额,据以编制结账分录。届时先借记"主营业务收入"等收入类账户,贷记"本年利润"账户;再借记"本年利润"账户,贷记"主营业务成本"等费用类账户。具体核算方法在第四章第五节中已作了阐述,在此不再重复。其次,是根据结账分录登记各有关账户,登记后各损益类账户的余额均为零。再次,在各账户的最后一笔记录的下一行的上端划条通栏单红线,再在该行的摘要栏内,注明"本期发生额及余额"或"本月合计"字样,分别加计借方和贷方的本期发生额。显示双方金额相等后,在余额栏写上"-0-",并在该行的下端划条通栏单红线,以表示该账户月底已结平。下月份可在单红线下连续登记。

2. 资产、负债和所有者权益类账户的结账工作　　资产、负债和所有者权益类账户在会计期末结账后,通常均有期末余额,因此这些账户又被称为实账户。

资产、负债和所有者权益类账户的期末余额均应结转下期,以便进行连续记录。资产、负债和所有者权益类账户按其结账的时期不同可分为月度结账和年度结账两种。

在月度结账时,首先,在各账户的最后一笔记录的下一行的上端划一条通栏红线,再在该行的摘要栏内注明"本期发生额及余额"或"本月合计"字样,分别加计借方发生额和贷方发生额,并结出期末余额。然后在该行的下端划条通栏单红线。需要结出本年累计发生额的,应当在摘要栏内注明"本年累计"字样,并在下端划条通栏单红线。其次,在下一行的"日期"栏内填写下月的1日,在"摘要"栏内注明"期初余额"字样,再在余额栏将上月的期末余额转为本月的期初余额。

在12月份月度结账时,先结算出本期发生额和余额,并在该行下端划条通栏单红线后,才开始年度结账。届时,首先,在月结的下一行的"摘要"栏内注明"本年发生额及余额"或"本年累计"字样,分别加计本年借方发生额和本年贷方发生额,结出期末余额,并在下端划条通栏双红线;其次,在年结的下一行的"摘要"栏内注明"结转下年"字样,并将年末借(贷)方余额记入该行贷(借)方栏内;最后,在下一会计年度新建立的会计账簿的相关账户的第一行"摘要"栏内,注明"上年结转"字样,并在"余额"栏内填写上年结转的余额。

账户具体的结账方法如图表7-4、图表7-5所示。

图表7-4

总 分 类 账

账户名称:原材料　　　　　　　　　　　　　　　　　　　　　　　　　　单位:元

2015年		凭证号数	摘　　要	借　方	贷　方	借或贷	余　额
月	日						
1	1		上年结转			借	155 900
	10		购进	129 800		借	285 700
	20		购进	95 500		借	381 200
	31		领用		211 620	借	169 580

(续表)

2015年		凭证号数	摘要	借方	贷方	借或贷	余额
月	日						
1	31		本期发生额及余额	225 300	211 620	借	169 580
2	1		期初余额			借	169 580
12	31		本期发生额及余额	231 010	229 450	借	173 050
12	31		本年发生额及余额	2 701 200	2 684 050	借	173 050
			结转下年		173 050	平	-0-

图表 7-5

总分类账

账户名称：原材料　　　　　　　　　　　　　　　　　　　　　单位：元

2016年		凭证号数	摘要	借方	贷方	借或贷	余额
月	日						
1	1		上年结转			借	173 050

第五节 财产清查

一、财产清查的意义

财产清查是指通过对各项财产物资的盘点和查询核对，确定其实存数，并查明账存数与实存数是否相符的一种方法。

企业日常发生大量的经济业务，通过填制和审核会计凭证，登记账簿，在账簿记录中反映了企业财产物资的增减变动及结存的情况。通过账证核对、账账核对仅能保证账簿记录的正确性，只有通过财产清查的方法，将账存数与实存数相比较，才能确保账实相符。

产生账实不符的原因是多方面的，主要有：财产物资的自然损耗或自然升溢；收发财产物资时因计量不准而多发或少发；收发财产物资时因手续不完备、责任心不强而错收、错发或串发；登记财产物资账户时发生漏记、重记或串记；犯罪分子贪污、盗窃、营私舞弊直接侵吞企业财产物资和自然灾害等各种非常损失等。因此，企业在进行财产清查时，如发现账存数与实存数不相符时，除查明账实不符的原因外，还应采取改进措施，以加强对财产物资的管理。

财产清查有着重要的作用,主要有以下四点。

(一) 确保会计信息的真实可靠

通过财产清查可以确定各项财产物资的实存数,将账面数与实存数进行核对,查明各项财产物资是否账实相符,并揭示有关财产物资的盈亏情况和盈亏原因,从而及时调整账面记录,使账簿记录的会计信息真实可靠。

(二) 健全管理制度,保护财产物资的安全与完整

通过财产清查,可以查明各项财产物资的保管情况,看看有无因保管不善造成短缺、毁损、变质、非法挪用、贪污和盗窃等情况,以便查明原因进行处理。通过财产清查,还可以检查各项财产物资的收发是否按照制度办理了必要的手续,各项财产物资的保管是否妥善、安全,并针对清查中发现的问题,及时采取措施,健全管理制度,以保护企业财产物资的安全与完整。

(三) 挖掘企业财产物资潜力

通过财产清查,可以查明各项财产物资的储备和使用的情况。对于储备不足和不配套的财产物资应设法予以补充和配套,以满足生产经营的需要;对于储备超量、积压和呆滞的财产物资,应采取措施,及时予以处理,对于账外物资,应予以入账,以充分挖掘财产物资的潜力,避免损失和浪费。

(四) 监督财经纪律和结算制度的执行

通过财产清查,可以查明是否及时、足额地交纳政府的各种税费,是否遵守现金管理制度等各种财经纪律;并查明各种往来款项的结算情况是否正常。对于逾期拖欠的债务应尽早予以清偿,以维护企业良好的商业信誉;对于客户拖欠的账款,应及时进行催讨,以免长期挂账,产生坏账损失。这样,可以监督财经纪律和结算制度的执行。

二、财产清查的种类

财产清查有多种不同的分类方法,现分别予以阐述。

(一) 财产清查按清查的范围分类

按照财产清查的范围不同,可分为全面清查和局部清查两种。

1. 全面清查 它是指对所有的财产物资进行全面的盘点和核对。全面清查的范围有:库存现金、银行存款等各种货币资金;债券、股票等各种有价证券;原材料、在产品、产成品和固定资产等各种实物资产;应收、预付、应付、预收等各种债权债务和有关缴拨结算款项;属于本单位但未存放在本单位的在途物资、委托加工材料、发出商品和出租固定资产等。

全面清查由于范围广,工作量大,因此通常在年终决算、兼并、联营、推行股份制和清算时采用。

2. 局部清查 它是指根据管理的需要或依据有关规定,对部分财产物资进行盘点和核对。局部清查的主要对象是流动性较强的资产。对于库存现金出纳人员应做到日结日清,每天进行清点核对;对于银行存款每月至少要与银行对账单核对一次;对于各种有价证券和贵重的存货,每月至少应盘点核对一次;对于一般的存货年内也应分月轮流盘点或重点抽查;对于各种应收款项,每年也要核对多次。

(二)财产清查按清查的时间分类

按照财产清查的时间不同,可分为定期清查和不定期清查两种。

1. 定期清查　　它是指根据事先计划安排的时间对财产物资进行的盘点和核对。这种清查通常是在年末、季末、月末结账前进行的。其清查的范围是根据实际需要确定的,可以是全面清查,也可以是局部清查。

2. 不定期清查　　它是指根据实际需要临时对财产物资进行的盘点和核对。其清查的范围也是根据实际需要确定,可以是全面清查也可以是局部清查。通常当发生更换现金、存货经管人员时,为了明确经管人员的经济责任;当发生意外损失或非常损失时,为了查明实际损失的情况;当上级主管部门,财政机关和审计机关对企业进行检查时和企业兼并、联营、推行股份制和清算时都需进行不定期清查。

三、财产清查前的准备工作

财产清查是一项复杂而细致的工作,特别是全面清查涉及面广,工作量大,为了做好财产清查工作,必须充分做好准备工作。准备工作有以下几个方面。

(一)组织准备

为了使财产清查工作有组织、有计划地进行,应根据财产清查工作的实际需要,在企业主要负责人领导下,由会计、供应、生产、销售等有关职能部门的人员组成清查小组。清查小组的主要任务是负责制订财产清查计划,确定清查范围,安排清查工作的进度和人员分工,检查清查工作的质量,研究解决清查工作中出现的问题,提出清查结果的处理意见等。

(二)业务准备

为了使财产清查工作能有条不紊地进行,会计部门和财产物资管理部门应做好各项业务准备工作。

1. 会计部门的准备工作　　会计部门应将截至清查日止的所有有关的经济业务全部登记入账,结出总分类账和明细分类账的余额,并进行相互核对,做到账证相符和账账相符,为财产清查提供准确的账存数,并准备好清查登记用的"盘存表"、"盘点盈亏报告单"等清查登记用的表格。

2. 财产物资管理部门的准备工作　　供应、生产、销售等财产物资管理部门应将所要清查的财产物资分类整理清楚,有序地排列整齐,挂上标签,标明财产物资的名称、规格和数量,并应按国家标准校正各种度量衡器具。

四、财产清查的方法

(一)各种实物资产的清查方法

实物资产有原材料、在产品、产成品和固定资产等。由于实物资产的种类繁多,形态各异,体积、重量、价值和存放方式也各不相同,因此可采用不同的清查方法。实物资产通常采用的清查方法有实地盘点法和技术推算法两种。

实地盘点法是指对各项实物通过逐一清点或用计量器具来确定其实存数量的方法。这种方法适用面广,通常适用于能逐一清点的实物资产。

技术推算法是指通过对实物体积的计量,再用一定的技术方法推算其实存数量的方法。这种方法适用于量大成堆、难以逐一清点的实物资产,如煤炭、矿砂、石子等。

此外,在实物资产清查时,除了要清点实物数量外,还要检查实物资产的质量,通常是采用一定的物理方法或化学方法鉴定其质量。

在进行盘点时,实物的保管人员必须在场参加盘点,并随时将盘点的结果登记在"盘存表"上,由盘点人员和实物保管人员签章,以明确经济责任。盘存表格式如图表7-6所示。

图表7-6

盘 存 表

编号:101
存放地点:第一仓库

财产类别:钢材　　盘点日期 2015 年 12 月 31 日　　金额单位:元

编号	名称	规格	计量单位	数量	单价	金额	备注
001	圆钢	10 cm	千克	1 800	5.10	9 180.00	
002	圆钢	12 cm	千克	2 500	5.02	12 550.00	
003	圆钢	15 cm	千克	1 050	4.90	5 145.00	
004	圆钢	18 cm	千克	1 100	4.80	5 280.00	
005	圆钢	20 cm	千克	1 500	4.72	7 080.00	
合　　计						169 120.00	

盘点人(签章)　　　　　　　　　　　　　　　实物保管人(签章)

"盘存表"是记录盘点日财产物资实有数的原始凭证,通常一式两份,一份由实物保管人留存,一份送交会计部门与账面记录核对。

当盘存表的实存数与账面记录不符时,应编制"盘点盈亏报告单",其格式如图表 7-7 所示。

图表 7-7

盘点盈亏报告单

编号:15

类别:钢材　　　　　　　　盘点日期 2015 年 12 月 31 日　　　　　　　金额单位:元

编号	名称	规格	计量单位	账面结存		实际结存		盘盈		盘亏	
				数量	金额	数量	金额	数量	金额	数量	金额
001	圆钢	10 cm	千克	1 740	8 874.00	1 800	9 180.00	60	306.00		
004	圆钢	18 cm	千克	1 100	5 280.00	1 080	5 184.00			20	96.00
合计				—	—	—	—	—	306.00	—	96.00
盈亏原因		收发料过程中差错									

单位负责人(签章)　　　　　　　　　　　　　　　　　　　　　　　制表(签章)

"盘点盈亏报告单"既是调整账簿记录的原始凭证,又是分析差异原因,明确经济责任的依据。

(二)库存现金和有价证券的清查方法

库存现金和有价证券也是采用实地盘点法进行清查的,由于库存现金要求日结日清,平时由出纳人员自行清查。此外,还应采取事先不通知的突击清查方法,届时由清查人员会同出纳人员共同进行,清查结果是库存现金的实存金额应该与现金日记账相一致。倘若发现库存现金盘盈或盘亏,必须由出纳人员当场核实盈亏数额,予以确认。在清查时还应注意是否有挪用现金、白条抵库等违反财经纪律和《现金管理暂行条例》的情况,发现这些情况应将现金予以追回,并作出严肃处理。清查结束后,应根据清查的结果编制"库存现金盘点报告表",其格式如图表 7-8 所示。

图表 7-8

库存现金盘点报告表

2015 年 12 月 31 日　　　　　　　　　　　　　　　　　　　　单位:元

账存金额	实存金额	盘盈金额	盘亏金额	备注
1 285.00	1 285.00			

盘点人(签章)　　　　　　　　　　　　　　　　　　　　　　　出纳员(签章)

第七章 编制财务报告前的准备工作

有价证券的清查由清查人员会同有价证券保管人员共同进行。在查明是否盘盈盘亏时,还应查明是否有违反财经纪律和非法买卖的情况。

(三)银行存款的清查方法

银行存款的清查通常将开户银行定期送来的对账单与本单位的银行存款日记账逐笔进行核对,以查明银行存款的收入、付出和结存是否正确。即使银行对账单和本单位的银行存款日记账都记录正确,由于办理银行结算凭证传递的原因会产生未达账项,从而使银行对账单上的存款余额与本单位银行存款日记账的余额不一致。

未达账项是指企业与银行之间,由于结算凭证在传递时间上有先有后,而造成一方已登记入账,另一方因凭证未达而尚未登记入账的款项。未达账项通常有下列四种情况:① 银行已经为企业收入款项,作为企业存款的收入入账,而企业没有收到凭证,尚未登记入账。② 银行已经为企业付出款项,作为企业存款的付出入账,而企业没有收到凭证,尚未登记入账。③ 企业已将款项存入银行,已经作为存款收入入账,而银行没有收到凭证,尚未登记入账。④ 企业将存款支付给其他单位,已经作为存款付出入账,而银行没有收到凭证,尚未登记入账。

由于存在未达账项,因此在清查银行存款时,应查明双方的未达账项,并据以编制"银行存款余款调节表",以检查银行存款账存数与实存数是否相符。银行存款余额调节表是在银行存款日记账余额和银行存款对账单余额的基础上,加减双方各自的未达账项,使双方余额达到平衡,其调节公式如下:

$$\text{银行存款日记账余额} + \text{银行已收而企业尚未收账数} - \text{银行已付而企业尚未付账数} = \text{银行对账单余额} + \text{企业已收而银行尚未收账数} - \text{企业已付而银行尚未付账数}$$

【例9】 光华工厂2016年3月31日银行存款日记账余额为145 960元,银行对账单余额为163 800元,经逐笔核对后,发现未达账项如下:

(1) 3月30日,企业销售收入152 100元,存入银行,并已作为银行存款收入入账,银行因未收到凭证而未入账。

(2) 3月30日,银行为企业支付电费3 960元,并已作为银行存款付出入账,企业因未收到凭证而未入账。

(3) 3月31日,企业支付材料采购款106 800元,并作为银行存款付出入账,银行因未收到凭证,而未入账。

(4) 3月31日,银行为企业收到购货方前欠货款67 100元,并已作为银行存款收入入账,企业因未收到凭证,而未入账。

根据上列资料,编制"银行存款余额调节表"如图表7-9所示。

通过调节以后,双方的余额相等时,表明账簿的记录基本正确;反之,倘若双方的余额不等时,则表明有一方记账错误,应及时查明原因,予以更正。

图表7-9

银行存款余额调节表

2015年12月31日　　　　　　　　　　　　　　　　单位:元

项目	金额	项目	金额
银行存款日记账余额	145 960	银行对账单余额	163 800
加:银行已收账,而企业尚未收账数		加:企业已收账,而银行尚未收账数	
收到前欠账款	67 100	销售收入存入银行	152 100
减:银行已付账,而企业尚未付账数		减:企业已付账,而银行尚未付账数	
支付电费	3 960	支付材料采购款	106 800
调节后余额	209 100	调节后余额	209 100

(四)债权、债务的清查方法

债权、债务包括应收账款、预付账款、其他应收款、应付账款、预收账款和其他应付款。这些债权债务,既有外部各单位的,也有本单位内部的,应区别情况,采用不同的核对方法。对于外部各单位的债权债务,可以编制"对账单"。对账单一式数联,其中两联寄交对方,一联由对方留存,另一联作为回单。对方单位如核对相符,应在回单上签章后退回;倘若核对不符,应在回单上注明不符的情况后退回,再进一步核对,查明原因。对于本单位内部的债权债务,可以采用定期公布或抄列清单签字确认方法进行核对。

(五)未存放在本单位的财产物资的清查

委托加工材料、出租固定资产由于存放在外单位,通常按本单位账面结存数与对方提供的实存数进行核对,若发现账实不符,也应查明原因,按照经济合同的规定进行处理,并及时调整账面记录,以保证账实相符。对于超过正常在途时间的在途物资和发出商品,也应通过信件询问的方法进行核对,以确保在途物资和发出商品的安全。

五、财产清查结果的处理

(一)财产清查结果的处理工作

财产清查结果的处理工作,主要有以下四个方面的内容。

1. 认真查明账实不符的原因　　通过财产清查所确定的财产的盘盈、盘亏和各种损失等,均要认真查明其发生的原因,分清责任,并按照规定的程序报请有关领导审批处理。清查人员应通过调查研究,本着实事求是的精神,如实地反映存在的问题,对产生问题的原因和责任的分析要明确和具体,使领导处理问题有可靠的依据。

2. 处理积压闲置的资产,清理长期不清的债权债务　　对于财产清查中发现的超储积压材料,应积极组织生产部门设法加以利用;对于呆滞积压产品,应积极组织销售;对于闲置的固定资产,应设法予以出租或出售,以提高实物资产的利用率;对于有争议的应收、应付款项,应按照相关合同、协议的规定与对方协商解决,对于长期不清的债权债务,应指定专人负责查明原因,予以处理解决。

3. 总结经验教训,加强财产物资的管理　　对于财产清查中发现的财产物资管理中存在的问题和漏洞,应及时总结经验教训,提出改进措施,健全规章制度,加强财产物资管理责任制。

4. 调整账户记录、确保账实相符　　对于财产清查中发生的盘盈、盘亏和损失,均应根据规定进行账务处理,调整账户记录,以确保账实相符。

(二) 财产清查结果处理的核算

财产清查的结果往往会发现账实不符的情况,为了核算和监督企业对账实不符问题的处理情况,应设置"待处理财产损溢"账户。

"待处理财产损溢"是资产类账户,用以核算企业已经发生而尚待处理的各种财产物资的盘盈、盘亏和毁损的价值。企业的财产物资发生盘亏、毁损以及转销盘盈时,记入借方;企业的财产物资发生盘盈,以及转销盘亏、毁损时,记入贷方,企业发生的财产物资的损溢,应查明原因,在期末结账前处理完毕,处理完毕后应无余额。

现对各种财产物资清查结果处理的核算分别加以阐述。

1. 实物资产清查结果处理的核算　　当企业发生存货盘盈、盘亏或毁损时,先将存货的账面价值转入"待处理财产损溢"账户,经批准后,再区别情况,予以转账。

对于存货的盘盈应列入"营业外收入"账户,对于存货的盘亏或毁损,如属于定额内损耗,应列入"管理费用"账户;如属于超定额损耗或责任事故造成的损失,若决定由责任人负责赔偿时,列入"其他应收款"账户;若决定作为企业损失时,则列入"营业外支出"账户。如其他原因造成的盘亏以及属于火灾、自然灾害等原因造成的非常损失时,均应列入"营业外支出"账户。

【例10】　华安工厂盘盈甲材料20千克,每千克36元,予以转账,作分录如下:

借：原材料　　　　　　　　　　　　　　　　　　　　720.00
　　　　贷：待处理财产损溢　　　　　　　　　　　　　　　　720.00

【例11】　经查明，盘盈的甲材料是材料收发过程中的正常盈余，经批准予以转账，作分录如下：

　　借：待处理财产损溢　　　　　　　　　　　　　　　720.00
　　　　贷：营业外收入　　　　　　　　　　　　　　　　　720.00

【例12】　兴业工厂盘亏乙材料100千克，每千克28元，因火灾而毁损A产品40件，每件200元，予以转账，作分录如下：

　　借：待处理财产损溢　　　　　　　　　　　　　　10 800.00
　　　　贷：原材料　　　　　　　　　　　　　　　　　　2 800.00
　　　　贷：库存商品　　　　　　　　　　　　　　　　　8 000.00

【例13】　经查明，盘亏的100千克乙材料中，40千克属于定额损耗，60千克属于超定额损耗，超定额损耗部分，其中40%由责任人负责赔偿，60%作为企业损失处理。经批准予以转账，作分录如下：

　　借：管理费用　　　　　　　　　　　　　　　　　1 120.00
　　借：营业外支出　　　　　　　　　　　　　　　　1 008.00
　　借：其他应收款——责任人　　　　　　　　　　　　672.00
　　　　贷：待处理财产损溢　　　　　　　　　　　　　　2 800.00

【例14】　东安工厂毁损的A产品与保险公司联系后，其同意赔偿损失金额的80%，其余20%经批准作为企业损失处理，作分录如下：

　　借：其他应收款——保险公司　　　　　　　　　　6 400.00
　　借：营业外支出　　　　　　　　　　　　　　　　1 600.00
　　　　贷：待处理财产损溢　　　　　　　　　　　　　　8 000.00

当企业发生固定资产盘亏或毁损时，应将其账面价值转入"待处理财产损溢"账户。经批准予以核销转账时，再转入"营业外支出"账户。

【例15】　南安工厂盘亏卡车1辆，原始价值80 000元，已提折旧74 000元，予以转账，作分录如下：

　　借：待处理财产损溢　　　　　　　　　　　　　　6 000.00
　　借：累计折旧　　　　　　　　　　　　　　　　74 000.00
　　　　贷：固定资产　　　　　　　　　　　　　　　　80 000.00

【例16】　盘亏的卡车经批准作为企业损失入账，作分录如下：

借：营业外支出   6 000.00
  贷：待处理财产损溢   6 000.00

对于盘盈的固定资产，往往是以前年度账务处理中的差错所造成的，应作为前期差错处理，具体核算方法将在后续教材《财务会计》一书中阐述。

2. 现金和债权、债务清查结果的核算 在现金清查中发生盘盈或盘亏，也应先将盈亏金额从"库存现金"账户转入"待处理财产损溢"账户，经批准处理时，若作为企业收益时，再转入"营业外收入"账户；若作为企业损失时，则转入"营业外支出"账户；若由责任人负责赔偿时，则应转入"其他应收款"账户。

在债权、债务清查中，对于长期被拖欠的应收账款和其他应收款，确实因债务人破产或死亡而无法收回时，形成了企业的坏账，报经领导批准后，按企业的坏账损失处理时，应作为资产减值损失入账，届时借记"资产减值损失"账户，贷记"应收账款"或"其他应收款"账户。

【例17】 天平机器厂应收刘桥农机厂账款 5 340 元，因该厂已破产无法收回，经领导批准，作为坏账损失，作分录如下：

借：资产减值损失   5 340.00
  贷：应收账款——刘桥农机厂   5 340.00

"资产减值损失"是损益类账户，用以核算应收账款和其他应收款发生坏账等各项资产发生的损失。企业发生资产减值损失时，记入借方；企业月末将其结转"本年利润"账户时，记入贷方；结转后应无余额。

对于应付账款和其他应付款因债权人被撤销等原因，确实无法支付时，报经领导批准后，作为资本公积入账，届时借记"应付账款"或"其他应付款"账户，贷记"资本公积"账户。

【例18】 卢湾工厂应付江宁工厂 12 800 元材料款，经清查该厂已被撤销，材料款无法支付。经批准予以转账，作分录如下：

借：应付账款——江宁工厂   12 800.00
  贷：资本公积   12 800.00

【例19】 卢湾工厂经批准将 88 000 元资本公积转增资本，作分录如下：

借：资本公积   88 000.00
  贷：实收资本   88 000.00

"资本公积"是所有者权益类账户，用以核算企业取得的资本公积。当企业取得资本公积时，记入贷方；当企业用资本公积转增资本时，记入借方；期末余额在贷方，表示企业资本公积的结存数额。

思 考 题

1. 为什么要做好编制财务报告前的准备工作？它有哪些准备工作？
2. 什么是收入和费用的支付期与归属期？它们之间可能会出现哪几种情况？
3. 什么是收付实现制？什么是权责发生制？
4. 分述收付实现制与权责发生制的优缺点和适用性。
5. 什么是实地盘存制？采用实地盘存制如何确定期末存货成本？
6. 什么是永续盘存制？采用永续盘存制如何确定期末存货成本？
7. 分述实地盘存制与永续盘存制的优缺点和适用性。
8. 什么是先进先出法？谈谈它的优缺点。
9. 什么是加权平均法？谈谈它的优缺点。
10. 什么是账项调整？它包括哪些内容？
11. 什么是预收收入与应计收入？什么是预付费用与应计费用？
12. 什么是对账？为什么要进行对账？
13. 对账有哪些内容？
14. 错账有哪些查找的方法？分述各种方法能排查哪些错账？
15. 什么是结账？为什么要进行结账？结账有哪些内容？
16. 什么是财产清查？它有哪些作用？
17. 财产清查有哪些不同的分类？
18. 财产清查前有哪些准备工作？
19. 如何进行实物资产的清查？
20. 如何进行银行存款的清查？
21. 财产清查结果有哪些处理工作？

练 习 题

练 习 题 一

一、目的 练习实地盘存制。

二、资料 湖西工厂1月份Q材料的有关资料如下（金额单位：元）：

1月1日　期初余额　　　数量5 000千克　单价12.60　金额63 000.00
1月10日　购进　　　　　数量6 000千克　单价12.30　金额73 800.00
1月22日　购进　　　　　数量4 000千克　单价12.75　金额51 000.00
1月31日　实地盘点结存　数量5 500千克

三、要求

1. 用实地盘存制计算Q材料本期发出数量。

2. 用先进先出法计算 Q 材料期末成本。
3. 用先进先出法计算 Q 材料本期发出成本。

练 习 题 二

一、目的　练习永续盘存制。

二、资料　湖西工厂 1 月 1 日结存 P 材料 1 500 千克,单价 28.00 元,金额 42 000.00 元,本月份收发料的情况如图表 7-10 所示。

图表 7-10

收发料情况表

2016 年		业务号数	收　　料			发料数量（千克）
月	日		数量（千克）	单　价	金额（元）	
1	4	（略）	1 700	29.00	49 300	
	10					1 400
	15		1 200	28.50	34 200	
	20					1 650
	22		1 600	27.50	44 000	
	31					1 150

三、要求

1. 根据上列资料,用先进先出法计算 P 材料本期发出成本和期末成本。
2. 根据上列资料,用加权平均法计算 P 材料本期发出成本和期末成本。

练 习 题 三

一、目的　练习收入和费用的确认。

二、资料　顺昌工厂第二季度发生下列经济业务：

1. 4 月 1 日,将闲置设备租赁给光明工厂,预收该厂第二季度租金 3 300 元,存入银行。
2. 4 月 1 日,预付销售部门第二季度广告费 6 000 元。
3. 4 月、5 月、6 月各月均发生产品销售收入 220 000 元,各月的销售款均于次月收到。
4. 4 月、5 月、6 月各月均发生产品销售成本 165 000 元。
5. 6 月 30 日,以银行存款支付第二季度短期借款利息 5 100 元。

三、要求

1. 根据上列资料用收付实现制分别确认第二季度各月份的收入、费用和利润总额。
2. 若 4 月和 5 月各应负担短期借款利息 1 550 元和 1 740 元,根据上列资料用权责发生制分别确认第二季度各月份的收入、费用和利润总额。

练 习 题 四

一、目的　练习期末账项调整。

二、资料　湖西工厂发生下列有关的经济业务：

1. 4月1日,将闲置的载重汽车1辆,租赁给南新运输公司,预收该公司3个月租金4 800元,存入银行。

2. 4月15日,销售给华声公司甲产品300件,每件350元,货款105 000元,增值税额17 850元。合同规定款项1个月后支付。

3. 4月28日,以银行存款预付向大隆工厂租赁专用机床5月份和6月份两个月的租金7 200元。

4. 4月30日,将本月份实现的租赁载重汽车的租金收入调整入账。

5. 4月30日,计提本月份应负担的短期借款利息2 260元。

6. 5月15日,收到华声公司付来前欠款项87 750元,存入银行。

7. 5月31日,将本月份实现的租赁载重汽车的租金收入调整入账。

8. 5月31日,摊销应由本月份负担的向大隆工厂租赁的专用机床租金。

9. 5月31日,计提本月份应负担的短期借款利息2 710元。

10. 6月30日,将本月份实现的租赁载重汽车的租金收入调整入账。

11. 6月30日,摊销应由本月份负担的向大隆工厂租赁的专用机床租金。

12. 6月30日,以银行存款支付第二季度短期借款利息7 590元。

13. 6月30日,计提应由本月份负担的城市维护建设税1 680元,教育费附加720元,所得税13 200元。

14. 7月10日,以银行存款支付上月末计提的各种税费。

三、要求 编制会计分录。

练 习 题 五

一、目的 练习银行存款的清查。

二、资料 华昌工厂2016年4月30日银行存款日记账余额为151 040元,银行对账单余额为166 410元,经逐笔核对后,发现未达账项如下:

1. 4月29日,企业支付材料采购款113 500元,并已作为银行存款付出入账,银行因未收到凭证而未入账。

2. 4月29日,企业销售收入148 200元,存入银行,并已作为银行存款收入入账,银行因未收到凭证而未入账。

3. 4月30日,银行为企业收到购货方前欠账款60 600元,并已作为银行存款收入入账,企业因未收到凭证而未入账。

4. 4月30日,银行为企业支付厂房租金9 420元,并已作为银行存款付出入账,企业因未收到凭证而未入账。

5. 4月30日,企业将1 110元现金解存银行,并已作为银行存款收入入账,银行因已过入账时间而未及入账。

三、要求 编制银行存款余款调节表。

练 习 题 六

一、目的 练习财产清查结果处理的核算。

二、资料 大明工厂发生下列有关的经济业务:

1. 3月28日,材料仓库送来盘点盈亏报告单如图表7-11所示,予以转账。

图表7-11

盘点盈亏报告单

2016年3月28日　　　　　　　　　　　　　　　金额单位:元

材料名称	计量单位	账面结存		实际结存		盘盈		盘亏	
		数量	金额	数量	金额	数量	金额	数量	金额
A材料	千克	2 660	79 800	2 690	80 700	30	900		
B材料	千克	3 120	99 840	3 070	98 240			50	1 600
合计							900		1 600

2. 3月29日,成品仓库送来盘点盈亏及毁损报告单如图表7-12所示,予以转账。

图表7-12

盘点盈亏及毁损报告单

2016年3月29日　　　　　　　　　　　　　　　金额单位:元

产品名称	计量单位	账面结存		实际结存		盘盈		毁损	
		数量	金额	数量	金额	数量	金额	数量	金额
P产品	件	350	52 500	355	53 250	5	750		
Q产品	件	320	51 200	260	41 600			60	9 600
合计							750		9 600

3. 3月31日,盘亏电瓶车1辆,原始价值30 000元,已提折旧22 500元。

4. 4月1日,经查明盘盈的P产品是销售时少发产品,今已补发给购货方,予以转账。

5. 4月2日,经查明,盘亏的B材料中20千克属于定额损耗,30千克属于超定额损耗,超定额损耗部分45%由责任人负责赔偿,55%作为企业损失,经批准予以转账。

6. 4月4日,经查明,盘盈的A材料是收发过程中的正常盈余,经批准予以转账。

7. 4月5日,毁损的Q产品系火灾所致,与保险公司联系,其同意按损失金额的75%赔偿,其余25%经批准作为企业损失处理。

8. 4月6日,毁损汽车1辆,原始价值为96 000元,已提折旧54 000元,予以转账。

9. 4月8日,盘亏的电瓶车经批准作为企业损失入账。

10. 4月9日,应收信谊商店货款5 600元,因该企业已破产而无法收回,经批准作为企业的坏账损失处理。

11. 4月10日,应付南桥工厂货款8 980元,因该企业已被撤销,无法支付,经批准予以转账。

12. 4月12日,毁损的汽车与保险公司联系后,其同意赔偿35 000元,其余部分经批准予以转账。

13. 4月15日，卢湾工厂经批准将100 000元资本公积转增资本。

三、要求 编制会计分录。

第八章 账户的分类

第一节 账户分类概述

一、账户分类的意义

账户分类是指将全部账户按照账户的本质特性,分别采用不同的标志,进行科学的分组。前面各章已阐述了工业企业基本的经济业务及其核算的方法,运用了大量的账户,基本上介绍了各个账户所反映的经济内容和用途与结构,也介绍了根据经济业务的内容,选择适当的账户进行记录的情况。

由于每个账户仅反映企业在一定的时期内资金运动的一个方面的变化和结果,这个方面具体表现为一个特定的经济内容,从而形成了各个账户的特性。但是企业在生产经营过程中发生的经济业务是错综复杂的,因此需要将全部账户结合起来,共同反映企业在一定时期内资金运动的整体的变化和结果,从而形成由各个特定的经济内容组成的整体的经济内容。然而,账户之间并不是孤立的,它们之间存在着相互的联系,组成了一个完整的账户体系。在这个账户体系中,有些账户反映的经济内容的性质是相同的,形成了这些账户的共性。为了更好地了解各个账户的特性和各组账户的共性,明了账户之间的联系,掌握各类账户的使用方法,就必须对账户进行科学的分类。

账户分类的意义主要表现在以下三个方面。

首先,通过账户分类,有利于加深对账户的全面认识,了解各个账户在整个账户体系和会计核算中的地位和作用,以正确地运用账户。

其次,通过账户分类,可以在了解各个账户特性的基础上,进一步了解各组账户的同性及账户之间的联系与区别,以寻找账户设置与运用的规律,做到熟练地使用账户。

再次,通过账户分类,能够揭示全部账户在反映企业一定时期内资金运动整体的变化和结果上的分工协作关系,便于企业按照《企业会计准则应用指南》的要求和本企业经营管理的特点,独立地设计账户体系,以保证会计核算和监督的质量。

二、账户的不同分类

账户可以按不同的标志进行分类,以便从不同的角度分析账户的体系结构。

账户可以按以下三种不同的标志分类。

（一）账户按经济内容分类

由于账户是会计要素按其经济内容进行分类的产物，也就是说，账户是按照会计要素的经济内容分解后设置的，所以账户体系与会计要素的结构是一致的，从而决定了账户体系的分类与会计要素的分类是一致的，因此，账户按经济内容分类也就是按会计要素分类，这种分类自然成为账户最基本的分类。

（二）账户按用途和结构分类

由于账户是用于记录经济业务的记账载体，每个账户都有特定的用途，提供着不同的会计信息，在整个账户体系中发挥着不同的作用。不同用途的账户，其结构也不相同，因此在账户按经济内容分类的基础上，还需要按账户的用途和结构进行分类，从而有利于掌握各类账户的使用方法。

（三）账户按统驭与被统驭关系分类

由于账户根据管理上对会计信息要求的详略程度不同，对于同一项经济业务，分别设置总分类账户和明细分类账户进行核算。总分类账户提供总括指标，成为统驭账户；明细分类账提供详细指标，成为被统驭账户。将账户按统驭账户与被统驭账户分类，有利于表明会计信息的层次、特点以及账户之间的统驭与被统驭的关系。

第二节 账户按经济内容分类

账户按经济内容分类也就是按会计要素分类。会计要素分为资产、负债、所有者权益、收入、费用和利润六类，账户按经济内容也可相应地分为六类。由于企业实现的利润归其所有者所有，因此可以将利润类账户并入所有者权益类账户，那么账户按经济内容分类就可分为资产类账户、负债类账户、所有者权益类账户、收入类账户和费用类账户五类。以下分别予以阐述。

一、资产类账户

资产类账户是指用以核算和监督资产增减变动及其结存情况的账户。按照资产的流动性不同，又可分为流动资产类账户和非流动资产类账户。

1. 流动资产类账户 归入这类账户的有"库存现金"、"银行存款"、"交易性金融资产"、"应收账款"、"预付账款"、"其他应收款"、"材料采购"、"在途物资"、"原材料"、"库存商品"和"待摊费用"等账户。

2. 非流动资产类账户 归入这类账户的有"持有至到期投资"、"可供出售金融资产"、"长期股权投资"、"固定资产"、"累计折旧"、"无形资产"、"累计摊销"、"长期待摊费用"和"待处理财产损溢"等账户。

二、负债类账户

负债类账户是指用以核算和监督负债增减变动及其结存情况的账户。按照负债的流动性的长短不同,可分为流动负债类账户和非流动负债类账户。

1. 流动负债类账户　　归入这类账户的有"短期借款"、"应付账款"、"预收账款"、"应付职工薪酬"、"应交税费"、"应付利息"、"应付股利"和"其他应付款"等账户。

2. 非流动负债类账户　　归入这类账户的有"长期借款"、"应付债券"和"长期应付款"等账户。

三、所有者权益类账户

所有者权益类账户是指用以核算和监督所有者权益增减变动及其结存情况的账户。按照所有者权益的来源不同,可分为投入资本类账户、留存收益类账户和利润类账户。

1. 投入资本类账户　　归入这类账户的有"实收资本"和"资本公积"账户。

2. 留存收益类账户　　归入这类账户的有"盈余公积"账户。

3. 利润类账户　　归入这类账户的有"本年利润"和"利润分配"账户。

四、收入类账户

收入类账户是指用以核算和监督在生产经营过程中取得各种收入的账户。按收入的性质不同,可分为营业收入类账户和非营业收入类账户。

1. 营业收入类账户　　归入这类账户的有"主营业务收入"、"其他业务收入"和"投资收益"账户。

2. 非营业收入类账户　　归入这类账户的有"营业外收入"账户。

五、费用类账户

费用类账户是指用以核算和监督企业在生产经营过程中发生的各种费用的账户。按照费用的性质不同,可分为成本类账户、营业费用类账户和非营业费用类账户。

1. 成本类账户　　归入这类账户的有"生产成本"和"制造费用"等账户。

2. 营业费用类账户　　归入这类账户的有"主营业务成本"、"其他业务成本"、"营业税金及附加"、"销售费用"、"管理费用"、"财务费用"和"资产减值损失"等账户。

3. 非营业费用类账户　　归入这类账户的有"营业外支出"和"所得税费用"账户。

工业企业通常应用的账户按经济内容进行分类的情况如图表8-1所示。

图表 8-1

账户按经济用途分类表

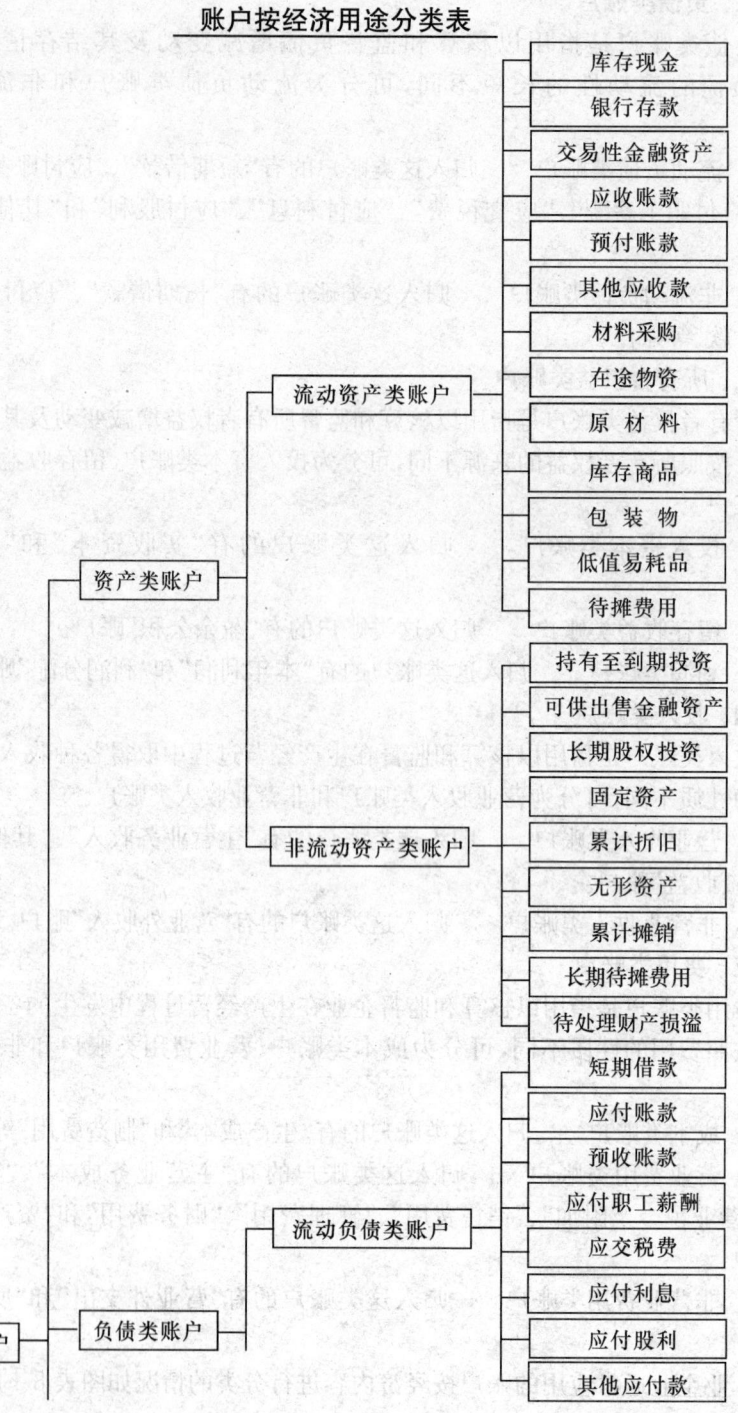

第八章 账户的分类

(续表)

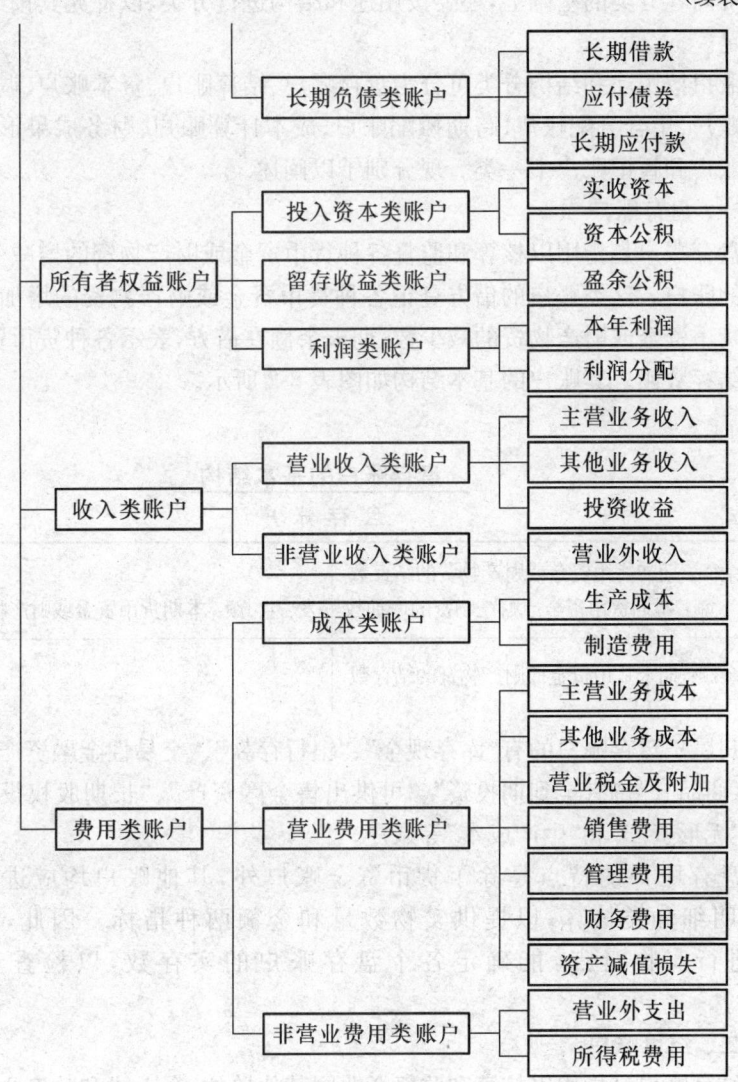

第三节 账户按用途结构分类

账户的用途是指通过账户的记录,能够提供哪些会计信息,也就是设置和运用账户的目的。账户的结构是指账户的借方核算哪些经济内容,贷方核算哪些经济内容,期末余额所在的方向及其所表示的经济内容。

由于按照经济内容归为同类的账户,往往具有不同的用途和结构,因此账户在按经济内容分类的基础上,还要按用途和结构进行分类,以补充其按经济内容分类的不足。

账户按用途和结构分类可分为盘存账户、结算账户、资本账户、调整账户、计价对比账户、集合分配账户、跨期摊配账户、成本计算账户、财务成果形成账户、财务成果账户和暂记账户十一类。现分别予以阐述。

一、盘存账户

盘存账户是指用以核算和监督各种货币资金或财产物资的增减变动及其实存数额的账户。这类账户的借方登记各种货币资金或财产物资的增加数;贷方登记各种货币资金或财产物资的减少数;期末余额在借方,表示各种货币资金或财产物资的结存数额。其账户的基本结构如图表8-2所示。

图表8-2

盘存账户的基本结构

借方	盘 存 账 户	贷方
期初余额:期初货币资金或财产物资的结存数 发 生 额:本期货币资金或财产物资的增加数	发 生 额:本期货币资金或财产物资的减少数	
期末余额:期末货币资金或财产物资的结存数		

归属于盘存账户的有"库存现金"、"银行存款"、"交易性金融资产"、"原材料"、"库存商品"、"持有至到期投资"、"可供出售金融资产"、"长期股权投资"、"固定资产"、"无形资产"和"生产成本"等账户。

盘存账户的特点是除了货币资金账户外,其他账户均应进行总分类核算和明细分类核算,以提供实物数量和金额两种指标。因此,通过财产清查,进行实物盘点,能确定各个盘存账户的实存数,以检查其是否账实相符。

二、结算账户

结算账户是指用以核算和监督企业同其他单位、个人或和政府之间债权、债务结算情况的账户。按照账户的具体用途和结构不同,结算账户可以分为债权结算账户、债务结算账户和债权债务结算账户三类。

(一)债权结算账户

债权结算账户又称资产结算账户,是指用以核算和监督企业同债务单位或个人之间债权结算情况的账户。这类账户的借方登记债权的增加数;贷方登记债权的减少数;期末余额在借方,表示尚待收回的债权数。其账户的基本结构如图表8-3所示。

图表 8-3

债权结算账户的基本结构

借方	债权结算账户	贷方
期初余额：期初债权（应收、预付款项）的结存数 发 生 额：本期债权（应收、预付款项）的增加数		发 生 额：本期债权（应收、预付款项）的减少数
期末余额：期末债权（应收、预付款项）的结存数		

归属于债权结算账户的有"应收账款"、"预付账款"和"其他应收款"等账户。

（二）债务结算账户

债务结算账户又称负债结算账户，是指用以核算和监督企业同债权单位或个人以及政府之间债务结算的账户。这类账户的结构是贷方登记债务的增加数；借方登记债务的减少数；期末余额在贷方，表示尚待支付的债务数。其账户的基本结构，如图表8-4所示。

图表 8-4

债务结算账户的基本结构

借方	债务结算账户	贷方
发 生 额：本期债务（应付、预收和借入款项）的减少数		期初余额：期初债务（应付、预收和借入款项）的结存数 发 生 额：本期债务（应付、预收和借入款项）的增加数
		期末余额：期末债务（应付、预收和借入款项）的结存数

归属于债务结算账户的有"短期借款"、"应付账款"、"预收账款"、"应付职工薪酬"、"应交税费"、"应付利息"、"应付股利"、"其他应付款"、"长期借款"、"应付债券"和"长期应付款"等账户。

（三）债权、债务结算账户

债权、债务结算账户又称资产负债结算账户，是指用以核算和监督同其他单位或个人之间往来结算情况的账户。这类账户的借方登记债权增加数和债务的减少数；贷方登记债务的增加数和债权的减少数。期末余额若在借方，表示尚未收回的债权数大于尚未支付的债务数的差额；期末余额若在贷方，则表示尚未支付的债务数大于尚未收回的债权数的差额,其账户的基本结构如图表 8-5 所示。

图表 8-5

债权、债务结算账户的基本结构

借方	债权、债务结算账户	贷方
期初余额:期初债权大于债务的差额 发 生 额:本期债权增加数 　　　　　本期债务减少数	或者,期初余额:期初债务大于债权的差额 发 生 额:本期债务增加数 　　　　　本期债权减少数	
期末余额:期末债权大于债务的差额	或者,期末余额:期末债务大于债权的差额	

　　债权、债务的明细分类账户,期末若是借方余额表示尚未收回的债权,若是贷方余额则表示尚未支付的债务。

　　归属于债权、债务结算账户的账户具有不确定性。因为在实际工作中,倘若预付账款发生不多的企业,也可以不设置"预付账款"账户,当发生预付账款时,通过"应付账款"账户核算,届时"应付账款"账户同时反映了企业应付账款和预付账款的增减变动额及其变动的结果。那么"应付账款"账户就成了债权、债务结算账户;倘若预收账款发生不多的企业,也可以不设置"预收账款"账户。当发生预收账款时,通过"应收账款"账户核算,届时"应收账款"账户同时反映了应收账款和预收账款的增减变动额及其变动的结果。那么"应收账款"账户也就成了债权、债务结算账户。

　　结算账户的特点是所有的账户均应按发生结算业务的单位或个人进行明细分类核算,以便及时进行结算和定期进行账目核对。

三、资本账户

　　资本账户是指用以核算和监督投资者投入的资本或留存收益的增减变动及其结存情况的账户。这类账户的贷方登记投入资本或留存收益的增加数;借方登记投入资本或留存收益的减少数;期末余额在贷方,表示投入资本或留存收益的结存数额,其账户的基本结构如图表 8-6 所示。

图表 8-6

资本账户的基本结构

借方	资 本 账 户	贷方
发 生 额:本期投入资本或留存收益的减少数	期初余额:期初投入资本或留存收益的结存数 发 生 额:本期投入资本或留存收益的增加数	
	期末余额:期末投入资本或留存收益的结存数	

　　归属于资本账户的有"实收资本"、"资本公积"和"盈余公积"等账户。

四、调整账户

调整账户是指用以调整被调整账户的余额,以取得被调整账户的实际余额的账户。在会计核算中,由于经营管理或其他原因,对于有些账户,既需要在账面上保留其原始的数额,又需要在账面上反映对原始数额发生调整的数额。这样就必须设置一个被调整账户,用以核算和监督某项目的原始数额的增减变动及其结存情况。同时还必须设置一个调整账户,用以核算和监督某项目的调整数额,将某项目原始数额加上或减去调整数额,以取得某项目的实有数额,满足各个方面的需要。

调整账户按其调整的方式不同又可分为抵减账户、附加账户和抵减附加账户三类。

(一)抵减账户

抵减账户又称备抵账户,是指用以抵减被调整账户,以取得被调整账户实际余额的账户。被调整账户与抵减账户的期末余额的方向是相反的,即倘若被调整账户的期末余额在借方,那么抵减账户的期末余额必然在贷方;倘若被调整账户的期末余额在贷方,那么抵减账户的期末余额必然在借方。其调整方式可用计算公式列示如下:

$$被调整账户余额-抵减账户余额=被调整账户实际余额$$

按照被调整账户的性质不同,抵减账户又可分为资产抵减账户和权益抵减账户两类。

1. 资产抵减账户 它是指用以抵减某一资产账户的余额,以取得该资产账户实际余额的账户。归属于资产抵减账户的有"累计折旧"和"累计摊销"账户。

"累计折旧"账户的被调整账户是"固定资产"账户。"固定资产"账户的余额在借方,反映固定资产的原始价值;"累计折旧"账户的余额在贷方,反映固定资产的累计折旧额;将"固定资产"账户余额减去"累计折旧"账户余额的差额,就是固定资产的净值。这两个账户的关系如图表8-7所示。

图表8-7

"固定资产"与"累计折旧"账户关系

借方	固定资产	贷方	借方	累计折旧	贷方
期末余额:	固定资产价值(元) 900 000				期末余额: 固定资产累计折旧额(元) 180 000

固定资产净值=900 000-180 000=720 000(元)

"累计摊销"账户的被调整账户是"无形资产"账户。"无形资产"账户的余额在借方,反映无形资产的原值;"累计摊销"账户的余额在贷方,反映无形资产的累计摊销额,将"无形资产"账户余额减去"累计摊销"账户余额的差额,就是无形资产的净值。

2. 权益抵减账户　　它是指用以抵减某权益账户的余额,以取得该权益账户实际余额的账户。归属于权益抵减账户的有"利润分配"账户。"利润分配"账户的被调整账户是"本年利润"账户。"本年利润"账户的余额在贷方,反映企业本年实现的利润额;"利润分配"账户的余额在借方,反映企业本年的利润分配额;将"本年利润"账户余额减去"利润分配"账户的余额的差额,就是未分配利润额。这两个账户的关系如图表 8-8 所示。

图表 8-8

"本年利润"与"利润分配"账户关系

借方	本年利润	贷方	借方	利润分配	贷方
		期末余额:本年已实现利润累计数(元)60 000		期末余额:本年已分配利润累计数(元)48 000	

未分配利润额＝60 000－48 000＝12 000(元)

(二) 附加账户

附加账户是指用以增加被调整账户的余额,以取得被调整账户实际余额的账户。由于被调整账户与附加账户的期末余额的方向是相同的,因此,倘若被调整账户的期末余额在借方,那么附加账户的期末余额也必然在借方;倘若被调整账户的期末余额在贷方,那么附加账户的期末余额也必然在贷方。其调整方式可用计算公式列示如下:

被调整账户余额＋附加账户余额＝被调整账户实际余额

《企业会计准则——应用指南》中,没有附加账户。

(三) 抵减附加账户

抵减附加账户是指用以抵减或附加被调整账户,以取得被调整账户实际余额的账户。抵减附加账户具有两重性,当其余额与被调整账户余额方向相反时,为抵减账户;当其余额与被调整账户余额方向相同时,则为附加账户。

归属于抵减附加账户的有"材料成本差异"账户。"材料成本差异"的被调整账户是"原材料"账户。当原材料采用计划成本核算时,"原材料"账户按计划成本计价核算,同时还应设置"材料成本差异"账户,用以核算原材料实际成本与计划成本的差额。

当"材料成本差异"账户为贷方余额时,与"原材料"账户的借方余额的方向相反,那么,"材料成本差异"是抵减账户,其调整的方式是将"原材料"账户的余额减去"材料成本差异"账户的余额,以取得原材料的实际成本;反之,当"材料成本差异"账户为借方余额时,与"原材料"账户的借方余额的方向相同,那么,"材料成本差异"又成为附加账户,其调整的方式是将"原材料"账户的余额加上"材料成本差异"账户的余额,以取得原材料的实际成本。这两个账户的相互关系如图表8-9、图表8-10所示。

图表 8-9

"原材料"与"材料成本差异"账户关系(一)

借方	原材料	贷方	借方	材料成本差异	贷方
期末余额:	结存原材料的计划成本(元)				期末余额: 结存原材料的成本差异(元)
	180 000				3 600

上表中,"材料成本差异"账户的期末余额在贷方,表明这时"材料成本差异"账户为抵减账户,计算结存原材料的实际成本如下:

结存原材料实际成本 = 180 000 - 3 600 = 176 400(元)

图表 8-10

"原材料"与"材料成本差异"账户关系(二)

借方	原材料	贷方	借方	材料成本差异	贷方
期末余额:	结存原材料计划成本(元)		期末余额:	结存原材料的成本差异(元)	
	200 000			4 000	

上表中,"材料成本差异"账户的期末余额在借方,表明这时"材料成本差异"账户为附加账户,计算结存原材料的实际成本如下:

结存原材料实际成本 = 200 000 + 4 000 = 204 000(元)

关于"材料成本差异"账户的具体应用,将在后续教材《财务会计》中详细阐述。

调整账户的特点是:调整账户与被调整账户是相互联系的一组账户,对同一个经济内容,从不同的角度提供多方位会计信息。因此,调整账户不能脱离被调整账户而独立存在。

五、计价对比账户

计价对比账户是指采用两种不同的标准进行计价,用以核算和监督某项经济业务成果的账户。这类账户的借方登记发生的实际成本;贷方登记发生的计划成本。通过借贷方两种计价的对比,以确定节约额或超支额。其账户结构如图表 8-11 所示。

图表 8-11

计价对比账户的基本结构

计价对比账户	
发生额:(1) 本期发生的实际成本 (2) 贷差(实际成本小于计划成本的差额)转入差异账户的贷方	发生额:(1) 本期结转的计划成本 (2) 借差(实际成本大于计划成本的差额)转入差异账户的借方

当企业为了考核材料采购部门的业绩,对原材料采用计划成本计价时,"材料采购"[①]账户的借方登记采购材料的实际成本,贷方登记入库材料的计划成本。当实际成本小于计划成本时,是节约,将其差额转入"材料成本差异"账户的贷方;反之,当实际成本大于计划成本时是超支,将其差额转入"材料成本差异"账户的借方。

在"原材料"、"库存商品"账户采用计划成本核算的前提下,归属于计价对比账户的有"材料采购"、"生产成本"账户。

计价对比账户的特点是:只有在其相关账户采用计划成本计价时,才需要采用两种计价,从而产生计价对比账户。

六、集合分配账户

集合分配账户是指核算和监督生产经营过程中某个阶段所发生的费用的归集,期末再按一定的标准在一定的对象之间进行分配的账户。这类账户的借方登记费用的发生数,贷方登记费用的分配结转数。通常本期归集的费用,在期末按一定的标准分配给各受益对象后,应无余额。其账户的基本结构如图表 8-12 所示。

图表 8-12

集合分配账户的基本结构

借方	集合分配账户	贷方
发生额:归集某个阶段所发生的费用		发生额:按一定的标准分配给各受益对象的费用

归属于集合分配账户的有"制造费用"账户。

---

① 根据《企业会计准则——应用指南》规定,原材料采用实际成本核算时,用"在途物资"账户核算材料采购成本;原材料采用计划成本核算时,则用"材料采购"账户核算材料采购成本。

集合分配账户的特点是：平时归集的费用，在期末全部予以分配出去。具有过渡的性质。

七、跨期摊配账户

跨期摊配账户是指在费用的支付期与归属期不一致的情况下，用以核算和监督费用的支付和摊销情况的账户。这类账户的借方登记费用的实际支付数；贷方登记应由本期负担的费用的摊销数；期末余额在借方，表示已经支付应由以后各期摊销负担的费用。其账户的基本结构如图表 8-13 所示。

图表 8-13

跨期摊配账户的基本结构

借方	跨期摊配账户	贷方
期初余额：期初已经支付而尚未摊销的费用数		
发 生 额：本期费用的支付数		发 生 额：本期费用的摊销数
期末余额：期末已经支付而尚未摊销的费用数		

归属于跨期摊配账户的是"待摊费用"账户。

八、成本计算账户

成本计算账户是指用以核算和监督企业在生产经营过程中某一阶段发生的全部费用，并据以计算该阶段各个成本计算对象的实际成本的账户。这类账户的借方登记生产经营过程中某一阶段发生的应计入成本的全部费用；贷方登记已完成生产经营过程某一阶段的成本计算对象的实际成本转出数；期末余额在借方，表示尚未完成生产经营过程某一阶段的成本计算对象所发生的费用。其账户的基本结构如图表8-14所示。

图表 8-14

成本计算账户的基本结构

借方	成本计算账户	贷方
期初余额：期初尚未完成生产经营过程的某一阶段的成本计算对象所发生的费用		
发 生 额：生产经营过程某一阶段发生的应计入成本的全部费用		发 生 额：结转已完成生产经营过程某一阶段的成本计算对象的实际成本
期末余额：期末尚未完成生产经营过程的某一阶段的成本计算对象所发生的费用		

归属于成本计算账户的有"在途物资"、"材料采购"和"生产成本"等账户。

成本计算账户的特点是：在进行总分类核算的同时进行明细分类核算，以提供实物数量和金额两种指标。当"在途物资"或"材料采购"账户在期末有余额时，表示在途材料；当"生产成本"账户在期末有余额时，表示在产品。因此，它们又具有盘存账户的性质。

九、财务成果形成账户

财务成果形成账户是指用以核算和监督形成企业财务成果的收入和费用的账户。按照其账户的性质不同，又可分为收入账户和费用账户两类。期末这两类账户归集的金额相抵后的差额，就是企业的财务成果。

（一）收入账户

收入账户是指用以核算和监督企业在会计期间收入的账户。这类账户的贷方登记本期实现的收入数额；借方登记收入结转"本年利润"账户的数额，结转后应无余额。其账户结构如图表 8-15 所示。

图表 8-15

收入账户的基本结构

借方	收入账户	贷方
发生额：期末结转"本年利润"账户的数额		发生额：本期实现的收入数额

归属于收入账户的有"主营业务收入"、"其他业务收入"、"投资收益"和"营业外收入"等账户。

（二）费用账户

费用账户是指用以核算和监督企业在会计期间发生的费用的账户。这类账户的借方登记为实现收入而发生的费用；贷方登记期末结转"本年利润"账户的数额，结转后应无余额。其账户的基本结构如图表 8-16 所示。

图表 8-16

费用账户的基本结构

借方	费用账户	贷方
发生额：本期为实现收入而发生的费用		发生额：期末结转"本年利润"账户的数额

归属于费用账户的有"主营业务成本"、"其他业务成本"、"营业税金及附加"、"销售费用"、"管理费用"、"财务费用"、"资产减值损失"、"营业外支出"和"所得

税费用"等账户。

财务成果形成账户的特点是：无论是收入账户还是费用账户，其增加方归集的发生额在期末均必须结转"本年利润"账户，结转后均无余额；所有的财务成果形成账户增加方归集的发生额转入"本年利润"账户后，收支相抵后的差额，就形成了企业的财务成果。

十、财务成果账户

财务成果账户是指用以核算和监督企业在一定期间全部经营活动形成最终成果的账户。这类账户的贷方登记本期转入的各项收入；借方登记本期转入的各项费用。余额通常在贷方，表示本年累计实现的净利润；倘若余额在借方，则表示本年累计发生的亏损额。其账户的基本结构如图表8-17所示。

图表8-17

账务成果账户的基本结构

借方	财务成果账户	贷方
或者，期初余额：本年度内至本期期初累计发生的亏损额 发 生 额：本期转入的各项费用		期初余额：本年度内至本期期初累计实现的净利润额 发 生 额：本期转入的各项收入
或者，期末余额：本年度内至本期期末累计发生的亏损额		期末余额：本年度内至本期期末累计实现的净利润额

归属于财务成果账户的有"本年利润"账户。

十一、暂记账户

暂记账户是指用以核算和监督企业尚未确定处理意见的财产物资的盘盈、盘亏和毁损的账户。这类账户的借方登记财产物资的盘亏和毁损数及经批准转账的财产物资盘盈数；贷方登记财产物资的盘盈数及经批准转账的财产物资盘亏和毁损数。期末无余额。其账户的基本结构如图表8-18所示。

图表8-18

暂记账户的基本结构

借方	暂 记 账 户	贷方
发 生 额：本期发生的财产物资的盘亏、毁损数，以及经批准转账的财产物资的盘盈数		发 生 额：本期发生的财产物资的盘盈数，以及经批准转账的财产物资的盘亏、毁损数

归属于暂记账户的有"待处理财产损溢"账户。

暂记账户的特点是：具有两重性，无论是企业发生尚待处理的损失，还是发生尚待处理的收益，均在同一账户内核算，在期末无余额。

工业企业通常应用的账户按用途和结构进行分类的情况如图表 8-19 所示。

图表 8-19

账户按用途结构分类表

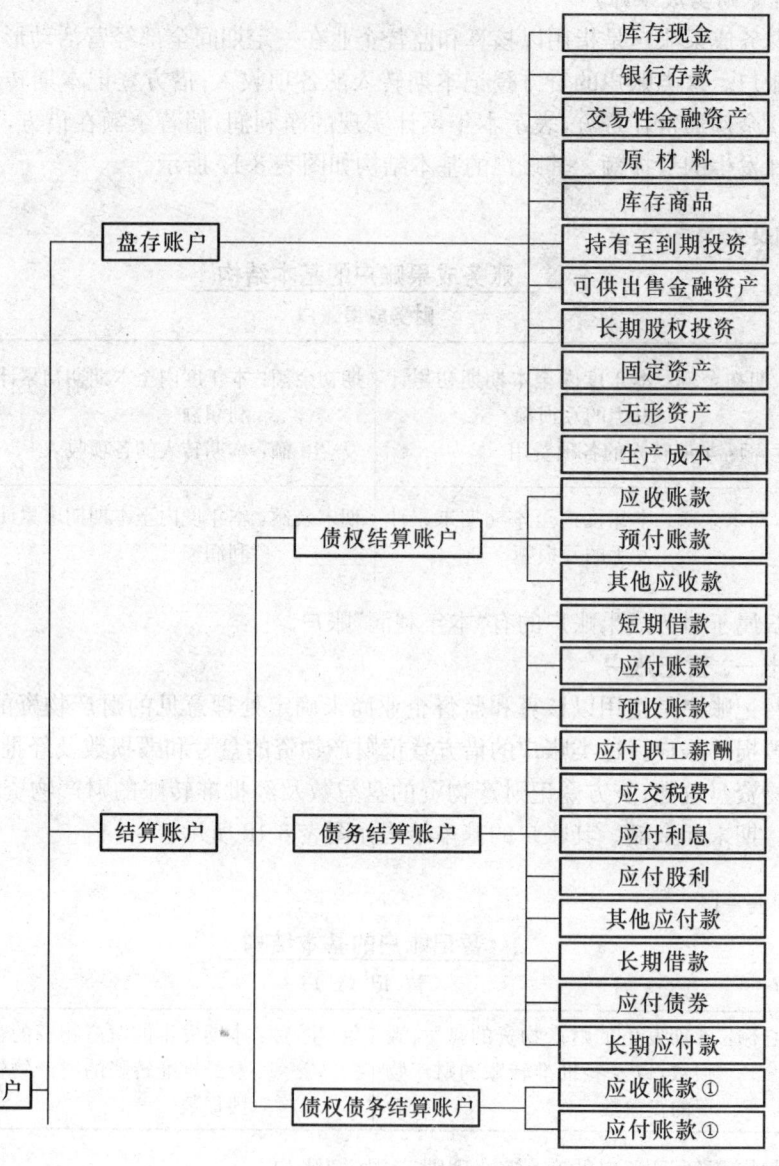

（续表）

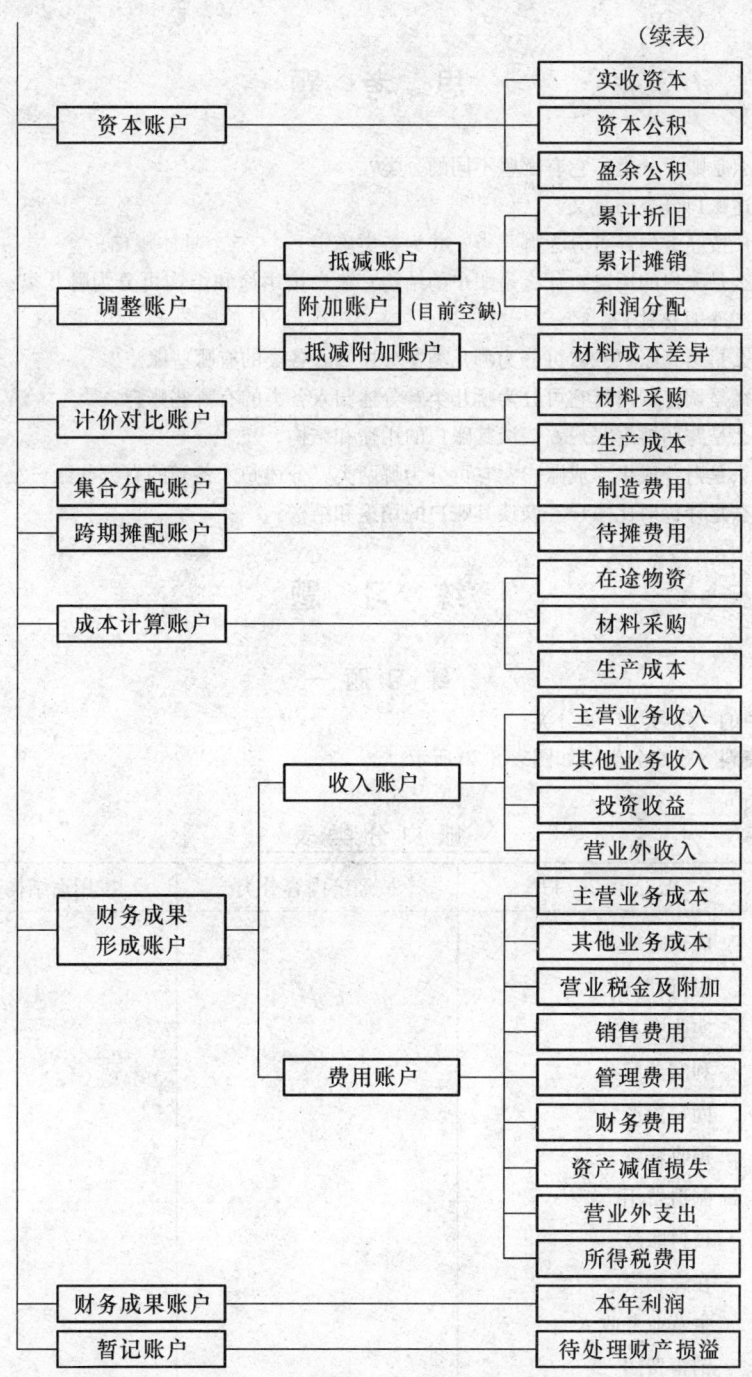

① 在不设置"预付账款"、"预收账款"的情况下，发生的预付账款在"应付账款"账户内核算，发生的预收账款在"应收账款"账户内核算。

思 考 题

1. 什么是账户分类？它有哪些不同的分类？
2. 试述账户分类的意义。
3. 账户按经济内容可分为哪几类？并为各类确定一个、二个具体账户。
4. 什么是账户的用途？什么是账户的结构？账户按用途和结构可分为哪几类？并为各类确定一个、二个具体账户。
5. 什么是结算账户？它可分为哪几类？分述归入各类的有哪些账户？
6. 什么是调整账户？它可分为哪几类？分述归入各类的有哪些账户？
7. 什么是跨期摊配账户？谈谈其账户的用途和结构。
8. 什么是财务成果形成账户？它可分为哪两类？分述归入各类的有哪些账户？
9. 什么是计价对比账户？谈谈其账户的用途和结构。

练 习 题

练 习 题 一

一、目的 练习账户的分类。

二、资料 账户分类表如图表 8-20 所示。

图表 8-20

账 户 分 类 表

行次	账　　户	按经济内容分类	按用途结构分类
1	应付账款		
2	银行存款		
3	实收资本		
4	利润分配		
5	固定资产		
6	预收账款		
7	制造费用		
8	预付账款		
9	在途物资		
10	主营业务收入		
11	销售费用		
12	本年利润		

第八章 账户的分类

（续表）

行次	账户	按经济内容分类	按用途结构分类
13	待处理财产损溢		
14	原材料		
15	长期借款		
16	所得税费用		
17	待摊费用		
18	材料成本差异		
19	累计折旧		
20	盈余公积		
21	应收账款		
22	生产成本		
23	营业外收入		
24	应付职工薪酬		
25	营业税金及附加		
26	资产减值损失		
27	材料采购		

三、要求

1. 将上列账户按经济内容分类。
2. 将上列账户按用途结构分类。

第九章 财务报告

第一节 财务报告概述

一、财务报告的意义

财务报告是指企业对外提供的反映企业某一特定日期财务状况和某一会计期间经营成果和现金流量等会计信息的文件。财务报告包括财务报表和其他应当在财务报告中披露的相关信息和资料,而财务报表是财务报告的主体。

财务报表是指对企业财务状况、经营成果和现金流量的结构性表述。企业在生产经营活动中,发生了大量的经济业务。会计部门根据反映经济业务的原始凭证,编制记账凭证,并分门别类地将其计入会计账簿中去。然而,通过核算,在会计账簿中归集的信息仍然是分散的,不便于理解和利用,难以符合国家宏观经济管理的需要;更难以满足投资者、债权人等会计信息使用者了解该企业财务状况、经营成果和现金流量的需要;也难以满足企业内部加强经营管理的需要。因此,必须在日常会计核算的基础上,根据会计信息使用者的需要,定期地对会计账簿核算资料进行归类、分析和整理后,编制成财务报告,从而为财务报告的使用者提供他们所需要了解掌握的会计信息。

二、财务报告的作用

财务报告的作用主要表现在以下五个方面。

(一)为投资者、债权人进行决策提供必要的信息

企业的投资者关心投资报酬和投资风险,债权人关心企业的盈利能力和偿债能力,他们通过财务报告可以分析企业的财务状况、经营成果和现金流量状况,从而判断企业的盈利能力和偿债能力。所以财务报告有助于投资者或潜在的投资者进行投资决策;有助于债权人进行信贷决策和赊销决策。此外,投资者还能够利用财务报告中披露的会计信息,监督企业的经营管理,以保护自身的合法权益。

(二)为企业管理层总结过去规划未来和进行决策提供重要的信息

企业管理层通过财务报告可以了解企业的财务状况、经营成果和现金流量状况,有利于企业进行分析对比、总结经验,找出差距及改进的措施,以改善企业的经营管理,为企业正确地规划未来,进行各种决策提供了重要信息。

(三) 为企业职工参与企业经营管理提供依据

企业的职工和职工代表大会关心企业的生产经营状况和盈利能力。由于广大职工身居生产经营第一线，了解企业生产经营中存在的具体问题，财务报告可以提供他们所需要的会计信息，使他们能积极地提出合理化的建议，更好地参与企业的经营活动，以拓展企业生存和发展的空间。

(四) 为政府各部门对企业实施管理、监督和检查提供依据

财政、税务和审计等政府部门通过财务报告可以检查企业是否严格遵守国家规定的财务制度和财经纪律，检查企业资金的使用情况、成本的计算情况、利润形成和分配的情况，以及税费的计提和解交的情况等，以便各部门对企业实施管理、监督和检查。

(五) 为国家经济管理部门进行国民经济宏观调控提供依据

国家经济管理部门利用财务报告可以了解和掌握企业经营活动的过程和结果，进而了解和掌握各部门、各地区的经济发展情况。通过制定有关法律和法规，调节、规范和引导企业的经营行为，从而进行宏观调控，以保证国民经济的正常运行。

三、财务报表的构成

财务报表由财务报表表首、正表和财务报表附注三个部分构成。

财务报表表首由报表名称、编制单位、报表反映的时间(某一特定日期或某一会计期间)、报表编号及金额单位等组成。

财务报表正表是指反映各种主要会计信息的表式报告。它是财务报表的主体和核心。

财务报表附注是指为便于财务报表使用者理解财务报表的内容而对财务报表中列报项目所作的进一步说明，以及对未能在这些报表中列报项目的说明。

四、财务报表的种类

为了全面掌握财务报表体系的内在规律性，理解财务报表的结构和内容，充分发挥财务报表的作用，需要对财务报表进行分类。财务报表可以按不同的标志进行分类。

(一) 财务报表按照反映的经济内容分类

财务报表按其反映的经济内容不同，可分为资产负债表、利润表、利润分配表、现金流量表和所有者权益变动表五种。

资产负债表是指反映企业在某一特定日期财务状况的报表。利润表是指反映企业一定会计期间经营成果的报表。利润分配表是指反映企业一定会计期间对实现的净利润以及以前年度未分配利润的分配情况的报表。现金流量表是指反映企业一定会计期间现金及现金等价物流入和流出情况的报表。所有者权益变动表是

指反映企业一定会计期间所有者权益结构变动情况的报表。

（二）财务报表按照反映的资金运动形态分类

财务报表按照反映的资金运动形态的不同，可分为静态财务报表、动态财务报表两种。

静态财务报表是指反映企业在一定时点经济指标处于相对静止状态的报表，如资产负债表。动态财务报表是指反映企业在一定时期内完成的经济指标的报表，如利润表、利润分配表、现金流量表和所有者权益变动表等。

（三）财务报表按照编制的时期分类

财务报表按照编制的时期不同，可分为月度财务报表，季度财务报表、半年度财务报表和年度财务报表。月度财务报表是指月度编制的计算报表，有资产负债表和利润表。季度财务报表是指季度编制的计算报表，有资产负债表和利润表。半年度财务报表是指半年度编制的计算报表，有资产负债表、利润表和现金流量表等。年度财务报表是指年度编制的决算报表，有资产负债表、利润表、利润分配表、现金流量表和所有者权益变动表等。

（四）财务报表按照编制的单位分类

财务报表按照编制的单位不同，可分为单位财务报表和汇总财务报表。单位财务报表是指独立核算的单位根据其账簿记录和有关资料编制的财务报表。汇总财务报表是指企业主管部门或上级机关根据所属单位上报的报表，结合其自身的单位财务报表汇总编制的综合性的报表。

（五）财务报表按照编报的主体分类

财务报表按照编报的主体不同，可分为个别财务报表和合并财务报表。个别财务报表是指由母公司或子公司编制的，仅反映母公司或子公司自身财务状况、经营成果和现金流量的报表。合并财务报表是指由母公司编制的，将母子公司形成的企业集团作为一个会计主体，综合反映企业集团整体财务状况、经营成果和现金流量的报表。

五、财务报表的编制要求

为了充分发挥财务报表的作用，保证财务报表的质量，企业编制财务报表时，应遵循以下四个要求。

（一）数字真实

财务报表是一个会计信息系统，各项目填列的数据必须真实可靠，如实地反映企业的财务状况、经营成果和现金流量。不得匡计数据，更不得弄虚作假，隐瞒谎报、篡改数字。

（二）计算准确

财务报表必须在账证相符、账账相符和账实相符的基础上编制，并对报表中的各项指标要认真地计算,注意报表有关项目之间存在着一定的数量勾稽关系,财务报表中本期与上期的有关数据应当相互衔接,做到账表相符,以保证会计信息的准确性。

（三）内容完整

财务报表必须按照《企业会计准则——应用指南》统一规定的报表种类、格式和内容进行编制,不应漏编、漏报财务报表,也不应漏填、漏列财务报表项目。对于财务报表中需要加以说明的项目,应在财务报表附注中予以说明,以便于财务报表使用者理解和利用。

（四）报送及时

财务报表必须在规定的期限内及时报送。使投资者、财政、税务、上级主管部门和企业集团及时了解企业的财务状况、经营成果和现金流量,以保证会计信息的使用者进行决策的时效性。

第二节　资产负债表

一、资产负债表的意义和作用

资产负债表是指反映企业在某一特定日期（如月末、季末、半年末、年末）财务状况的报表。它每月编制一次。资产负债表反映了企业所掌握的各种资产的分布和结构,企业所承担的各种负债,以及投资者在企业中所拥有的权益。

通过对资产负债表的分析,可以了解企业的资产分布是否得当；负债与所有者权益之间的比率是否合理；企业的财务实力是否雄厚；偿债能力的强弱；所有者持有权益的多少；企业财务状况的发展趋势等。从而为企业管理层挖掘内部潜力,规划今后发展方向,进行预测和决策以及制订财务预算等提供了重要的信息,并为投资者和债权人进行投资决策和信贷决策提供了重要的依据。

二、资产负债表的结构和内容

（一）资产负债表的结构

资产负债表是根据资金运动的规律,即资产等于负债加所有者权益的平衡原理设计的。它采用的是账户式的结构,即将报表分为左右两方,左方反映企业拥有资产的分布状况,右方反映企业所负的债务和所有者拥有权益的情况。

资产负债表在"金额"栏分设"期末余额"和"年初余额"两栏,以便于报表的使用者通过期末余额与年初余额的比较,掌握和分析企业的财务状况及其变化发展趋势。

（二）资产负债表的内容

资产负债表由资产、负债和所有者权益三个部分组成。

1. 资产　　按资产的流动性大小的不同,又可分为流动资产和非流动资产两类。

流动资产类由货币资金、交易性金融资产、应收账款、预付账款、其他应收款、存货和其他流动资产等项目组成。

非流动资产类由持有至到期投资、可供出售金融资产、长期股权投资、固定资产、无形资产和长期待摊费用等项目组成。

2. 负债类　按负债的流动性不同，又可分为流动负债和非流动负债两类。

流动负债类由短期借款、应付账款、预收账款、应付职工薪酬、应交税费、应付利息、应付股利、其他应付款和其他流动负债等项目组成。

非流动负债类由长期借款、应付债券和长期应付款等项目组成。

3. 所有者权益类　按所有者权益的来源不同，由实收资本、资本公积、盈余公积和未分配利润等项目组成。

资产负债表的格式及其具体内容参见181页图表9-2。

三、资产负债表的编制方法

（一）资产负债表期末余额栏内各个项目的填列

资产负债表期末余额栏内各个项目填列可分为以下两种情况。

1. 一般项目的填列　一般项目可以根据各总分类账户的期末余额填列，如短期借款。

2. 需要分析计算调整项目的填列　资产负债表的有些项目则需要根据有关总分类账户和明细分类账户的资料，经过分析计算调整后填列。现将有关项目的分析计算调整填制方法说明如下：

（1）"货币资金"项目　该项目根据"库存现金"和"银行存款"账户期末余额合计数填列。

（2）"应收账款"项目　该项目根据"应收账款"账户所属各明细分类账户的期末借方余额合计数填列。例如，"预收账款"账户所属有关明细分类账户有借方余额的，也应包括在本项目内。

（3）"预付款项"项目　该项目根据"预付账款"账户所属各明细分类账户的期末借方余额合计数填列。如"应付账款"账户所属有关明细分类账户有借方余额的，也应包括在本项目内。

（4）"存货"项目　该项目根据"在途物资"、"原材料"、"库存商品"、"包装物"、"低值易耗品"和"生产成本"等账户的期末余额合计数填列。

（5）"其他流动资产"项目　该项目反映企业除以上流动资产项目以外的其他流动资产，如可以根据"待摊费用"账户以及其他有关账户的期末借方余额填列。

（6）"固定资产"项目　该项目根据"固定资产"账户期末余额减去"累计折旧"账户期末余额后的差额填列。

(7)"无形资产"项目　　该项目根据"无形资产"账户的期末余额,减去"累计摊销"账户期末余额后的差额填列。

(8)"应付账款"项目　　该项目根据"应付账款"账户所属各有关明细分类账户的期末贷方余额合计数填列。如"预付账款"账户所属明细分类账户有贷方余额的,也应包括在本项目内。

(9)"预收账款"项目　　该项目根据"预收账款"账户所属有关明细分类账户的期末贷方余额合计数填列。如"应收账款"账户所属明细分类账户有贷方余额的,也应包括在本项目内。

(10)"一年内到期的非流动负债"项目　　该项目根据"长期借款"、"应付债券"、"长期应付款"等长期负债账户的期末余额分析填列。

(11)"其他流动负债"项目　　该项目反映企业除以上流动负债以外的其他流动负债,可以根据相关账户的期末贷方余额填列。

(12)"长期借款"项目　　该项目根据"长期借款"账户的期末余额减去1年内到期的长期借款后的差额填列。

(13)"应付债券"项目　　该项目根据"应付债券"账户的期末余额减去1年内到期的应付债券后的差额填列。

(14)"长期应付款"项目　　该项目根据"长期应付款"账户的期末余额减去1年内到期的长期应付款后的差额填列。

(15)"未分配利润"项目　　该项目根据"本年利润"账户期末余额与"利润分配"账户期末余额的差额填列,若为"一"号,则表示"未弥补亏损"。

(二)资产负债表"年初余额"栏内各个项目金额的填列

资产负债表"年初余额"栏内各个项目的金额,是根据上年年末资产负债表"期末余额"栏内所列的数据填列的。

现将"资产负债表"的具体编制方法举例说明如下:

【例1】　黄浦工厂2015年12月31日总分类账户和有关明细分类账户的余额如下:

1.总分类账户余额如图表9-1所示。

图表9-1

总分类账户余额表

2015年12月31日　　　　　　　　　　　　　　　　　　　单位:元

账　户　名　称	借方余额	账　户　名　称	贷方余额
库存现金	1 500	短期借款	120 000
银行存款	116 500	应付账款	83 150

(续表)

账 户 名 称	借方余额	账 户 名 称	贷方余额
应收账款	173 000	预收账款	6 000
预付账款	13 800	应付职工薪酬	15 410
其他应收款	8 400	应交税费	13 700
原材料	191 400	应付股利	108 540
生产成本	126 200	其他应付款	4 200
库存商品	177 800	累计折旧	125 000
待摊费用	36 000	累计摊销	12 000
固定资产	756 400	长期借款	200 000
无形资产	120 000	实收资本	880 000
利润分配	95 170	资本公积	7 200
		盈余公积	90 220
		本年利润	150 750
合 计	1 816 170	合 计	1 816 170

2. 有关明细分类账户余额如下所列。
(1) 应收账款明细分类账借方余额　　　　　　　　　178 000 元
　　　应收账款明细分类账贷方余额　　　　　　　　　　5 000 元
(2) 应付账款明细分类账借方余额　　　　　　　　　　6 000 元
　　　应付账款明细分类账贷方余额　　　　　　　　　89 150 元
3. 长期借款账户中有 20 000 元系 1 年内到期的借款。
根据上列资料编制资产负债表如图表 9-2 所示。

第三节 利 润 表

一、利润表的意义和作用

利润表是指反映企业在一定会计期间(如月度、季度、半年度、年度)经营成果的报表。它每月编制一次。利润表反映了企业在报告期内实现的各项收入,发生的各项费用,以及实现的净利润或发生的亏损总额。

通过对利润表的分析,可以检查营业收入和利润预算的完成情况;检查营业成本、销售费用、管理费用和财务费用预算的执行情况;了解企业的盈利能力;有利于管理层了解和分析企业在生产经营过程中存在的问题,以促进其改善经营管理,增

图表 9-2

资 产 负 债 表

编制单位：黄浦工厂　　　　2015 年 12 月 31 日　　　　　　　　单位：元

资　产	期末余额	年初余额	负债和所有者权益	期末余额	年初余额
流动资产：			流动负债：		
货币资金	118 000	102 000	短期借款	120 000	110 000
交易性金融资产			应付账款	89 150	64 970
			预收账款	11 000	10 220
应收账款	178 000	169 000	应付职工薪酬	15 410	14 690
预付账款	19 800	17 600	应交税费	13 700	12 410
			应付利息		
其他应收款	8 400	5 900	应付股利	108 540	97 920
			其他应付款	4 200	3 900
存货	495 400	461 300	一年内到期的非流动负债	20 000	15 000
其他流动资产	36 000	28 800			
流动资产合计	855 600	784 600	流动负债合计	382 000	329 110
非流动资产：			非流动负债：		
			长期借款	180 000	160 000
持有至到期投资			应付债券		
可供出售金融资产			长期应付款		
			非流动负债合计	180 000	160 000
长期股权投资			负债合计	562 000	489 110
固定资产	631 400	575 300	所有者权益：		
			实收资本	880 000	780 000
无形资产	108 000	120 000	资本公积	7 200	107 200
长期待摊费用			盈余公积	90 220	60 070
			未分配利润	55 580	43 520
非流动资产合计	739 400	695 300	所有者权益合计	1 033 000	990 790
资产总计	1 595 000	1 479 900	负债和所有者权益总计	1 595 000	1 479 900

说明：资产负债表中各项目的"年初余额"均根据上年末编制的资产负债表各项目的期末余额填列的。

强企业的盈利能力;也有利于投资者作出正确的决策。

二、利润表的结构和内容

利润表是根据收入减费用等于利润的平衡原理设计的。它采用的是多步式的结构,将报表分为四个部分。第一部分是营业收入,用以反映企业经营业务的收入;第二部分是营业利润,它是营业收入减去营业成本、营业税金及附加、销售费用、管理费用、财务费用和资产减值损失,加上投资收益后的数额,用以反映企业的经营成果;第三部分是利润总额,它是营业利润加上营业外收入减去营业外支出后的差额,用以反映企业的税前利润;第四部分是净利润,它是利润总额减去所得税费用后的差额,用以反映企业的税后利润,即反映企业的净收益。

利润表月报在金额栏分设"本月金额"和"本年累计金额"两栏。"本月金额"栏内的金额主要反映当月实际发生额,"本年累计金额"栏内的金额主要反映从年度开始起,直至报告期止的累计发生额。利润表年报在金额栏分设"本期金额"与"上期金额"。

利润表的格式及其具体内容如图表9-3(本书以月报为例)所示。

三、利润表的编制方法

利润表各项目的"本月金额"主要根据损益类总分类账户的净发生额填列,"本年累计金额"则根据各损益类总分类账户的累计净发生额填列,或者根据上月末本表的"本年累计金额"加上本表的"本月金额"后填列。

现将利润表具体项目的填列方法说明如下。

1. "营业收入"项目　该项目根据"主营业务收入"和"其他业务收入"账户的净发生额填列。

2. "营业成本"项目　该项目根据"主营业务成本"和"其他业务成本"账户的净发生额填列。

3. "营业税金及附加"项目　该项目根据"营业税金及附加"账户的净发生额填列。

4. "销售费用"项目　该项目根据"销售费用"账户的净发生额填列。

5. "管理费用"项目　该项目根据"管理费用"账户的净发生额填列。

6. "财务费用"项目　该项目根据"财务费用"账户的净发生额填列。

7. "资产减值损失"项目　该项目根据"资产减值损失"账户的净发生额填列。

8. "投资收益"项目　该项目根据"投资收益"账户的净发生额填列。

9. "营业利润"项目　该项目根据本表"营业收入"项目的金额,减去"营业成本"、"营业税金及附加"、"销售费用"、"管理费用"、"财务费用"和"资产减值损失"项目的金额,加上"投资收益"项目金额后的数额填列。

10. "营业外收入"项目　　该项目根据"营业外收入"账户的净发生额填列。

11. "营业外支出"项目　　该项目根据"营业外支出"账户的净发生额填列。

12. "利润总额"项目　　该项目根据本表"营业利润"项目的金额,加上"营业外收入"项目的金额,减去"营业外支出"项目的金额后的差额填列。

13. "所得税费用"项目　　该项目根据"所得税费用"账户的净发生额填列。

14. "净利润"项目　　该项目根据本表"利润总额"项目的金额,减去"所得税费用"项目的金额后的差额填列。

现将利润表的具体编制方法举例说明如下:

【例2】　黄浦工厂2015年损益类账户净发生额(单位:元)如下:

账户名称	12月数	1~11月数
主营业务收入	157 600	1 723 000
其他业务收入	14 400	105 000
主营业务成本	112 300	1 255 800
其他业务成本	13 500	98 400
营业税金及附加	850	9 010
销售费用	7 250	79 540
管理费用	16 730	178 820
财务费用	1 710	18 390
资产减值损失	2 100	2 400
营业外收入	1 200	13 800
营业外支出	1 360	15 840
所得税费用	4 350	45 900

根据上列资料编制"利润表"如图表9-3所示。

四、利润分配表

(一)利润分配表的意义和作用

利润分配表是指反映企业一定会计期间对实现的净利润以及以前年度未分配利润的分配情况的报表。它每年编制一次。利润分配表是伴随着利润的产生而出现的,因此是利润表的附表。

通过利润分配表可以了解利润分配的详细情况,并可据以检查企业是否按规定提存盈余公积和应付股利等。

(二)利润分配表的结构和内容

利润分配表采用多步式的结构,报表分为三个部分。第一部分是净利润。第二部分是可供分配的利润,它是净利润加上年初未分配利润后的数额。第三部分是未分配利润,它是可供分配的利润减去提取盈余公积和应付股利后的数额。

图表 9-3

利 润 表

编制单位：黄浦工厂　　　　　2015 年 12 月　　　　　　　　　　单位：元

项　　　　目	本 月 金 额	本年累计金额
一、营业收入	172 000	2 000 000
减：营业成本	125 800	1 480 000
营业税金及附加	850	9 860
销售费用	7 250	86 790
管理费用	16 730	195 550
财务费用	1 710	20 100
资产减值损失	2 100	4 500
加：投资收益		
二、营业利润	17 560	203 200
加：营业外收入	1 200	15 000
减：营业外支出	1 360	17 200
三、利润总额	17 400	201 000
减：所得税费用	4 350	50 250
四、净利润	13 050	150 750

利润分配表在金额栏分设"本年实际金额"和"上年实际金额"两栏。

利润分配表的格式及具体内容参见第 185 页图表 9-4。

(三) 利润分配表的编制方法

1. "本年实际金额"栏的填制方法　　该栏应根据当年"本年利润"总分类账户和"利润分配"各明细分类账户的净发生额或有关数据计算后填列，其具体项目的填列方法如下。

(1) "净利润"项目　　该项目根据"本年利润"账户的余额填列，其应与"利润表"中的"净利润"项目的数额相符。

(2) "年初未分配利润"项目　　该项目根据"利润分配"账户所属"未分配利润"明细分类账户的期初余额填列。

(3) "可供分配的利润"项目　　该项目根据本表"净利润"项目的金额，加上"年初未分配利润"项目的金额后的数额填列。

(4) "提取盈余公积"项目　　该项目根据"利润分配"账户所属"提取盈余公积"明细分类账户的净发生额填列。

(5)"应付股利"项目　　该项目根据"利润分配"账户所属"应付股利"明细分类账户的净发生额填列。

(6)"未分配利润"项目　　该项目根据本表"可供分配的利润"项目的金额,减去"提取盈余公积"和"应付股利"项目的金额后的数额填列。其数额应与"资产负债表"中"未分配利润"项目的数额相一致。

2."上年实际金额"栏的填列方法　　该栏根据上年的利润分配表中"本年实际金额"栏内的数据填列。

利润分配表的具体编制方法举例说明如下:

【例3】　黄浦工厂2015年利润分配明细分类账净发生额(单位:元)及有关资料如下:

账户名称	本年数	上年数
提取盈余公积	30 150	27 200
应付股利	108 540	97 920

净利润本年为150 750元,上年为136 000元。

年初未分配利润本年为43 520元,上年为32 640元。

根据上列资料编制"利润分配表"如图表9-4所示。

图表9-4

利润分配表

编制单位:黄浦工厂　　　　　2015年度　　　　　　　单位:元

项　　　　目	本年实际金额	上年实际金额
一、净利润	150 750	136 000
加:年初未分配利润	43 520	32 640
二、可供分配的利润	194 270	168 640
减:提取盈余公积	30 150	27 200
应付股利	108 540	97 920
三、未分配利润	55 580	43 520

第四节　现金流量表

一、现金流量表的意义和作用

现金流量表是指反映企业在一定会计期间现金和现金等价物流入和流出的报表。现金有狭义和广义之分,狭义的现金通常是指库存现金。这里所讨论的现金是广义的现金,是指企业的库存现金和银行存款。现金等价物是指企业持有的期限短、流动性强、易于转换为已知金额的现金、价值变动风险很小的投资。期限短,一般是指从购买日起 3 个月内到期。现金等价物通常为企业购进的 3 个月内到期的短期债券投资,在"交易性金融资产"的账户内核算。现金流量是指企业一定期间现金和现金等价物的流入和流出的数量。

现金流量表为报表的使用者提供了企业在一定会计期间现金和现金等价物流入和流出的信息,通过对现金流量表的分析,有助于了解企业现金充裕或不足的主要原因,评价企业偿还债务及支付投资报酬的能力,了解企业本期净利润与经营活动中现金流量产生差异的原因,并能预测企业未来获取现金净流量的能力。

二、现金流量表的结构和内容

现金流量表的结构,主要分为正表和补充资料两个部分。

现金流量表正表主要由以下四个部分组成。

(一)经营活动产生的现金流量

经营活动是指企业投资活动和筹资活动以外的所有交易和事项。经营活动的现金流量应当按照其经营活动的现金流入和流出的性质分项列示。

1. 经营活动产生的现金流入量　　这部分内容主要由销售商品、提供劳务收到的现金和收到其他与经营活动有关的现金两个项目组成。

(1)"销售商品、提供劳务收到的现金"项目　　反映企业本期销售商品和提供劳务收到的现金、前期销售商品和提供劳务本期收到的现金,销售商品实际收到的增值税额,以及本期预收的账款。

(2)"收到其他与经营活动有关的现金"项目　　反映企业除上述项目外,收到其他与经营活动有关的现金流入。它包括捐赠现金收入、罚款现金收入、流动资产损失中获得赔偿的现金收入等其他与经营活动有关的现金流入。

2. 经营活动产生的现金流出量　　这部分内容由购买商品、接受劳务支付的现金,支付给职工以及为职工支付的现金,支付的各项税费和支付其他与经营活动有关的现金等四个项目组成。

(1)"购买商品、接受劳务支付的现金"项目　　反映企业本期购进商品、接受劳务支付的现金、本期支付前期购进商品、接受劳务的未付款项和本期预付的款项,以及企业购进材料实际支付的进项税额。

(2)"支付给职工以及为职工支付的现金"项目　　反映企业以现金实际支付给职工的薪酬。它包括本期实际支付给职工的工资、奖金、各种津贴和计提的职工福利费已动用的部分等。

(3)"支付的各项税费"项目　　反映企业实际支付的各种税费,如实际支付的增值税、城市维护建设税、教育费附加和所得税等。

(4)"支付其他与经营活动有关的现金"项目　　反映企业支付的除上述各项目外,支付其他与经营活动有关的现金流出。它包括捐赠现金支出、罚款支出,以及支付的差旅费、保险费、修理费等与经营活动有关的其他现金支出。

(二)投资活动产生的现金流量

投资活动是指企业长期资产的购建和不包括在现金等价物范围内的投资及其处置活动。投资活动的现金流量应当按照其投资活动的现金流入和流出的性质分项列示。

1. 投资活动产生的现金流入量　　这部分内容主要由收回投资收到的现金、取得投资收益收到的现金、处置固定资产、无形资产和其他长期资产收回的现金净额等三个项目组成。

(1)"收回投资收到的现金"项目　　反映企业出售、转让或到期收回除现金等价物以外的交易性金融资产、持有至到期投资、可供出售金融资产和长期股权投资所收到的现金。

(2)"取得投资收益收到的现金"项目　　反映企业因股票投资而收到的现金股利;因债券投资而收到的利息,以及从合资企业分回利润收到的现金。

(3)"处置固定资产、无形资产和其他长期资产收回的现金净额"项目　　反映企业处置固定资产、无形资产和其他长期资产收回的现金,扣除所发生的现金支出后的净额。

2. 投资活动产生的现金流出量　　这部分内容主要由购建固定资产、无形资产和其他长期资产支付的现金、投资支付的现金两个项目组成。

(1)"购建固定资产、无形资产和其他长期资产支付的现金"项目　　反映企业购建固定资产、无形资产和其他长期资产支付的现金。

(2)"投资支付的现金"项目　　反映企业取得的除现金等价物以外的交易性金融资产、持有至到期投资、可供出售金融资产和长期股权投资支付的现金。

(三)筹资活动产生的现金流量

筹资活动是指导致企业资本、债务规模和构成发生变化的活动。筹资活动的现金流量应当按照其筹资活动的现金流入和流出的性质分项列示。

1. 筹资活动产生的现金流入量　　这部分内容主要由吸收投资收到的现金和取得借款收到的现金两个项目组成。

(1)"吸收投资收到的现金"项目　　反映企业收到的投资者投入的现金和发行债券实际收到的现金。

(2)"取得借款收到的现金"项目　　反映企业向银行或其他金融机构借入的资金。

2. 筹资活动产生的现金流出量　　这部分内容主要由偿还债务支付的现金,

分配股利、利润或偿付利息支付的现金两个项目所组成。

(1)"偿还债务支付的现金"项目　反映企业以现金偿还银行或其他金融机构等的借款本金及偿还债券本金。

(2)"分配股利、利润或偿付利息支付的现金"项目　反映企业实际支付的现金股利,支付给其他投资单位的利润,以及支付的借款利息、债券利息等。

(四)现金及现金等价物净增加额

现金及现金等价物净增加额是指企业现金及现金等价物的流入量与现金及现金等价物的流出量之间的差额。

补充资料是指未能列入现金流量表正表的、而需要予以披露的内容。补充资料主要包括将净利润调节为经营活动现金流量和现金及现金等价物净变动情况两个部分的内容。

现金流量表的格式及其具体内容如图表9-5所示。

三、现金流量表的编制方法

现金流量表正表部分虽然分为四个部分,但最复杂的部分是经营活动产生的现金流量净额。因为经营活动产生的现金流量净额是根据收付实现制确认的净利润反映的,而《企业会计准则》要求会计核算按权责发生制确认净利润。因此,在编制现金流量表时,就需要将按权责发生制确认的净利润转换为按收付实现制确认的净利润。转换的方法有直接法和间接法两种。

直接法是指以利润表中各主要经营收支项目为基础,并以实际的现金收入和现金支出进行调整,结算出现金流入量、现金流出量和现金流量净额的方法。间接法是指以净利润为基础,以非现金费用和债权债务以及存货的变动额加以调整,结算出现金流量净额的方法。我国在现金流量表中,经营活动产生的现金流量净额在正表部分采用的是直接法,在补充资料部分采用的是间接法。现将现金流量表各项目的填列方法说明如下:

(一)经营活动产生的现金流量各项目的填列方法

1."销售商品、提供劳务收到的现金"项目　该项目根据"利润表"中的"营业收入"项目的金额,加上"应交税费——应交增值税——销项税额"明细账户净发生额,再加上"资产负债表"中"应收账款"项目的年初余额和"预收账款"项目的期末余额,减去"应收账款"项目的期末余额和"预收账款"项目的年初余额,再减去列入"利润表"中的"资产减值损失"项目中的坏账损失的金额后的数额填列。

2."收到其他与经营活动有关的现金"项目　该项目根据"营业外收入"、"其他应付款"等有关账户的发生额分析填列。

3."购买商品,接受劳务支付的现金"项目　该项目根据"利润表"中"营业成本"项目的金额,加上"应交税费——应交增值税——进项税额"明细账户净发生额,再加上存货中未列入成本减少的金额,加上"资产负债表"中"存货"项目的期末余额,减去"存货"项目的年初余额,再加上"应付账款"项目的年初余额和"预付账款"项目的期末余额,减去"应付账款"项目的期末余额和"预付账款"项目的年初余额,减去已计入产品成本的折旧费、职工薪酬和"待摊费用"账户中转入产品成本的金额后的数额填列。

4."支付给职工以及为职工支付的现金"项目 该项目根据"应付职工薪酬"账户借方净发生额填列。

5."支付的各项税费"项目 该项目根据"利润表"中"营业税金及附加"项目的金额,加上"应交税费——应交增值税——已交税金"、"应交税费——应交所得税"明细账户的借方发生额,加上"资产负债表"中"应交税费"项目的年初余额,减去"应交税费"项目的期末余额,再加上"应交税费"账户所属的"应交增值税"、"应交所得税"明细账户的期末余额,减去"应交增值税"、"应交所得税"明细账户的年初余额等数额填列。

6."支付其他与经营活动有关的现金"项目 该项目根据"利润表"中"销售费用"、"管理费用"、"财务费用"、"营业外支出"四个项目的金额之和,减去这四个项目中不需要以现金支付的数额,再减去这四个项目中已经包含的、并且已列入本表的"支付给职工以及为职工支付的现金"项目中的工资、工资性津贴及补贴、奖金等,还要减去已列入"财务费用"项目,但将列入本表"分配股利、利润或偿付利息所支付的现金"项目中的利息,加上"待摊费用"账户的借方发生额,再加上"其他应收款"账户借方发生额,减去"其他应收款"账户贷方发生额后的数额填列。

不需要以现金支付的数额是指提取的固定资产折旧费、待摊费用和无形资产的摊销数等。

(二)投资活动产生的现金流量各项目的填列方法

1."收回投资收到的现金"项目 该项目根据"交易性金融资产"账户贷方发生额,减去该账户所属"现金等价物"明细账户贷方发生额,再加上"持有至到期投资"、"可供出售金融资产"和"长期股权投资"账户贷方发生额中收回现金的数额填列。

2."取得投资收益收到的现金"项目 该项目根据"利润表"中"投资收益"项目的金额中扣除没有收到的现金的数额填列。

3."处置固定资产、无形资产和其他长期资产收回的现金净额"项目 该项目根据处置固定资产、无形资产和其他长期资产取得的现金收入减去为处置这些资产发生的现金支出后的差额填列。

4."购建固定资产、无形资产和其他长期资产支付的现金"项目 该项目根据固定资产、无形资产和其他长期资产账户的借方发生额,减去未支付现金而取得这些资产的数额后的数额填列。

5."投资支付的现金"项目　该项目根据"交易性金融资产"、"持有至到期投资"、"可供出售金融资产"和"长期股权投资"账户的借方发生额的合计数,减去这些账户中未支付现金而增加的数额,再减去"交易性金融资产"账户所属"现金等价物"明细分类账户的借方发生额后的数额填列。

（三）筹资活动产生的现金流量各项目的填列方法

1."吸收投资收到的现金"项目　该项目根据"实收资本"和"资本公积"账户贷方发生额中收到的现金数额的合计数,加上"应付债券"账户贷方发生额中收到的现金的数额填列。

2."借款收到的现金"项目　该项目根据"短期借款"和"长期借款"账户贷方发生额的合计数填列。

3."偿还债务支付的现金"项目　该项目根据"短期借款"、"长期借款"和"应付债券"账户的借方发生额合计数填列。

4."分配股利、利润或偿付利息支付的现金"项目　该项目根据"应付股利"账户的借方发生额加上"财务费用"账户中所列支的银行借款利息和债券利息,加上"应付利息"账户的借方发生额,再减去该账户的贷方发生额后的数额填列。

（四）现金及现金等价物净增加额项目的填列方法

"现金及现金等价物净增加额"项目　该项目根据"资产负债表"中"货币资金"项目的期末余额减去该项目的年初余额,再加上"交易性金融资产——现金等价物"账户的期末余额减去该账户的年初余额填列。其计算的结果应与前面三大部分之和相等。

（五）补充资料

1.将净利润调节为经营活动现金流量

（1）"净利润"项目　该项目根据"利润表"中"净利润"项目的数额填列。

（2）"资产减值准备"项目　该项目根据"利润表"中的"资产减值损失"项目的金额填列。

（3）"固定资产折旧"项目　该项目根据"累计折旧"账户贷方发生额中提取固定资产折旧的数额填列。

（4）"无形资产摊销"项目　该项目根据"累计摊销"账户贷方发生额分析填列。

（5）"长期待摊费用摊销"项目　该项目根据"资产负债表"中"长期待摊费用"项目的年初余额减去期末余额的差额填列。

（6）"处置固定资产的损失（收益以'－'号填列）"项目　该项目根据"营业外支出"账户中的固定资产出售净损失数额,减去"营业外收入"账户中的固定资产出售净收益数额后的差额填列。

(7)"固定资产报废损失"项目　该项目根据"营业外支出"账户中的固定资产盘亏净损失、报废和毁损的固定资产清理的净损失之和,减去"营业外收入"账户中的固定资产盘盈净收益、报废的固定资产清理净收益后的差额数填列。

(8)"财务费用"项目　该项目根据"财务费用"账户发生的利息费用填列。

(9)"投资损失(收益以'-'号填列)"项目　该项目根据"利润表"中"投资收益"项目的金额填列。

(10)"存货的减少(增加以'-'号填列)"项目　该项目根据"资产负债表"中"存货"项目的年初余额减去期末余额的差额填列。

(11)"经营性应收项目的减少(增加以'-'号填列)"项目　该项目根据"资产负债表"中"应收账款"、"预付账款"、"其他应收款"项目的年初余额之和,减去上列各项目的期末余额之和,再减去列入本表的"资产减值准备"项目中的坏账损失的数额填列。

(12)"经营性应付项目的增加(减少以'-'号填列)"项目　该项目根据"资产负债表"中"应付账款"、"预收账款"、"应付职工薪酬"、"应交税费"、"其他应付款"项目的期末余额之和,减去上述各项目的年初余额之和的数额填列。

(13)"其他"项目　该项目根据"资产负债表"中"其他流动资产"项目的年初余额减去期末余额,加上该表"其他流动负债"项目的期末余额减去年初余额后的数额填列。

(14)"经营活动产生的现金流量净额"项目　该项目根据前列十三个项目之和填列。

2. 现金及现金等价物净变动情况各项目的填列方法

(1)"现金的期末余额"项目　该项目根据"资产负债表"中"货币资金"项目的"期末余额"填列。

(2)"现金的期初余额"项目　该项目根据"资产负债表"中"货币资金"项目的"年初余额"填列。

(3)"现金等价物的期末余额"项目　该项目根据"交易性金融资产——现金等价物"账户的"期末余额"填列。

(4)"现金等价物的期初余额"项目　该项目根据"交易性金融资产——现金等价物"账户的"年初余额"填列。

现将现金流量表的具体编制方法举例说明如下。

【例4】黄浦工厂2015年有关资料如下:

1. 有关账户的借贷方发生额(单位:元)。

账户名称	借方	贷方
其他应收款	5 600	3 100
待摊费用	36 000	28 800
固定资产	199 200	11 500
累计折旧	9 400	141 000
累计摊销		12 000
短期借款	110 000	120 000
应付职工薪酬	704 080	704 800
应付股利	97 920	108 540
其他应付款	4 500	4 800
长期借款	15 000	40 000
应交税费——应交增值税——销项税额		340 000
应交税费——应交增值税——进项税额	241 400	
应交税费——应交增值税——已交税金	97 750	
应交税费——应交所得税	49 820	50 250

2. "应交税费"账户所属"应交增值税"、"应交所得税"明细账户的年初余额分别为 7 650 元和 3 920 元;年末余额分别为 8 500 元和 4 350 元。

3. 其他有关资料。

(1) 固定资产折旧费计入制造费用的为 136 000 元,计入管理费用的为 5 000元。

(2) 职工薪酬计入生产成本及制造费用的为 596 400 元,计入管理费用的为 108 400 元。

(3) 保险费摊销为 28 800 元,其中计入制造费用的为 23 040 元,计入管理费用的为 5 760元。

(4) 计入销售费用耗用的材料为 2 100 元。

(5) 计入管理费用耗用的材料为 5 100 元,无形资产摊销为12 000元。

(6) 计入财务费用的利息为 19 800 元。

(7) "固定资产"账户借方发生额为 199 200 元,均以现金支付;毁损的固定资产原值为 11 500 元,已提折旧 9 400 元;保险公司赔偿 1 500 元,已付来现金;其余 600 元作为固定资产毁损净损失。

(8) 营业外收入 15 000 元系罚款现金收入。

(9) 营业外支出中 600 元系固定资产毁损净损失,15 000 元系捐赠现金支出,1 600 元系罚款现金支出。

根据上列资料及已编制完成资产负债表(见图表 9-2)、利润表(见图表 9-3)和利润分配表(见图表 9-4),编制现金流量表如图表 9-5 所示。

图表 9-5

现金流量表

编制单位:黄浦工厂　　　　2015 年度　　　　　　　　　单位:元

项　　　　目	行次	金　额
一、经营活动产生的现金流量:		
销售商品、提供劳务收到的现金	1	2 327 280
收到其他与经营活动有关的现金	3	15 300
经营活动现金流入小计	4	2 342 580
购买商品、接受劳务支付的现金	5	985 280
支付给职工以及为职工支付的现金	7	704 080
支付的各项税费	8	157 420
支付其他与经营活动有关的现金	10	199 380
经营活动现金流出小计	11	2 046 160
经营活动产生的现金流量净额	12	296 420
二、投资活动产生的现金流量:		
收回投资收到的现金	13	
取得投资收益收到的现金	14	
处置固定资产、无形资产和其他长期资产收回的现金净额	15	1 500
投资活动现金流入小计	16	1 500
购建固定资产、无形资产和其他长期资产支付的现金	17	199 200
投资支付的现金	18	
投资活动现金流出小计	19	199 200
投资活动产生的现金流量净额	20	－197 700
三、筹资活动产生的现金流量:		
吸收投资收到的现金	21	
借款收到的现金	23	160 000
筹资活动现金流入小计	24	160 000
偿还债务支付的现金	25	125 000
分配股利、利润或偿付利息支付的现金	26	117 720
筹资活动现金流出小计	28	242 720

(续表)

项　　目	行次	金　额
筹资活动产生的现金流量净额	29	－82 720
四、现金及现金等价物净增加额	30	16 000
五、补充资料		
1．将净利润调节为经营活动现金流量：		
净利润	31	150 750
加：资产减值准备	32	4 500
固定资产折旧	33	141 000
无形资产摊销	34	12 000
长期待摊费用摊销	35	
处置固定资产的损失（收益以"－"号填列）	36	
固定资产报废损失	37	600
财务费用	38	19 800
投资损失（收益以"－"号填列）	39	
存货的减少（增加以"－"号填列）	40	－34 100
经营性应收项目的减少（增加以"－"号填列）	41	－18 200
经营性应付项目的增加（减少以"－"号填列）	42	27 270
其他	43	－7 200
经营活动产生的现金流量净额	44	296 420
2．现金及现金等价物净变动情况：		
现金的期末余额	45	118 000
减：现金的期初余额	46	102 000
加：现金等价物的期末余额	47	
减：现金等价物的期初余额	48	
现金及现金等价物净增加额	49	16 000

编制现金流量表有关行次的数据来源：

行次 1＝2 000 000＋340 000＋169 000＋11 000－178 000－10 220－4 500＝2 327 280（元）

行次 3＝15 000＋4 800－4 500＝15 300（元）

行次 5＝1 480 000＋241 400＋2 100＋5 100＋495 400－461 300＋64 970＋19 800－89 150－
　　　17 600－136 000－596 400－23 040＝985 280（元）

行次 8＝9 860＋97 750＋49 820＋12 410－13 700＋8 500＋4 350－7 650－3 920＝157 420(元)

行次 10＝86 790＋195 550＋20 100＋17 200－5 000－108 400－5 760－2 100－5 100－12 000－19 800－600＋36 000＋5 600－3 100＝199 380(元)

行次 23＝120 000＋40 000＝160 000(元)

行次 25＝110 000＋15 000＝125 000(元)

行次 26＝97 920＋19 800＝117 720(元)

行次 30＝118 000－102 000＝16 000(元)

行次 41＝169 000＋17 600＋5 900－(178 000＋19 800＋8 400)－4 500＝－18 200(元)

行次 42＝89 150＋11 000＋15 410＋13 700＋4 200－(64 970＋10 220＋14 690＋12 410＋3 900)＝27 270(元)

第五节 所有者权益变动表

一、所有者权益变动表的意义和作用

所有者权益变动表是指反映企业在一定会计期间构成所有者权益的各组成部分增减变动情况的报表。它反映了企业所有者权益的结构及其增减变动情况。

通过对所有者权益变动表的分析，可以了解企业实收资本、资本公积、盈余公积和未分配利润的增减变动的详细情况，掌握企业增资的能力及其资金的来源。

二、所有者权益变动的内容和结构

所有者权益变动表的正表主要分为三个部分，第一部分是本年年初余额。第二部分是本年增减变动金额，它主要由净利润、所有者投入和减少资本、利润分配和所有者权益内部结转四小部分组成。第三部分是本年年末余额，它是本年年初余额，加上或减去本年变动金额后的数额。

所有者权益变动表"本年金额"栏采用多栏式，主要有实收资本、资本公积、盈余公积、未分配利润和所有者权益合计五栏。

所有者权益变动表的格式及其具体内容参见 196 页图表 9-6。

三、所有者权益变动表的编制方法

所有者权益变动表各项目的金额主要根据所有者权益类账户的余额和发生额分析填列，这些项目的金额在资产负债表和利润分配表中也有反映，现将各具体项目的填列方法说明如下：

1. "本年年初余额"项目　该项目分别根据"实收资本"、"资本公积"、"盈余公积"、"利润分配——未分配利润"账户本年的年初余额填列。

2. "净利润"项目　　该项目根据"本年利润"账户的净发生额填列,其应与利润分配表中的"净利润"项目的数额相符。

3. "所有者投入和减少资本"项目中的两个明细项目　　这两个明细项目为"所有者投入资本"和"其他",分别根据"实收资本"、"资本公积"账户的发生额分析填列。

4. "利润分配"项目中的三个明细项目　　这三个明细项目为"提取盈余公积"、"对所有者的分配"和"其他",分别根据"利润分配"相关明细账户的净发生额填列。

5. "所有者权益内部结转"项目中的四个明细项目　　这四个明细项目为"资本公积转增资本"、"盈余公积转增资本"、"盈余公积弥补亏损"和"其他",分别根据"实收资本"、"资本公积"、"盈余公积"和"利润分配——盈余公积补亏"账户的净发生额填列。

6. "本年年末余额"项目　　该项目根据本表的"本年年初余额"项目的金额,加上"净利润"项目的金额,加上或减去"利润分配"项目中各明细项目和"所有者权益内部结转"项目中各明细项目的金额后的数额填列。

现将所有者权益变动表的具体编制方法举例说明如下。

【例5】 黄浦工厂2015年将100 000元资本公积转增资本,根据图表9-2资产负债表、图表9-4利润分配表中的有关资料编制所有者权益变动表如图表9-6所示。

图表9-6

所有者权益变动表

编制单位:黄浦工厂　　　　　　　　2015年度　　　　　　　　会企04表
　　　　　　　　　　　　　　　　　　　　　　　　　　　　　单位:元

项　目	本　年　金　额				
	实收资本	资本公积	盈余公积	未分配利润	所有者权益合计
一、本年年初余额	780 000	107 200	60 070	43 520	990 790
二、本年增减变动金额(减少以"—"号填列)					
(一)净利润					150 750
(二)所有者投入和减少资本					
1. 所有者投入资本					
2. 其他					

(续表)

项 目	本年金额				
	实收资本	资本公积	盈余公积	未分配利润	所有者权益合计
（三）利润分配					
1. 提取盈余公积			30 150		
2. 对所有者的分配					108 540
3. 其他				12 060	
（四）所有者权益内部结转					
1. 资本公积转增资本	100 000	−100 000			
2. 盈余公积转增资本					
3. 盈余公积弥补亏损					
4. 其他					
三、本年年末余额	880 000	7 200	90 220	55 580	1 033 000

思 考 题

1. 什么是财务报告？为什么要编制财务报告？
2. 财务报表有哪些不同的分类？
3. 财务报表有哪些编制要求？
4. 什么是资产负债表？它有哪些作用？
5. 试述资产负债表的结构。
6. 什么是利润表？它有哪些作用？
7. 试述利润表的结构。
8. 什么是利润分配表？谈谈它的结构。
9. 什么是现金流量表？它有哪些作用？
10. 什么是现金等价物？什么是现金流量？
11. 试述现金流量表的结构。
12. 什么是所有者权益变动表？谈谈它的结构。

练 习 题

练 习 题 一

一、目的　练习资产负债表的编制。

二、资料 安兴工厂2015年12月31日的有关资料。

1. 年末结账后总分类账户余额如图表9-7所示。

图表9-7

账 户 余 额 表

2015年12月31日 　　　　　　　　　　　　　　　　　　　　单位：元

账户名称	年末余额	年初余额	账户名称	年末余额	年初余额
库存现金	1 600	1 440	短期借款	125 000	105 000
银行存款	125 900	104 060	应付账款	89 800	82 700
应收账款	186 200	175 400	预收账款	6 500	5 300
预付账款	14 200	13 700	应付职工薪酬	16 120	11 088
其他应收款	9 100	6 600	应付股利	116 640	106 920
原材料	206 200	189 800	应交税费	18 878	12 882
生产成本	136 400	125 600	其他应付款	6 032	3 240
库存商品	191 200	175 900	累计折旧	118 000	85 000
待摊费用	38 400	36 000	累计摊销	10 800	
固定资产	816 900	741 600	长期借款	210 000	195 000
无形资产	108 000	108 000	实收资本	950 000	830 000
利润分配	101 950	101 410	资本公积	9 000	129 000
			盈余公积	97 280	64 880
			本年利润	162 000	148 500
合　　计	1 936 050	1 779 510	合　　计	1 936 050	1 779 510

2. 有关明细分类账户余额(单位：元)。

	年末数	年初数
(1) 应收账款明细分类账借方余额	199 000	187 000
应收账款明细分类账贷方余额	12 800	11 600
(2) 应付账款明细分类账借方余额	5 400	4 900
应付账款明细分类账贷方余额	95 200	87 600
(3) 长期借款账户中1年内到期的借款	25 000	20 000

三、要求 根据上列资料编制资产负债表。

练 习 题 二

一、目的 练习利润表和利润分配表的编制。

二、资料 安兴工厂2015年度的有关资料。

1. 本年损益类账户净发生额(单位:元)。

账户名称	12月数	1~11月数
主营业务收入	169 000	1 861 000
其他业务收入	15 400	112 600
主营业务成本	121 200	1 355 200
其他业务成本	14 400	107 600
营业税金及附加	918	9 622
销售费用	7 800	86 000
管理费用	17 740	193 100
财务费用	1 842	19 758
资产减值损失	2 500	3 100
营业外收入	1 080	9 480
营业外支出	1 280	10 500
所得税费用	4 450	49 550

2. 利润分配明细分类账户净发生额(单位:元)。

账户名称	本年数	上年数
提取盈余公积	32 400	29 700
应付股利	116 640	106 920

3. 上年净利润为 148 500 元,上年初未分配利润为 35 210 元。

三、要求
1. 根据"资料1",编制利润表。
2. 根据"资料2"、"资料3"及利润表中的有关数据,编制利润分配表。

练 习 题 三

一、目的　练习现金流量表的编制。

二、资料　安兴工厂 2015 年度的有关资料。

1. 有关账户的借贷方发生额(单位:元)。

账户名称	借方	贷方
其他应收款	7 850	5 350
待摊费用	38 400	36 000
固定资产	209 200	133 900
累计折旧	114 400	147 400
累计摊销		10 800

账 户 名 称	借 方	贷 方
短期借款	105 000	125 000
应付职工薪酬	681 168	686 200
应付股利	106 920	116 640
其他应付款	4 858	7 650
长期借款	20 000	35 000
应交税费——应交增值税——销项税额		366 860
应交税费——应交增值税——进项税额	260 100	
应交税费——应交增值税——已交税金	105 400	
应交税费——应交所得税	49 500	54 000

2. "应交税费"账户所属"应交增值税"和"应交所得税"明细账户的年初余额分别为 7 820 元和 4 280 元,年末余额分别为 9 180 元和 8 780元。

3. 其他有关资料。

(1) 固定资产折旧费计入制造费用的为 142 000 元,计入管理费用的为 5 400 元。

(2) 职工薪酬计入生产成本及制造费用的为 612 100 元,计入管理费用的为 74 100 元。

(3) 保险费摊销为 36 000 元,其中计入制造费用的为 29 520 元,计入管理费用的为 6 480元。

(4) 计入销售费用耗用的材料为 1 930 元。

(5) 计入管理费用耗用的材料为 4 860 元,无形资产摊销为 10 800元。

(6) 计入财务费用的利息为 20 400 元。

(7) "固定资产"账户借方发生额为 209 200 元,均以现金支付;毁损的固定资产原值为 133 900元,已提折旧 114 400 元;保险公司赔偿 18 600 元,已付来现金;其余 900 元作为固定资产毁损净损失。

(8) 营业外收入 10 560 元系罚款现金收入。

(9) 营业外支出中 900 元系固定资产毁损净损失,10 880 元系捐赠现金支出。

三、要求 根据上列资料及练习题一,编制的资产负债表、练习题二编制的利润表和利润分配表,编制现金流量表。

练 习 题 四

一、目的 练习所有者权益变动表的编制。

二、资料 兴安工厂 2015 年度将 120 000 元资本公积转增资本。

三、要求 按照上列资料及练习题一编制的资产负债表、练习题二编制的利润分配表,编制所有者权益变动表。

第十章 会计核算程序

第一节 会计核算程序概述

一、会计核算程序的意义

会计核算程序又称账务处理程序,是指会计凭证和账簿组织、记账程序和方法相互结合的组织形式。它是记账和产生会计信息的步骤和方法。

会计凭证和账簿组织是指会计核算所应用的会计凭证和会计账簿的种类、格式,以及各种会计凭证之间、会计凭证与会计账簿之间、各种会计账簿之间的相互关系。记账程序和方法是指会计凭证的填制、审核和传递,会计账簿的登记直至编制财务报告的程序和方法。

会计核算程序的核心是账簿组织,因为不仅会计凭证的种类、格式和填制方法要取决于账簿组织,而且记账程序和方法也要适应账簿组织的情况。不同的凭证和账簿组织、记账程序和方法相互结合在一起,就形成了不同的会计核算程序。

在实际工作中,由于各单位的规模大小不同,业务繁简各异,因此需要设置的凭证和账簿的格式与种类是不同的。为了使会计工作有条不紊地进行,提高会计工作的质量和效率,确保能正确、及时、完整地提供各种会计信息,各单位应根据各自的实际情况,组织适应本单位生产经营活动特点的会计核算程序。

二、组织会计核算程序的要求

组织会计核算程序通常有以下三个要求。

首先,会计核算程序要与本单位的经济活动的特点、规模的大小和业务繁简的实际情况相适应,并要有利于会计核算工作的分工协作和建立岗位责任制。

其次,会计核算程序应能正确、及时、完整地提供本单位各方面的会计信息,以满足企业外部的投资者和债权人以及企业内部的管理层的信息需要,并满足国家宏观经济管理和有关行政管理部门的需要。

最后,会计核算程序在保证会计工作质量的前提下,应尽量简化核算手续,提高会计工作效率,节约核算成本。

三、会计核算程序的种类

我国的会计核算工作在长期的会计实践中,形成了多种不同的会计核算程序,目前常被采用的有记账凭证核算程序、汇总记账凭证核算程序、科目汇总表核算程序和多栏式日记账核算程序等四种,此外还有日记总账核算程序和分录日记账核算程序等。

第二节 记账凭证核算程序

一、记账凭证核算程序的特点及凭证与账簿的设置

记账凭证核算程序的特点是直接根据记账凭证逐笔登记总分类账。记账凭证核算程序是一种最基本的核算程序,其他各种会计核算程序均是在此基础上发展和演变而产生的。

在记账凭证核算程序下,记账凭证可以采用收款凭证、付款凭证和转账凭证三种格式的专用记账凭证,也可以采用一种格式的通用记账凭证。记账凭证日记账通常采用三栏式账页,总分类账通常采用账户对应式账页,明细分类账可根据管理的需要分别采用三栏式、数量金额三栏式和多栏式账页等。

二、记账凭证核算程序的具体操作步骤

记账凭证核算程序的具体操作步骤有以下六步。

(1) 根据原始凭证或原始凭证汇总表编制记账凭证。

(2) 根据收款凭证和付款凭证分别登记现金日记账和银行存款日记账。

(3) 根据记账凭证及其所附的原始凭证或原始凭证汇总表登记各种明细分类账。

(4) 根据记账凭证逐笔登记总分类账。

(5) 定期将现金日记账、银行存款日记账和各种明细分类账的余额之和分别与总分类账中相关账户的余额进行核对。

(6) 期末根据总分类账和明细分类账的资料,编制财务报告。

记账凭证核算程序的具体操作步骤列示如图表10-1所示。

图表10-1

记账凭证核算程序

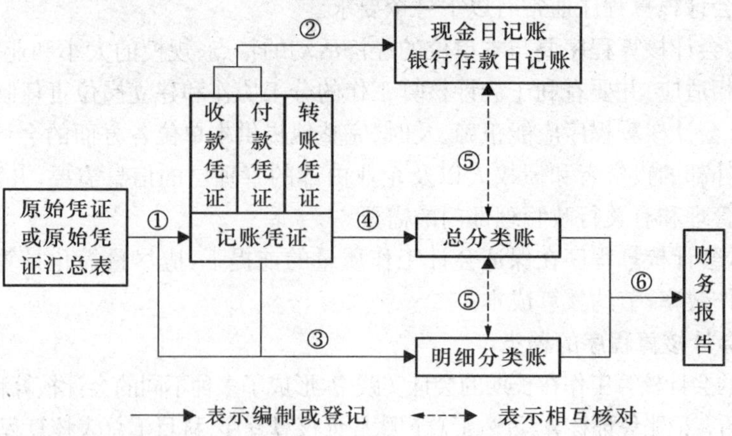

三、记账凭证核算程序的应用

现将记账凭证核算程序下,记账凭证的编制、各种账簿的登记和核对予以举例说明。

【例1】 1. 捷利工厂2016年1月份各账户的期初余额(单位:元)。

账户名称	借方余额	账户名称	贷方余额
库存现金	2 500	短期借款	300 000
银行存款	450 200	应付账款	117 470
应收账款	116 000	应付职工薪酬	10 144
其他应收款	1 280	应交税费	37 136
原材料	88 600	应付股利	22 000
生产成本	78 300	累计折旧	86 800
库存商品	302 000	实收资本	1 000 000
固定资产	628 000	资本公积	19 240
		盈余公积	51 200
		利润分配	22 890
合计	1 666 880	合计	1 666 880

2. 2016年1月发生下列经济业务。

(1) 2日,以银行存款预付本年度财产保险费37 200元。

(2) 3日,向中信工厂购进A材料3 000千克。每千克38元,货款114 000元,增值税额19 380元。A材料已验收入库,账款尚未支付。

(3) 4日,以银行存款支付2 000千克A材料运输费5 100元及装卸费900元。

(4) 4日,上项A材料已采购完毕,结转其实际采购成本。

(5) 5日,以银行存款偿还前欠郑化工厂材料款102 500元。

(6) 5日,采购员李清预支差旅费1 800元,以现金付讫。

(7) 6日,销售给广灵公司甲产品200箱,每箱280元,货款56 000元,增值税额9 520元,账款尚未收到。

(8) 6日,以银行存款交纳增值税23 800元,城市维护建设税1 666元,教育费附加714元,所得税额10 956元。

(9) 7日,以银行存款支付分配给投资者利润22 000元。

(10) 7日,向银行提取现金1 800元,备用。

(11) 8日,收到东风公司付来前欠账款116 000元,存入银行。

(12) 8日,向郑化工厂购进B材料3 000千克,每千克25元,货款75 000元,增值税额 12 750 元，B 材料已验收入库，货款以银行存款支付。

(13) 9 日，以银行存款支付 3 000 千克 B 材料运输费 2 400 元及装卸费 600 元。

(14) 9 日，上项 B 材料已采购完毕，结转其实际采购成本。

(15) 10 日，生产甲产品领用 A 材料 2 200 千克，每千克 40 元；生产乙产品领用 B 材料 2 100 千克，每千克 26 元；生产车间一般耗用 A 材料 120 千克，每千克 40 元，予以转账。

(16) 11 日，采购员李清出差回来报销差旅费 1 860 元，扣除已预付的 1 800 元，今又补付其现金 60 元，以结清其预支款。

(17) 12 日，销售给东风公司乙产品 600 箱，每箱 275 元，货款 165 000 元，增值税额 28 050 元，账款尚未收到。

(18) 12 日，以银行存款支付销售乙产品运输费 5 500 元。

(19) 13 日，以银行存款支付办公费 7 200 元，其中，生产车间负担 1 340 元，行政管理部门负担 5 860 元。

(20) 14 日，向中信工厂购进 A 材料 1 500 千克，每千克 38 元，货款 57 000 元，增值税额 9 690 元。A 材料已验收入库，账款尚未支付。

(21) 14 日，以银行存款支付 1 500 千克 A 材料运输费 2 600 元，装卸费 400 元。

(22) 14 日，上项 A 材料已采购完毕，结转其实际采购成本。

(23) 15 日，收到广灵公司前欠账款 65 520 元，存入银行。

(24) 15 日，提取现金 145 000 元，备发工资。

(25) 15 日，以现金 145 000 元发放本月份职工工资。

(26) 16 日，分配本月份职工工资，其中，生产甲产品工人工资 67 500元，生产乙产品工人工资 40 000 元，车间管理人员工资 12 500 元，行政管理人员工资 25 000 元。

(27) 17 日，以本月份职工工资总额的 14% 计提职工福利费。

(28) 19 日，以银行存款 8 800 元捐赠希望工程。

(29) 20 日，生产甲产品领用 A 材料 1 200 千克，每千克 40 元；生产乙产品领用 B 材料 1 500 千克，每千克 26 元，予以转账。

(30) 21 日，向郑化工厂购进 B 材料 1 200 千克，每千克 25 元，货款 30 000 元，增值税额 5 100 元。B 材料已验收入库，账款尚未支付。

(31) 22 日，以银行存款支付 1 200 千克 B 材料运输费 1 000 元，装卸费 200 元。B 材料已采购完毕，结转其采购成本。

(32) 23 日，销售给广灵公司甲产品 350 箱，每箱 280 元，货款 98 000 元，增值税额 16 660 元,账款尚未收到。

(33) 24 日,以银行存款支付推销产品的广告费 6 780 元。

(34) 25 日,收到东风公司前欠账款 193 050 元。

(35) 26 日,销售给东风公司乙产品 400 箱,每箱 275 元,货款 110 000 元,增值税额 18 700 元,账款尚未收到。

(36) 27 日,计提本月份固定资产折旧费 30 400 元,其中,生产车间 27 680 元,行政管理部门 2 720 元。

(37) 27 日,销售给新安公司 A 材料 340 千克,每千克 50 元,货款 17 000 元,增值税额 2 890 元,账款尚未收到。

(38) 27 日,A 材料的单位成本为 40 元,结转已售 A 材料的成本。

(39) 28 日,经盘点发现盘亏 A 材料 10 千克,每千克 40 元;盘亏甲产品 2 箱,每箱 210 元,予以转账。

(40) 29 日,经查明盘亏 A 材料 10 千克属于定额损耗,经批准予以转账,盘亏甲产品系管理员王强工作中的差错,经批准 50% 作为企业损失,50% 由王强负责赔偿,并收到其付来的赔偿现金。

(41) 29 日,职工报销学习科学文化学费 1 250 元,以现金付讫。

(42) 30 日,生产甲产品领用 A 材料 500 千克,每千克 40 元;生产车间一般耗用 B 材料 150 千克,每千克 26 元,予以转账。

(43) 31 日,摊销应由本月份负担的财产保险费,其中生产车间负担 2 480 元,行政管理部门负担 620 元。

(44) 31 日,按生产工时分配制造费用,其中,生产甲产品耗用 4 500 工时,生产乙产品耗用 3 000 工时。

(45) 31 日,本月份生产的 1 200 箱乙产品已全部完工,验收入库,结转其生产成本。

(46) 31 日,本月份销售甲产品 550 箱,每箱成本 210 元;销售乙产品 1 000 箱,每箱成本 199.40 元,结转其销售成本。

(47) 31 日,根据本月份发生的增值税销项税额减去进项税额的差额按 7% 的税率计提城市维护建设税,按 3% 征收率计提教育费附加。

(48) 31 日,收到周桥工厂罚款 1 890 元,存入银行。

(49) 31 日,计提本月份短期借款利息 2 750 元。

(50) 31 日,将损益类账户结转"本年利润"账户。

(51) 31 日,按 25% 税率计提所得税,并将所得费用结转"本年利润"账户。

(52) 31 日,按净利润的 20% 计提盈余公积。

(53) 31 日,按净利润的 76% 计提应分配给投资者的利润。

3. 记账凭证核算程序的操作步骤。

(1) 根据反映上列经济业务的原始凭证,编制收款凭证①、付款凭证① 和转账凭证①分别如图表 10-2、图表 10-3、图表 10-4、图表 10-5、图表 10-6 所示。

图表 10-2

收 款 凭 证

借方科目:库存现金　　　　　　　　　　　　　　　　　　　　　　　单位:元

2016 年		凭证号数	摘　　要	贷方科目	明细科目	账页	金　额
月	日						
1	29	现收 1	收到王强赔偿甲产品短缺款	待处理财产损溢		✓	210

图表 10-3

收 款 凭 证

借方科目:银行存款　　　　　　　　　　　　　　　　　　　　　　　单位:元

2016 年		凭证号数	摘　　要	贷方科目	明细科目	账页	金　额
月	日						
1	8	银收 1	收到东风公司前欠货款	应收账款	东风公司	✓	116 000
	15	银收 2	收到广灵公司前欠货款	应收账款	广灵公司	✓	65 520
	25	银收 3	收到东风公司前欠货款	应收账款	东风公司	✓	193 050
	31	银收 4	收到周桥工厂罚款	营业外收入		✓	1 890

图表 10-4

付 款 凭 证

贷方科目:库存现金　　　　　　　　　　　　　　　　　　　　　　　单位:元

2016 年		凭证号数	摘　　要	借方科目	明细科目	账页	金　额
月	日						
1	5	现付 1	采购员李清预支差旅费	其他应收款	李清	✓	1 800
	11	现付 2	补付采购员李清差旅费	管理费用		✓	60
	15	现付 3	发放本月份工资	应付职工薪酬		✓	145 000
	29	现付 4	支付职工学习科学文化学费	应付职工薪酬		✓	1 250

---

① 由于篇幅关系,收款凭证、付款凭证和转账凭证全部采用简化格式。

图表10-5

付 款 凭 证

贷方科目：银行存款　　　　　　　　　　　　　　　　　　　单位：元

2016年		凭证号数	摘　　　要	借方科目	明细科目	账页	金　　额
月	日						
1	2	银付1	预付本年度财产保险费	待摊费用		√	37 200
	4	银付2	支付A材料运输费和装卸费	在途物资	A材料	√	6 000
	5	银付3	偿还前欠款项	应付账款	郑化工厂	√	102 500
	6	银付4	交纳增值税	应交税费	应交增值税	√	23 800
	6	银付4	交纳城市维护建设税	应交税费	应交城市维护建设税	√	1 666
	6	银付4	交纳教育费附加	应交税费	应交教育费附加		714
	6	银付4	交纳所得税	应交税费	应交所得税	√	10 956
	7	银付5	支付投资者利润	应付股利		√	22 000
	7	银付6	提现备用	库存现金		√	1 800
	8	银付7	支付B材料3 000千克货款，@25元	在途物资	B材料	√	75 000
	8	银付7	支付增值税进项税额	应交税费	应交增值税	√	12 750
	9	银付8	支付B材料运输费和装卸费	在途物资	B材料	√	3 000
	12	银付9	支付销售乙产品运输费	销售费用		√	5 500
	13	银付10	支付生产车间办公费	制造费用		√	1 340
	13	银付10	支付行政管理部门办公费	管理费用		√	5 860
	14	银付11	支付材料运输费和装卸费	在途物资	A材料	√	3 000
	15	银付12	提现备发工资	库存现金		√	145 000
	19	银付13	捐赠希望工程	营业外支出		√	8 800
	22	银付14	支付B材料运输费和装卸费	在途物资	B材料	√	1 200
	24	银付15	支付推销产品广告费	销售费用		√	6 780

图表10-6

转 账 凭 证

单位：元

2016年		凭证号数	摘　　　要	会计科目	明细科目	账页	借方金额	贷方金额
月	日							
1	3	转1	购进A材料3 000千克，@38元，发生进项税额	在途物资 应交税费 应付账款	A材料 应交增值税 中信工厂	√ √ √	114 000 19 380	133 380

(续表)

2016年		凭证号数	摘要	会计科目	明细科目	账页	借方金额	贷方金额
月	日							
1	4	转2	结转3 000千克A材料采购成本	原材料 在途物资	A材料 A材料	✓ ✓	120 000	120 000
	6	转3	销售甲产品200箱，@280元，发生销项税额	应收账款 主营业务收入 应交税费	广灵公司 应交增值税	✓ ✓ ✓	65 520	56 000 9 520
	9	转4	结转3 000千克B材料采购成本	原材料 在途物资	B材料 B材料	✓ ✓	78 000	78 000
	10	转5	领用材料	生产成本 生产成本 制造费用 原材料 原材料	甲产品 乙产品 A材料 B材料	✓ ✓ ✓ ✓ ✓	88 000 54 600 4 800	92 800 54 600
	11	转6	采购员李清报销差旅费	管理费用 其他应收款	 李清	✓ ✓	1 800	1 800
	12	转7	销售乙产品600箱，@275元，发生销项税额	应收账款 主营业务收入 应交税费	东风公司 应交增值税	✓ ✓ ✓	193 050	165 000 28 050
	14	转8	购进A材料1 500千克，@38元，发生进项税额	在途物资 应交税费 应付账款	A材料 应交增值税 中信公司	✓ ✓ ✓	57 000 9 690	66 690
	14	转9	结转1 500千克A材料采购成本	原材料 在途物资	A材料 A材料	✓ ✓	60 000	60 000
	16	转10	分配本月份工资	生产成本 生产成本 制造费用 管理费用 应付职工薪酬	甲产品 乙产品	✓ ✓ ✓ ✓ ✓	67 500 40 000 12 500 25 000	145 000
	17	转11	计提职工福利费	生产成本 生产成本 制造费用 管理费用 应付职工薪酬	甲产品 乙产品	✓ ✓ ✓ ✓ ✓	9 450 5 600 1 750 3 500	20 300

(续表)

2016年 月	2016年 日	凭证号数	摘要	会计科目	明细科目	账页	借方金额	贷方金额
1	20	转12	领用材料	生产成本 生产成本 原材料	甲产品 乙产品	√ √ √	48 000 39 000	87 000
	21	转13	购进B材料1 200千克,@25元,发生进项税额	在途物资 应交税费 应付账款	B材料 应交增值税 郑化工厂	√ √ √	30 000 5 100	35 100
	22	转14	结转B材料采购成本	原材料 在途物资	B材料 B材料	√ √	31 200	31 200
	23	转15	销售甲产品320箱,@280元,发生销项税额	应收账款 主营业务收入 应交税费	广灵公司 应交增值税	√ √ √	114 660	98 000 16 660
	26	转16	销售乙产品400箱,@275元,发生销项税额	应收账款 主营业务收入 应交税费	东风公司 应交增值税	√ √ √	128 700	110 000 18 700
	27	转17	计提固定资产折旧费	制造费用 管理费用 累计折旧		√ √ √	27 680 2 720	30 400
	27	转18	销售A材料340千克,@50元,发生销项税额	应收账款 其他业务收入 应交税费	 应交增值税	√ √ √	19 890	17 000 2 890
		转19	结转已售A材料成本	其他业务成本 原材料	 A材料	√ √	13 600	13 600
	28	转20	盘亏A材料10千克,甲产品2箱,予以转账	待处理财产损溢 原材料 库存商品	 A材料 甲产品	√ √ √	820	400 420
	29	转21	盘亏A材料系定额损耗,盘亏甲产品50%转作企业损失	管理费用 营业外支出 待处理财产损溢		√ √ √	400 210	610
	30	转22	领用材料	生产成本 制造费用 原材料 原材料	甲产品 A材料 B材料	√ √ √ √	20 000 3 900	20 000 3 900

(续表)

2016年		凭证号数	摘要	会计科目	明细科目	账页	借方金额	贷方金额
月	日							
1	31	转23	摊销财产保险费	制造费用		✓	2 480	
				管理费用		✓	620	
				待摊费用		✓		3 100
	31	转24	分配制造费用	生产成本	甲产品	✓	32 670	
				生产成本	乙产品	✓	21 780	
				制造费用		✓		54 450
	31	转25	结转完工1 200箱乙产品成本	库存商品	乙产品	✓	239 280	
				生产成本	乙产品	✓		239 280
	31	转26	结转本月份产品销售成本	主营业务成本		✓	314 900	
				库存商品	甲产品	✓		115 500
				库存商品	乙产品	✓		199 400
		转27	计提城市维护建设税和教育费附加	营业税金及附加		✓	2 890	
				应交税费	应交城市维护建设税	✓		2 023
				应交税费	应交教育费附加	✓		867
		转28	计提本月份短期借款利息	财务费用		✓	2 750	
				应付利息		✓		2 750
		转29	将收入类账户结转本年利润账户	主营业务收入		✓	429 000	
				其他业务收入		✓	17 000	
				营业外收入		✓	1 890	
				本年利润		✓		447 890
		转30	将费用类账户结转本年利润账户	本年利润		✓	395 390	
				主营业务成本		✓		314 900
				其他业务成本		✓		13 600
				营业税金及附加		✓		2 890
				销售费用		✓		12 280
				管理费用		✓		39 960
				财务费用		✓		2 750
				营业外支出		✓		9 010
		转31	计提所得税	所得税费用		✓	13 125	
				应交税费	应交所得税	✓		13 125
		转32	结转所得税费用	本年利润		✓	13 125	
				所得税费用		✓		13 125

(续表)

2016年		凭证号数	摘要	会计科目	明细科目	账页	借方金额	贷方金额
月	日							
1	31	转33	计提盈余公积	利润分配 盈余公积	提取盈余公积	✓ ✓	7 875	7 875
		转34	计提应分配给投资者的利润	利润分配 应付股利	应付股利	✓ ✓	29 925	29 925

(2) 根据收款凭证和付款凭证分别登记现金日记账和银行存款日记账如图表10-7、图表10-8所示。

图表10-7

现 金 日 记 账

单位：元

2016年		凭证号数	摘要	对方科目	收入金额	付出金额	结存金额
月	日						
1	1		上年结转				2 500
	5	现付1	采购员李清预支差旅费	其他应收款		1 800	700
	7	银付6	提现备用	银行存款	1 800		2 500
	11	现付2	补付采购员李清差旅费	管理费用		60	2 440
	15	银付12	提现备发工资	银行存款	145 000		147 440
	15	现付3	发放工资	应付职工薪酬		145 000	2 440
	29	现收1	收到王强赔偿款	待处理财产损溢	210		2 650
		现付4	支付职工学习科学文化学费	应付职工薪酬		1 250	1 400
1	31		本期发生额及余额		147 010	148 110	1 400

图表10-8

银 行 存 款 日 记 账

单位：元

2016年		凭证号数	摘要	对方科目	收入金额	付出金额	结存金额
月	日						
1	1		上年结转				450 200
	2	银付1	预付全年财产保险费	待摊费用		37 200	413 000

(续表)

2016年		凭证号数	摘要	对方科目	收入金额	付出金额	结存金额
月	日						
1	4	银付2	支付A材料运输费和装卸费	在途物资		6 000	407 000
	5	银付3	偿还前欠郑化工厂款项	应付账款		102 500	304 500
	6	银付4	交纳增值税、城市维护建设税、教育费附加和所得税	应交税费		37 136	267 364
	7	银付5	支付投资者利润	应付股利		22 000	245 364
	7	银付6	提现备用	库存现金		1 800	243 564
	8	银收1	收到东风公司前欠账款	应收账款	116 000		359 564
	8	银付7	支付郑化工厂B材料款	在途物资		75 000	284 564
	8	银付7	交纳增值税进项税额	应交税费		12 750	271 814
	9	银付8	支付B材料运输费和装卸费	在途物资		3 000	268 814
	12	银付9	支付销售乙产品运输费	销售费用		5 500	263 314
	13	银付10	支付生产车间办公费	制造费用		1 340	261 974
	13	银付10	支付行政管理部门办公费	管理费用		5 860	256 114
	14	银付11	支付A材料运输费和装卸费	在途物资		3 000	253 114
	15	银收2	收到广灵公司前欠款项	应收账款	65 520		318 634
	15	银付12	提现备发工资	库存现金		145 000	173 634
	19	银付13	捐赠希望工程	营业外支出		8 800	164 834
	22	银付14	支付B材料运输费和装卸费	在途物资		1 200	163 634
	24	银付15	支付推销产品广告费	销售费用		6 780	156 854
	25	银收3	收到东风公司前欠款项	应收账款	193 050		349 904
	31	银收4	收到周桥工厂罚款	营业外收入	1 890		351 794
1	31		本期发生额及余额		376 460	474 866	351 794

(3) 根据有关的收款凭证、付款凭证和转账凭证分别登记应收账款、原材料和生产成本明细分类账如图表 10-9、图表 10-10、图表 10-11 所示。

图表 10-9

应收账款明细分类账

账户名称：广灵公司   单位：元

2016年		凭证号数	摘要	借方金额	贷方金额	借或贷	余额
月	日						
1	6	转3	销售200箱甲产品账款	65 520		借	65 520
	15	银收2	收到账款		65 520	平	-0-
1	23	转15	销售350箱甲产品账款	114 660		借	114 660
1	31		本期发生额及余额	180 180	65 520	借	114 660

账户名称：东风公司　　　　　　　　　　　　　　　　　　　　单位：元

2016年		凭证号数	摘要	借方金额	贷方金额	借或贷	余额
月	日						
1	1		期初余额			借	116 000
	8	银收1	收到账款		116 000	平	-0-
	12	转7	销售600箱乙产品账款	193 050		借	193 050
	25	银收3	收到款项		193 050	平	-0-
	26	转16	销售400箱乙产品账款	128 700		借	128 700
1	31		本期发生额及余额	321 750	309 050	借	128 700

账户名称：新安公司　　　　　　　　　　　　　　　　　　　　单位：元

2016年		凭证号数	摘要	借方金额	贷方金额	借或贷	余额
月	日						
1	27	转18	销售400千克A材料账款	19 890		借	19 890
1	31		本期发生额及余额	19 890		借	19 890

图表10-10

原材料明细分类账

账户名称：A材料　　　　数量单位：千克　　　　金额单位：元

2016年		凭证号数	摘要	借方（收入）			贷方（发出）			余额（结存）		
月	日			数量	单价	金额	数量	单价	金额	数量	单价	金额
1	1		上年结转							1 240	40	49 600
	4	转2	购进	3 000	40	120 000				4 240	40	169 600
	10	转5	领用				2 320	40	92 800	1 920	40	76 800
	14	转9	购进	1 500	40	60 000				3 420	40	136 800
	20	转12	领用				1 200	40	48 000	2 220	40	88 800
	27	转18	结转销售成本				340	40	13 600	1 880	40	75 200
	28	转20	盘亏				10	40	400	1 870	40	74 800
	30	转22	领用				500	40	20 000	1 370	40	54 800
1	31		本期发生额及余额	4 500	40	180 000	4 370	40	174 800	1 370	40	54 800

账户名称：B材料　　　　　　数量单位：千克　　　　　　金额单位：元

2016年		凭证号数	摘要	借方(收入)			贷方(发出)			余额(结存)		
月	日			数量	单价	金额	数量	单价	金额	数量	单价	金额
1	1		上年结转							1 500	26	39 000
	9	转4	购进	3 000	26	78 000				4 500	26	117 000
	10	转5	领用				2 100	26	54 600	2 400	26	62 400
	20	转12	领用				1 500	26	39 000	900	26	23 400
	22	转14	购进	1 200	26	31 200				2 100	26	54 600
	30	转22	领用				150	26	3 900	1 950	26	50 700
1	31		本期发生额及余额	4 200		109 200	3 750		97 500	1 950	26	50 700

图表10-11

生产成本明细账

账户名称：甲产品　　　　　　　　　　　　　　　　　　单位：元

2016年		凭证号数	摘要	借方				贷方	余额
月	日			直接材料	直接人工	制造费用	合计		
1	10	转5	领用材料	88 000			88 000		88 000
	16	转10	分配工资		67 500		67 500		155 500
	17	转11	计提福利费		9 450		9 450		164 950
	20	转12	领用材料	48 000			48 000		212 950
	30	转22	领用材料	20 000			20 000		232 950
	31	转24	分配制造费用			32 670	32 670		265 620
1	31		本期发生额及余额	156 000	76 950	32 670	265 620		265 620

账户名称：乙产品　　　　　　　　　　　　　　　　　　单位：元

2016年		凭证号数	摘要	借方				贷方	余额
月	日			直接材料	直接人工	制造费用	合计		
1	1		上年结转	46 200	21 860	10 240	78 300		78 300
	10	转5	领用材料	54 600			54 600		132 900
	16	转10	分配工资		40 000		40 000		172 900
	17	转11	计提福利费		5 600		5 600		178 500
	20	转12	领用材料	39 000			39 000		217 500
	31	转24	分配制造费用			21 780	21 780		239 280
	31	转25	结转完工产品成本					239 280	-0-
1	31		本期发生额及余额	93 600	45 600	21 780	160 980	239 280	-0-

(4) 根据前列的总分类账户余额和收款凭证、付款凭证、转账凭证逐笔登记总分类账户①如图表10-12所示。

图表10-12

总 分 类 账

借	库存现金	贷		借	应收账款	贷	
期初余额	2 500	现付1	1 800	期初余额	116 000	银收1	116 000
银付6	1 800	现付2	60	转3	65 520	银收2	65 520
银付12	145 000	现付3	145 000	转7	193 050	银收3	193 050
现收1	210	现付4	1 250	转15	114 660		
				转16	128 700		
				转18	19 890		
本期发生额	147 010	本期发生额	148 110	本期发生额	521 820	本期发生额	374 570
期末余额	1 400			期末余额	263 250		

借	银行存款	贷		借	其他应收款	贷	
期初余额	450 200	银付1	37 200	期初余额	1 280	转6	1 800
银收1	116 000	银付2	6 000	现付1	1 800		
银收2	65 520	银付3	102 500	本期发生额	1 800	本期发生额	1 800
银收3	193 050	银付4	37 136	期末余额	1 280		
银收4	1 890	银付5	22 000				

借	在途物资	贷	
转1	114 000	转2	120 000
银付1	6 000	转4	78 000
银付7	75 000	转9	60 000
银付8	3 000	转14	31 200
转8	57 000		
银付11	3 000		
转13	30 000		
银付14	1 200		
本期发生额	289 200	本期发生额	289 200

(续银行存款)

		银付6	1 800
		银付7	87 750
		银付8	3 000
		银付9	5 500
		银付10	7 200
		银付11	3 000
		银付12	145 000
		银付13	8 800
		银付14	1 200
		银付15	6 780
本期发生额	376 460	本期发生额	474 866
期末余额	351 794		

借	原材料	贷	
期初余额	88 600	转5	147 400
转2	120 000	转12	87 000
转4	78 000	转19	13 600
转9	60 000	转20	400
转14	31 200	转22	23 900
本期发生额	289 200	本期发生额	272 300
期末余额	105 500		

① 由于篇幅关系,采用T形账户,在实际工作应采用账户对应式账页,分别登记日期、凭证号数、摘要、对方科目、借方金额、贷方金额及余额等。

借	生产成本		贷		借	累计折旧		贷
期初余额	78 300	转 25	239 280				期初余额	86 800
转 5	142 600						转 17	30 400
转 10	107 500				本期发生额	—	本期发生额	30 400
转 11	15 050						期末余额	117 200
转 12	87 000							
转 22	20 000				借	待处理财产损溢		贷
转 24	54 450				转 20	820	转 21	610
本期发生额	426 600	本期发生额	239 280				现收 1	210
期末余额	265 620				本期发生额	820	本期发生额	820
					期末余额	-0-		

借	制造费用		贷
转 5	4 800	转 24	54 450
银付 10	1 340		
转 10	12 500		
转 11	1 750		
转 17	27 680		
转 22	3 900		
转 23	2 480		
本期发生额	54 450	本期发生额	54 450

借	短期借款		贷
		期初余额	300 000

借	应付账款		贷
银付 3	102 500	期初余额	117 470
		转 1	133 380
		转 8	66 690
		转 13	35 100
本期发生额	102 500	本期发生额	235 170
		期末余额	250 140

借	库存商品		贷
期初余额	302 000	转 20	420
转 25	239 280	转 26	314 900
本期发生额	239 280	本期发生额	315 320
期末余额	225 960		

借	待摊费用		贷
银付 1	37 200	转 23	3 100
本期发生额	37 200	本期发生额	3 100
期末余额	34 100		

借	应付职工薪酬		贷
现付 3	145 000	期初余额	10 144
现付 4	1 250	转 10	145 000
		转 11	20 300
本期发生额	146 250	本期发生额	165 300
		期末余额	29 194

借	固定资产		贷
期初余额	628 000		

借	应交税费		贷	借	本年利润		贷
转1	19 380	期初余额	37 136	转30	395 390	转29	447 890
银付4	37 136	转3	9 520	转32	13 125		
银付7	12 750	转7	28 050	本期发生额	408 515	本期发生额	447 890
转8	9 690	转15	16 660			期末余额	39 375
转13	5 100	转16	18 700	借	利润分配		贷
		转18	2 890	转33	7 875	期初余额	22 890
		转27	2 890	转34	29 925		
		转31	13 125				
本期发生额	84 056	本期发生额	91 835	本期发生额	37 800	本期发生额	—
		期末余额	44 915	期末余额	14 910		

借	应付利息		贷	借	主营业务收入		贷
		转28	2 750	转29	429 000	转3	56 000
						转7	165 000
本期发生额	—	本期发生额	2 750			转15	98 000
		期末余额	2 750			转16	110 000
				本期发生额	429 000	本期发生额	429 000

借	应付股利		贷	借	其他业务收入		贷
银付5	22 000	期初余额	22 000	转29	17 000	转18	17 000
		转34	29 925	本期发生额	17 000	本期发生额	17 000
本期发生额	22 000	本期发生额	29 925	借	营业外收入		贷
		期末余额	29 925	转29	1 890	银收4	1 890
				本期发生额	1 890	本期发生额	1 890

借	实收资本		贷	借	主营业务成本		贷
		期初余额	1 000 000	转26	314 900	转30	314 900
借	资本公积		贷	本期发生额	314 900	本期发生额	314 900
		期初余额	19 240	借	其他业务成本		贷
				转19	13 600	转30	13 600
借	盈余公积		贷	本期发生额	13 600	本期发生额	13 600
		期初余额	51 200	借	营业税金及附加		贷
		转33	7 875	转27	2 890	转30	2 890
本期发生额	—	本期发生额	7 875	本期发生额	2 890	本期发生额	2 890
		期末余额	59 075				

借	销售费用		贷
银付 9	5 500	转 30	12 280
银付 15	6 780		
本期发生额	12 280	本期发生额	12 280

借	财务费用		贷
转 28	2 750	转 30	2 750
本期发生额	2 750	本期发生额	2 750

借	管理费用		贷
转 6	1 800	转 28	39 960
现付 2	60		
银付 10	5 860		
转 10	25 000		
转 11	3 500		
转 17	2 720		
转 21	400		
转 23	620		
本期发生额	39 960	本期发生额	39 960

借	营业外支出		贷
银付 13	8 800	转 30	9 010
转 21	210		
本期发生额	9 010	本期发生额	9 010

借	所得税费用		贷
转 31	13 125	转 32	13 125
本期发生额	13 125	本期发生额	13 125

（5）根据总分类账结账的结果，编制"本期发生额及余额试算平衡表"，如图表10-13所示。

图表 10-13

本期发生额及余额试算平衡表

2016 年 1 月　　　　　　　　　　　　　　　　　　单位：元

项　目	期初余额		本期发生额		期末余额	
	借　方	贷　方	借　方	贷　方	借　方	贷　方
库存现金	2 500		147 010	148 110	1 400	
银行存款	450 200		376 460	474 866	351 794	
应收账款	116 000		521 820	374 570	263 250	
其他应收款	1 280		1 800	1 800	1 280	
在途物资			289 200	289 200		
原材料	88 600		289 200	272 300	105 500	
生产成本	78 300		426 600	239 280	265 620	
制造费用			54 450	54 450		
库存商品	302 000		239 280	315 320	225 960	
待摊费用			37 200	3 100	34 100	

(续表)

项 目	期初余额 借方	期初余额 贷方	本期发生额 借方	本期发生额 贷方	期末余额 借方	期末余额 贷方
待处理财产损溢			820	820		
固定资产	628 000				628 000	
累计折旧		86 800		30 400		117 200
短期借款		300 000				300 000
应付账款		117 470	102 500	235 170		250 140
应付职工薪酬		10 144	146 250	165 300		29 194
应交税费		37 136	84 056	91 835		44 915
应付利息				2 750		2 750
应付股利		22 000	22 000	29 925		29 925
实收资本		1 000 000				1 000 000
资本公积		19 240				19 240
盈余公积		51 200		7 875		59 075
本年利润			408 515	447 890		39 375
利润分配		22 890	37 800		14 910	
主营业务收入			429 000	429 000		
其他业务收入			17 000	17 000		
营业外收入			1 890	1 890		
主营业务成本			314 900	314 900		
其他业务成本			13 600	13 600		
营业税金及附加			2 890	2 890		
销售费用			12 280	12 280		
管理费用			39 960	39 960		
财务费用			2 750	2 750		
营业外支出			9 010	9 010		
所得税费用			13 125	13 125		
合 计	1 666 880	1 666 880	4 041 366	4 041 366	1 891 814	1 891 814

(6) 根据应收账款和原材料(生产成本从略)明细分类账户结账的结果,分别编制"应收账款明细分类账户本期发生额及余额试算表"和"原材料明细分类账户本期发生额及余额试算表"如图表 10-14、图表 10-15 所示。

图表 10-14

应收账款明细分类账户本期发生额及余额试算表

2016 年 1 月　　　　　　　　　　　　　　　　　　　单位：元

明细分类账户	期初余额		本期发生额		期末余额	
	借　方	贷　方	借　方	贷　方	借　方	贷　方
广灵公司			180 180	65 520	114 660	
东风公司	116 000		321 750	309 050	128 700	
新光公司			19 890		19 890	
合　　计	116 000		521 820	374 570	263 250	

图表 10-15

原材料明细分类账户本期发生额及余额试算表

2016 年 1 月　　　　　　　　　　　　　　　　　　金额单位：元

明细分类账户	计量单位	单价	期初余额		本期发生额				期末余额	
					收　入		发　出			
			数量	金额	数量	金额	数量	金额	数量	金额
A 材料	千克	40	1 240	49 600	4 500	180 000	4 370	174 800	1 370	54 800
B 材料	千克	26	1 500	39 000	4 200	109 200	3 750	97 500	1 950	50 700
合　计	—			88 600		289 200	—	272 300	—	105 500

四、记账凭证核算程序的优缺点和适用性

记账凭证核算程序的优点是根据记账凭证逐笔登记总分类账，简单明了，容易理解，也便于掌握；总分类账能详细反映各类经济业务的发生和完成情况，便于会计核对和查账。其缺点是登记总分类账的工作量很大，因此，这种核算程序仅适用于经营规模较小、经济业务较少的企业单位。

第三节　汇总记账凭证核算程序

一、汇总记账凭证核算程序的特点及凭证与账簿的设置

汇总记账凭证核算程序的特点是定期根据记账凭证编制汇总记账凭证，然后再根据汇总记账凭证登记总分类账。

在汇总记账凭证核算程序下,记账凭证必须采用收款凭证、付款凭证和转账凭证三种格式的专用记账凭证。汇总记账凭证也必须相应地采用汇总收款凭证、汇总付款凭证和汇总转账凭证三种格式的专用汇总记账凭证。日记账、总分类账和明细分类账的种类和格式与记账凭证核算程序相同,不再重述。

二、汇总记账凭证的编制方法

汇总记账凭证每 5 日或 10 日定期根据收款凭证、付款凭证和转账凭证分别编制汇总收款凭证、汇总付款凭证和汇总转账凭证。

汇总收款凭证按借方科目"库存现金"和"银行存款"设置,定期按其相对应的贷方科目加以归类汇总,按月编制。月末结算出汇总收款凭证中各贷方科目的合计数,据以登记总分类账。汇总付款凭证则按贷方科目"库存现金"和"银行存款"设置,定期按其相对应的借方科目加以归类汇总,按月编制。月末结算出汇总付款凭证中各借方科目的合计数,据以登记总分类账。汇总转账凭证通常按转账凭证的贷方科目分别设置,定期按与设置科目相应的借方科目加以归类汇总,按月编制。月末结算出各汇总转账凭证中各借方科目的合计数,据以登记总分类账。倘若月份内对应关系相同的转账凭证不多,也可以不填制汇总转账凭证,直接根据转账凭证登记总分类账。

三、汇总记账凭证核算程序的具体操作步骤

汇总记账凭证核算程序的具体操作步骤有以下七个。

(1) 根据原始凭证或原始凭证汇总表编制记账凭证。

(2) 根据收款凭证和付款凭证分别登记现金日记账和银行存款日记账。

(3) 根据记账凭证及其所附的原始凭证或原始凭证汇总表登记各种明细分类账。

(4) 根据收款凭证、付款凭证和转账凭证定期编制汇总收款凭证、汇总付款凭证和汇总转账凭证。

(5) 期末,根据汇总收款凭证、汇总付款凭证和汇总转账凭证登记总分类账。

(6) 定期将现金日记账、银行存款日记账和各种明细分类账的余额之和分别与总分类账中相关账户的余额进行核对。

(7) 期末根据总分类账和明细分类账的资料,编制财务报告。

汇总记账凭证核算程序的具体步骤如图表 10-16 所示。

四、汇总记账凭证核算程序的应用

在汇总记账凭证核算程序下,记账凭证的编制,现金日记账和银行存款日记账,以及明细分类账的登记与记账凭证核算程序相同,不再重述。现就汇总记账凭证的编制和总分类账的登记予以举例说明。

【例 2】 捷利工厂每月编制各种汇总记账凭证一张,每旬归类汇总一次,月末结算出各科目的合计数,据以登记总分类账。

图表 10-16

汇总记账凭证核算程序

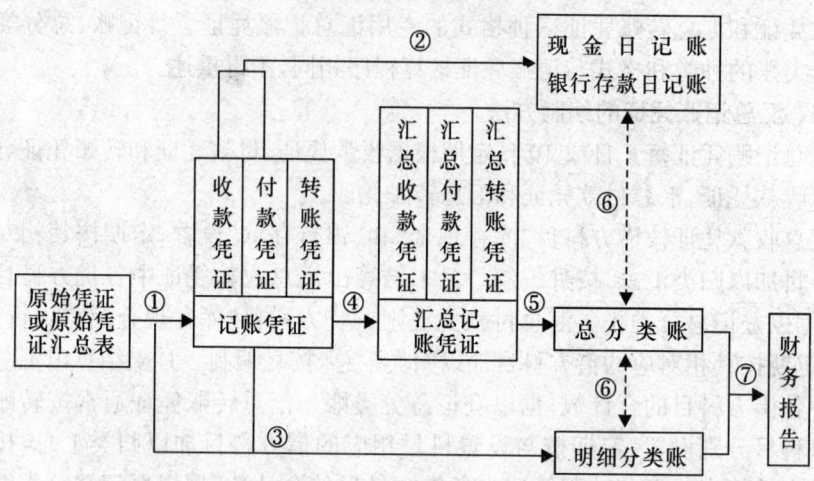

1. 根据[例1]编制的收款凭证、付款凭证和转账凭证分别编制各种汇总收款凭证、汇总付款凭证和汇总转账凭证如图表 10-17、图表 10-18、图表 10-19 所示。

图表 10-17

汇总收款凭证

借方科目：库存现金　　　　　　2016 年 1 月　　　　　　汇现收 1　单位：元

贷方科目	金额				总账页数	
	1~10日 现收第/号 至第/号	11~20日 现收第/号 至第/号	21~31日 现收第1号 至第/号	合计	借方	贷方
待处理财产损溢			210	210	√	√
合　　计			210	210		

汇总收款凭证

借方科目：银行存款　　　　　　2016 年 1 月　　　　　　汇银收 1　单位：元

贷方科目	金额				总账页数	
	1~10日 银收第1号 至第/号	11~20日 银收第2号 至第/号	21~31日 银收第3号 至第4号	合计	借方	贷方
应收账款	116 000	65 520	193 050	374 570	√	√
营业外收入			1 890	1 890	√	√
合　　计	116 000	65 520	194 940	376 460		

图表 10-18

汇总付款凭证　　　　　　　　　汇现付 1

贷方科目：库存现金　　　2016 年 1 月　　　　　单位：元

借方科目	金额 1~10 日 现付第 1 号 至第/号	11~20 日 现付第 2 号 至第 3 号	21~31 日 现付第 4 号 至第/号	合计	总账页数 借方	贷方
其他应收款	1 800			1 800	√	√
管理费用		60		60	√	√
应付职工薪酬		145 000	1 250	146 250	√	√
合　计	1 800	145 060	1 250	148 110		

汇总付款凭证　　　　　　　　　汇银付 1

贷方科目：银行存款　　　2016 年 1 月　　　　　单位：元

借方科目	金额 1~10 日 银付第 1 号 至第 8 号	11~20 日 银付第 9 号 至第 13 号	21~31 日 银付第 14 号 至第 15 号	合计	总账页数 借方	贷方
库存现金	1 800	145 000		146 800	√	√
在途物资	84 000	3 000	1 200	88 200	√	√
待摊费用	37 200			37 200	√	√
应付账款	102 500			102 500	√	√
应交税费	49 886			49 886	√	√
应付股利	22 000			22 000	√	√
制造费用		1 340		1 340	√	√
销售费用		5 500	6 780	12 280	√	√
管理费用		5 860		5 860	√	√
营业外支出		8 800		8 800	√	√
合　计	297 386	169 500	7 980	474 866		

图表 10-19

汇总转账凭证 汇转 1

贷方科目：其他应收款　　2016 年 1 月　　单位：元

借方科目	金额				总账页数	
	1～10 日 转第 / 号 至第 / 号	11～20 日 转第 6 号 至第 / 号	21～31 日 转第 / 号 至第 / 号	合计	借方	贷方
管理费用		1 800		1 800	√	√
合　　计		1 800		1 800		

汇总转账凭证 汇转 2

贷方科目：在途物资　　2016 年 1 月　　单位：元

借方科目	金额				总账页数	
	1～10 日 转第 2 号 至第 4 号	11～20 日 转第 9 号 至第 / 号	21～31 日 转第 14 号 至第 / 号	合计	借方	贷方
原材料	198 000	60 000	31 200	289 200	√	√
合　　计	198 000	60 000	31 200	289 200		

汇总转账凭证 汇转 3

贷方科目：原材料　　2016 年 1 月　　单位：元

借方科目	金额				总账页数	
	1～10 日 转第 5 号 至第 / 号	11～20 日 转第 12 号 至第 / 号	21～31 日 转第 19 号 至第 22 号	合计	借方	贷方
生产成本	142 600	87 000	20 000	249 600	√	√
制造费用	4 800		3 900	8 700	√	√
其他业务成本			13 600	13 600	√	√
待处理财产损溢			400	400	√	√
合　　计	147 400	87 000	37 900	272 300		

汇总转账凭证

汇转 4

贷方科目：生产成本　　　2016 年 1 月　　　单位：元

借方科目	金　　额				总账页数	
	1～10 日 转第/号 至第/号	11～20 日 转第/号 至第/号	21～31 日 转第 25 号 至第/号	合计	借方	贷方
库存商品			239 280	239 280	√	√
合　　计			239 280	239 280		

汇总转账凭证

汇转 5

贷方科目：制造费用　　　2016 年 1 月　　　单位：元

借方科目	金　　额				总账页数	
	1～10 日 转第/号 至第/号	11～20 日 转第/号 至第/号	21～31 日 转第 24 号 至第/号	合计	借方	贷方
生产成本			54 450	54 450	√	√
合　　计			54 450	54 450		

汇总转账凭证

汇转 6

贷方科目：库存商品　　　2016 年 1 月　　　单位：元

借方科目	金　　额				总账页数	
	1～10 日 转第/号 至第/号	11～20 日 转第/号 至第/号	21～31 日 转第 20 号 至第 26 号	合计	借方	贷方
待处理财产损溢			420	420	√	√
主营业务成本			314 900	314 900	√	√
合　　计			315 320	315 320		

汇总转账凭证

汇转 7
贷方科目：待摊费用　　2016 年 1 月　　单位：元

借方科目	金额				总账页数	
	1～10 日 转第/号 至第/号	11～20 日 转第/号 至第/号	21～31 日 转第 23 号 至第/号	合计	借方	贷方
制造费用			2 480	2 480	√	√
管理费用			620	620	√	√
合　　计			3 100	3 100		

汇总转账凭证

汇转 8
贷方科目：待处理财产损溢　　2016 年 1 月　　单位：元

借方科目	金额				总账页数	
	1～10 日 转第/号 至第/号	11～20 日 转第/号 至第/号	21～31 日 转第 21 号 至第/号	合计	借方	贷方
管理费用			400	400	√	√
营业外支出			210	210	√	√
合　　计			610	610		

汇总转账凭证

汇转 9
贷方科目：应付账款　　2016 年 1 月　　单位：元

借方科目	金额				总账页数	
	1～10 日 转第 1 号 至第/号	11～20 日 转第 8 号 至第/号	21～31 日 转第 13 号 至第/号	合计	借方	贷方
在途物资	114 000	57 000	30 000	201 000	√	√
应交税费	19 380	9 690	5 100	34 170	√	√
合　　计	133 380	66 690	35 100	235 170		

汇总转账凭证

汇转 10
贷方科目：应付职工薪酬　　2016 年 1 月　　单位：元

借方科目	金额				总账页数	
	1～10 日 转第/号 至第/号	11～20 日 转第 10 号 至第 11 号	21～31 日 转第/号 至第/号	合计	借方	贷方
生产成本		122 550		122 550	√	√
制造费用		14 250		14 250	√	√
管理费用		28 500		28 500	√	√
合　　计		165 300		165 300		

汇总转账凭证

汇转 11
贷方科目：应交税费　　2016 年 1 月　　单位：元

借方科目	金额				总账页数	
	1～10 日 转第 3 号 至第/号	11～20 日 转第 7 号 至第/号	21～31 日 转第 15 号 至第 31 号	合计	借方	贷方
应收账款	9 520	28 050	38 250	75 820	√	√
营业税金及附加			2 890	2 890	√	√
所得税费用			13 125	13 125	√	√
合　　计	9 520	28 050	54 265	91 835		

汇总转账凭证

汇转 12
贷方科目：应付利息　　2016 年 1 月　　单位：元

借方科目	金额				总账页数	
	1～10 日 转第/号 至第/号	11～20 日 转第/号 至第/号	21～31 日 转第 28 号 至第/号	合计	借方	贷方
财务费用			2 750	2 750	√	√
合　　计			2 750	2 750		

汇总转账凭证

贷方科目：应付股利　　　　2016 年 1 月　　　　汇转 13　单位：元

借方科目	金额				总账页数	
	1～10 日 转第/号 至第/号	11～20 日 转第/号 至第/号	21～31 日 转第 34 号 至第/号	合计	借方	贷方
利润分配			29 925	29 925	√	√
合　计			29 925	29 925		

汇总转账凭证

贷方科目：累计折旧　　　　2016 年 1 月　　　　汇转 14　单位：元

借方科目	金额				总账页数	
	1～10 日 转第/号 至第/号	11～20 日 转第/号 至第/号	21～31 日 转第 17 号 至第/号	合计	借方	贷方
制造费用			27 680	27 680	√	√
管理费用			2 720	2 720	√	√
合　计			30 400	30 400		

汇总转账凭证

贷方科目：盈余公积　　　　2016 年 1 月　　　　汇转 15　单位：元

借方科目	金额				总账页数	
	1～10 日 转第/号 至第/号	11～20 日 转第/号 至第/号	21～31 日 转第 33 号 至第/号	合计	借方	贷方
利润分配			7 875	7 875	√	√
合　计			7 875	7 875		

汇总转账凭证

汇转 16
2016 年 1 月
单位：元

贷方科目：本年利润

借方科目	金额				总账页数	
	1～10日转第/号至第/号	11～20日转第/号至第/号	21～31日转第29号至第/号	合计	借方	贷方
主营业务收入			429 000	429 000	√	√
其他业务收入			17 000	17 000	√	√
营业外收入			1 890	1 890	√	√
合　计			447 890	447 890		

汇总转账凭证

汇转 17
2016 年 1 月
单位：元

贷方科目：主营业务收入

借方科目	金额				总账页数	
	1～10日转第3号至第/号	11～20日转第7号至第/号	21～31日转第15号至第16号	合计	借方	贷方
应收账款	56 000	165 000	208 000	429 000	√	√
合　计	56 000	165 000	208 000	429 000		

汇总转账凭证

汇转 18
2016 年 1 月
单位：元

贷方科目：其他业务收入

借方科目	金额				总账页数	
	1～10日转第/号至第/号	11～20日转第/号至第/号	21～31日转第18号至第/号	合计	借方	贷方
应收账款			17 000	17 000	√	√
合　计			17 000	17 000		

汇总转账凭证

贷方科目：主营业务成本　　2016年1月　　汇转19　单位：元

借方科目	金额				总账页数	
	1～10日转第/号至第/号	11～20日转第/号至第/号	21～31日转第30号至第/号	合计	借方	贷方
本年利润			314 900	314 900	√	√
合　计			314 900	314 900		

汇总转账凭证

贷方科目：其他业务成本　　2016年1月　　汇转20　单位：元

借方科目	金额				总账页数	
	1～10日转第/号至第/号	11～20日转第/号至第/号	21～31日转第30号至第/号	合计	借方	贷方
本年利润			13 600	13 600	√	√
合　计			13 600	13 600		

汇总转账凭证

贷方科目：营业税金及附加　　2016年1月　　汇转21　单位：元

借方科目	金额				总账页数	
	1～10日转第/号至第/号	11～20日转第/号至第/号	21～31日转第30号至第/号	合计	借方	贷方
本年利润			2 890	2 890	√	√
合　计			2 890	2 890		

汇总转账凭证

贷方科目：销售费用　　　　2016 年 1 月　　　　　　汇转 22　单位：元

借方科目	金额				总账页数	
	1～10 日 转第/号 至第/号	11～20 日 转第/号 至第/号	21～31 日 转第 30 号 至第/号	合计	借方	贷方
本年利润			12 280	12 280	√	√
合　　计			12 280	12 280		

汇总转账凭证

贷方科目：管理费用　　　　2016 年 1 月　　　　　　汇转 23　单位：元

借方科目	金额				总账页数	
	1～10 日 转第/号 至第/号	11～20 日 转第/号 至第/号	21～31 日 转第 30 号 至第/号	合计	借方	贷方
本年利润			39 960	39 960	√	√
合　　计			39 960	39 960		

汇总转账凭证

贷方科目：财务费用　　　　2016 年 1 月　　　　　　汇转 24　单位：元

借方科目	金额				总账页数	
	1～10 日 转第/号 至第/号	11～20 日 转第/号 至第/号	21～31 日 转第 30 号 至第/号	合计	借方	贷方
本年利润			2 750	2 750	√	√
合　　计			2 750	2 750		

汇总转账凭证 汇转 25

贷方科目：营业外支出　　2016年1月　　　　　　单位：元

借方科目	金额				总账页数	
	1～10日 转第/号 至第/号	11～20日 转第/号 至第/号	21～31日 转第30号 至第/号	合计	借方	贷方
本年利润			9 010	9 010	√	√
合　计			9 010	9 010		

汇总转账凭证 汇转 26

贷方科目：所得税费用　　2016年1月　　　　　　单位：元

借方科目	金额				总账页数	
	1～10日 转第/号 至第/号	11～20日 转第/号 至第/号	21～31日 转第32号 至第/号	合计	借方	贷方
本年利润			13 125	13 125	√	√
合　计			13 125	13 125		

2. 在2016年1月1日，根据期初余额开设总分类账，月末分别根据已编制的汇总收款凭证、汇总付款凭证和汇总转账凭证登记总分类账①如图表10-20所示。

五、汇总记账凭证核算程序的优缺点和适用性

汇总记账凭证核算程序的优点是采用汇总记账凭证登记总分类账，简化了总分类账的登记工作。由于汇总记账凭证是按账户的对应关系汇总的，因此总分类账能明确反映账户之间的对应关系，便于查对和分析账目。其缺点是编制汇总记账凭证的工作量较大，总分类账的记录比较简略，难以具体反映企业的经济活动。因此，这种核算程序适用于经营规模较大，且经济业务繁多的企业、单位。

---

① 由于篇幅关系采用T形账户，在实际工作中应采用三栏式账页，分别登记日期、凭证号数、摘要、对方科目、借方金额、贷方金额及余额。

图表 10-20

总 分 类 账 户

借	库 存 现 金		贷	
期初余额	2 500	汇现付 1		1 800
汇现收 1	210	汇现付 1		60
汇银付 1	146 800	汇现付 1		146 250
本期发生额	147 010	本期发生额		148 110
期末余额	1 400			

借	银 行 存 款		贷	
期初余额	450 200	汇银付 1		146 800
汇银收 1	374 570	汇银付 1		88 200
汇银收 1	1 890	汇银付 1		37 200
		汇银付 1		102 500
		汇银付 1		49 886
		汇银付 1		22 000
		汇银付 1		1 340
		汇银付 1		12 280
		汇银付 1		5 860
		汇银付 1		8 800
本期发生额	376 460	本期发生额		474 866
期末余额	351 794			

借	应 收 账 款		贷	
期初余额	116 000	汇银收 1		374 570
汇转 11	75 820			
汇转 17	429 000			
汇转 18	17 000			
本期发生额	521 820	本期发生额		374 570
期末余额	263 250			

借	其他应收款		贷	
期初余额	1 280	汇转 1		1 800
汇现付 1	1 800			
本期发生额	1 800	本期发生额		1 800
期末余额	1 280			

借	在 途 物 资		贷	
汇银付 1	88 200	汇转 2		289 200
汇转 9	201 000			
本期发生额	289 200	本期发生额		289 200

借	原 材 料		贷	
期初余额	88 600	汇转 3		249 600
汇转 2	289 200	汇转 3		8 700
		汇转 3		13 600
		汇转 3		400
本期发生额	289 200	本期发生额		272 300
期末余额	105 500			

借	生 产 成 本		贷	
期初余额	78 300	汇转 4		239 280
汇转 3	249 600			
汇转 5	54 450			
汇转 10	122 550			
本期发生额	426 600	本期发生额		239 280
期末余额	265 620			

借	制 造 费 用		贷	
汇银付 1	1 340	汇转 5		54 450
汇转 3	8 700			
汇转 7	2 480			
汇转 10	14 250			
汇转 14	27 680			
本期发生额	54 450	本期发生额		54 450

借	库存商品		贷
期初余额	302 000	汇转 6	420
汇转 4	239 280	汇转 6	314 900
本期发生额	239 280	本期发生额	315 320
期末余额	225 960		

借	待摊费用		贷
汇银付 1	37 200	汇转 7	2 480
		汇转 7	620
本期发生额	37 200	本期发生额	3 100
期末余额	34 100		

借	待处理财产损溢		贷
汇转 3	400	汇现收 1	210
汇转 6	420	汇转 8	400
		汇转 8	210
本期发生额	820	本期发生额	820
期末余额	-0-		

借	固定资产		贷
期初余额	628 000		

借	累计折旧		贷
		期初余额	86 800
		汇转 14	27 680
		汇转 14	2 720
本期发生额	—	本期发生额	30 400
		期末余额	117 200

借	短期借款		贷
		期初余额	300 000

借	应付账款		贷
汇银 1	102 500	期初余额	117 470
		汇转 9	201 000
		汇转 9	34 170
本期发生额	102 500	本期发生额	235 170
		期末余额	250 140

借	应付职工薪酬		贷
汇现付 1	146 250	期初余额	10 144
		汇转 10	122 550
		汇转 10	14 250
		汇转 10	28 500
本期发生额	146 250	本期发生额	165 300
		期末余额	29 194

借	应交税费		贷
汇银付 1	49 886	期初余额	37 136
汇转 1	34 170	汇转 11	75 820
		汇转 11	2 890
		汇转 11	13 125
本期发生额	84 056	本期发生额	91 835
		期末余额	44 915

借	应付利息		贷
		汇转 12	2 750
本期发生额	—	本期发生额	2 750
		期末余额	2 750

借	应付股利		贷
汇银付 1	22 000	期初余额	22 000
		汇转 13	29 925
本期发生额	22 000	本期发生额	29 925
		期末余额	29 925

借	实收资本		贷
		期初余额	1 000 000

第十章　会计核算程序

借	资本公积		贷
		期初余额	19 240

借	盈余公积		贷
		期初余额	51 200
		汇转 15	7 875
本期发生额	—	本期发生额	7 875
		期末余额	59 075

借	本年利润		贷
汇转 19	314 900	汇转 16	429 000
汇转 20	13 600	汇转 16	17 000
汇转 21	2 890	汇转 16	1 890
汇转 22	12 280		
汇转 23	39 960		
汇转 24	2 750		
汇转 25	9 010		
汇转 26	13 125		
本期发生额	408 515	本期发生额	447 890
		期末余额	39 375

借	利润分配		贷
汇转 13	29 925	期初余额	22 890
汇转 15	7 875		
本期发生额	37 800	本期发生额	—
期末余额	14 910		

借	主营业务收入		贷
汇转 16	429 000	汇转 17	429 000
本期发生额	429 000	本期发生额	429 000

借	其他业务收入		贷
汇转 16	17 000	汇转 18	17 000
本期发生额	17 000	本期发生额	17 000

借	营业外收入		贷
汇转 16	1 890	汇银收 1	1 890
本期发生额	1 890	本期发生额	1 890

借	主营业务成本		贷
汇转 6	314 900	汇转 19	314 900
本期发生额	314 900	本期发生额	314 900

借	其他业务成本		贷
汇转 3	13 600	汇转 20	13 600
本期发生额	13 600	本期发生额	13 600

借	营业税金及附加		贷
汇转 11	2 890	汇转 21	2 890
本期发生额	2 890	本期发生额	2 890

借	销售费用		贷
汇银付 1	12 280	汇转 22	12 280
本期发生额	12 280	本期发生额	12 280

借	管理费用		贷
汇现付 1	60	汇转 23	39 960
汇银付 1	5 860		
汇转 1	1 800		
汇转 7	620		
汇转 8	400		
汇转 10	28 500		
汇转 14	2 720		
本期发生额	39 960	本期发生额	39 960

借	财务费用		贷
汇转 12	2 750	汇转 24	2 750
本期发生额	2 750	本期发生额	2 750

借	营业外支出		贷
汇银付 1	8 800	汇转 25	9 010
汇转 8	210		
本期发生额	9 010	本期发生额	9 010

借	所得税费用		贷
汇转 11	13 125	汇转 26	13 125
本期发生额	13 125	本期发生额	13 125

第四节 科目汇总表核算程序

一、科目汇总表核算程序的特点及凭证与账簿的设置

科目汇总表核算程序的特点是定期将记账凭证按会计科目汇总,编制科目汇总表,然后再根据科目汇总表登记总分类账。

在科目汇总表核算程序下,记账凭证可以采用收款凭证、付款凭证和转账凭证三种格式的专用记账凭证,也可以采用一种格式的通用记账凭证,还要设置科目汇总表。总分类账采用三栏式账页,但在账页中不设对应科目栏。日记账和明细分类账的种类和格式与记账凭证核算程序相同,不再重述。

二、科目汇总表的编制方法

科目汇总表各单位可根据实际情况的需要每日、每3日、每5日或每旬编制一次。定期编制科目汇总表时,将一定时期内每一科目所有借方发生额相加,其合计数填入科目汇总表的借方栏内;所有的贷方发生额相加,其合计数填入科目汇总表的贷方栏内。在分别汇总了所有科目的借贷方发生额后,加计本期发生额合计数,当借方发生额合计数等于贷方发生额合计数时,表明一定期间内编制的记账凭证基本正确,科目汇总表编制无误,可据以登记总分类账。

三、科目汇总表核算程序的具体操作步骤

科目汇总表核算程序的具体操作步骤有以下七个。

(1) 根据原始凭证或原始凭证汇总表编制记账凭证。

(2) 根据收款凭证和付款凭证分别登记现金日记账和银行存款日记账。

(3) 根据记账凭证及其所附的原始凭证或原始凭证汇总表登记各种明细分类账。

(4) 根据记账凭证定期编制科目汇总表。

(5) 根据科目汇总表登记总分类账。

(6) 定期将现金日记账、银行存款日记账和各种明细分类账的余额之和分别与总分类账中相关账户的余额进行核对。

(7) 期末根据总分类账和明细分类账的资料,编制财务报告。

科目汇总表核算程序的具体操作步骤如图表10-21所示。

四、科目汇总表核算程序的应用

在科目汇总表核算程序下,记账凭证的编制,现金日记账和银行存款日记账,以及明细分类账的登记与记账凭证核算程序相同,不再重述。现就科目汇总表的编制和总分类账的登记予以举例说明。

图表 10-21

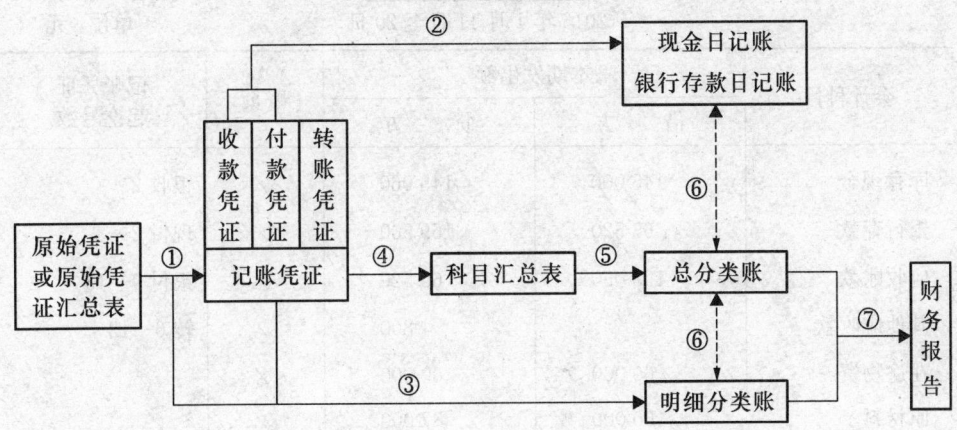

科目汇总表核算程序

【例3】 捷利工厂每10日编制科目汇总表一张,并据以登记总分类账。

1. 根据[例1]编制的收款凭证、付款凭证和转账凭证分别编制上旬、中旬和下旬的科目汇总表如图表 10-22、图表 10-23、图表 10-24 所示。

图表 10-22

科目汇总表

编号:1
2016年1月1日至10日
单位:元

会计科目	本期发生额		账页	记账凭证起讫号数
	借 方	贷 方		
库存现金	1 800	1 800	√	银收 1
银行存款	116 000	297 386	√	现付 1
应收账款	65 520	116 000	√	银付 1—8
其他应收款	1 800		√	转 1—5
在途物资	198 000	198 000	√	
原材料	198 000	147 400	√	
生产成本	142 600		√	
制造费用	4 800		√	
待摊费用	37 200		√	
应付账款	102 500	133 380	√	
应交税费	69 266	9 520	√	
应付股利	22 000		√	
主营业务收入		56 000	√	
合　　计	959 486	959 486		

图表 10-23

科目汇总表

2016 年 1 月 11 日至 20 日

编号：2
单位：元

会计科目	本期发生额 借方	本期发生额 贷方	账页	记账凭证起讫号数
库存现金	145 000	145 060	√	银收 2
银行存款	65 520	169 500	√	现付 2—3
应收账款	193 050	65 520	√	银付 9—13
其他应收款		1 800	√	转 6—12
在途物资	60 000	60 000	√	
原材料	60 000	87 000	√	
生产成本	209 550		√	
制造费用	15 590		√	
应付账款		66 690	√	
应付职工薪酬	145 000	165 300	√	
应交税费	9 690	28 050	√	
主营业务收入		165 000	√	
销售费用	5 500		√	
管理费用	36 220		√	
营业外支出	8 800		√	
合　计	953 920	953 920		

图表 10-24

科目汇总表

2016 年 1 月 21 日至 31 日

编号：3
单位：元

会计科目	本期发生额 借方	本期发生额 贷方	账页	记账凭证起讫号数
库存现金	210	1 250	√	现收 1
银行存款	194 940	7 980	√	现付 4
应收账款	263 250	193 050	√	银收 3—4

第十章 会计核算程序

(续表)

会计科目	本期发生额 借方	本期发生额 贷方	账页	记账凭证起讫号数
在途物资	31 200	31 200	✓	银付 14—15
原材料	31 200	37 900	✓	转 13—34
生产成本	74 450	239 280	✓	
制造费用	34 060	54 450	✓	
库存商品	239 280	315 320	✓	
待摊费用		3 100	✓	
待处理财产损溢	820	820	✓	
利润分配	37 800		✓	
应付账款		35 100		
应付职工薪酬	1 250			
应交税费	5 100	54 265	✓	
应付利息		2 750	✓	
应付股利		29 925	✓	
累计折旧		30 400	✓	
盈余公积		7 875	✓	
本年利润	408 515	447 890	✓	
主营业务收入	429 000	208 000	✓	
其他业务收入	17 000	17 000	✓	
营业外收入	1 890	1 890	✓	
主营业务成本	314 900	314 900	✓	
其他业务成本	13 600	13 600	✓	
营业税金及附加	2 890	2 890	✓	
销售费用	6 780	12 280	✓	
管理费用	3 740	39 960	✓	
财务费用	2 750	2 750	✓	
营业外支出	210	9 010	✓	
所得税费用	13 125	13 125	✓	
合　计	2 127 960	2 127 960		

2. 在 2016 年 1 月 1 日,根据期初余额开设总分类账。在 1 月 10 日、20 日、31 日分别根据编号为 1、2、3 的三张科目汇总表(即图表 10-22、图表 10-23、图表 10-24

所示)登记总分类账①如图表 10-25 所示。

图表 10-25

总 分 类 账 户

借	库存现金		贷		借	在途物资		贷	
期初余额	2 500	汇1	1 800		汇1	198 000	汇1	198 000	
汇1	1 800	汇2	145 060		汇2	60 000	汇2	60 000	
汇2	145 000	汇3	1 250		汇3	31 200	汇3	31 200	
汇3	210								
本期发生额	147 010	本期发生额	148 110		本期发生额	289 200	本期发生额	289 200	
期末余额	1 400								

借	银行存款		贷		借	原材料		贷	
期初余额	450 200	汇1	297 386		期初余额	88 600	汇1	147 400	
汇1	116 000	汇2	169 500		汇1	198 000	汇2	87 000	
汇2	65 520	汇3	7 980		汇2	60 000	汇3	37 900	
汇3	194 940				汇3	31 200			
本期发生额	376 460	本期发生额	474 866		本期发生额	289 200	本期发生额	272 300	
期末余额	351 794				期末余额	105 500			

借	应收账款		贷		借	生产成本		贷	
期初余额	116 000	汇1	116 000		期初余额	78 300	汇3	239 280	
汇1	65 520	汇2	65 520		汇1	142 600			
汇2	193 050	汇3	193 050		汇2	209 550			
汇3	263 350				汇3	74 450			
本期发生额	521 820	本期发生额	374 570		本期发生额	426 600	本期发生额	239 280	
期末余额	263 250				期末余额	265 620			

借	其他应收款		贷		借	制造费用		贷	
期初余额	1 280	汇2	1 800		汇1	4 800	汇3	54 450	
汇1	1 800				汇2	15 590			
					汇3	34 060			
本期发生额	1 800	本期发生额	1 800		本期发生额	54 450	本期发生额	54 450	
期末余额	1 280								

---

① 由于篇幅关系,采用 T 形账户,但在实际工作中应采用三栏式,分别登记日期、凭证号数、借方金额、贷方金额及余额。

借	库 存 商 品		贷
期初余额	302 000	汇3	315 320
汇3	239 280		
本期发生额	239 280	本期发生额	315 320
期末余额	225 960		

借	待 摊 费 用		贷
汇1	37 200	汇3	3 100
本期发生额	37 200	本期发生额	3 100
期末余额	34 100		

借	待处理财产损溢		贷
汇3	820	汇3	820
本期发生额	820	本期发生额	820

借	固 定 资 产		贷
期初余额	628 000		

借	累 计 折 旧		贷
		期初余额	86 800
		汇3	30 400
本期发生额	—	本期发生额	30 400
		期末余额	117 200

借	短 期 借 款		贷
		期初余额	300 000

借	应 付 账 款		贷
汇1	102 500	期初余额	117 470
		汇1	133 380
		汇2	66 690
		汇3	35 100
本期发生额	102 500	本期发生额	235 170
		期末余额	250 140

借	应付职工薪酬		贷
汇2	145 000	期初余额	10 144
汇3	1 250	汇2	165 300
本期发生额	146 250	本期发生额	165 300
		期末余额	29 194

借	应 交 税 费		贷
汇1	69 266	期初余额	37 136
汇2	9 690	汇1	9 520
汇3	5 100	汇2	28 050
		汇3	54 265
本期发生额	84 056	本期发生额	91 835
		期末余额	44 915

借	应 付 利 息		贷
		汇3	2 750
本期发生额	—	本期发生额	2 750
		期末余额	2 750

借	应 付 股 利		贷
汇1	22 000	期初余额	22 000
		汇3	29 925
本期发生额	22 000	本期发生额	29 925
		期末余额	29 925

借	实 收 资 本		贷
		期初余额	1 000 000

借	资 本 公 积		贷
		期初余额	19 240

借	盈余公积		贷		借	其他业务成本		贷
		期初余额	51 200		汇3	13 600	汇3	13 600
		汇3	7 875		本期发生额	13 600	本期发生额	13 600
本期发生额	—	本期发生额	7 875					
		期末余额	59 075		借	营业税金及附加		贷
					汇3	2 890	汇3	2 890
借	本年利润		贷		本期发生额	2 890	本期发生额	2 890
汇3	408 515	汇3	447 890					
本期发生额	408 515	本期发生额	447 890		借	销售费用		贷
		期末余额	39 375		汇2	5 500	汇3	12 280
					汇3	6 780		
借	利润分配		贷		本期发生额	12 280	本期发生额	12 280
汇3	37 800	期初余额	22 890					
本期发生额	37 800	本期发生额	—		借	管理费用		贷
期末余额	14 910				汇2	36 220	汇3	39 960
					汇3	3 740		
借	主营业务收入		贷		本期发生额	39 960	本期发生额	39 960
汇3	429 000	汇1	56 000					
		汇2	165 000		借	财务费用		贷
		汇3	208 000		汇3	2 750	汇3	2 750
本期发生额	429 000	本期发生额	429 000		本期发生额	2 750	本期发生额	2 750
借	其他业务收入		贷		借	营业外支出		贷
汇3	17 000	汇3	17 000		汇2	8 800	汇3	9 010
本期发生额	17 000	本期发生额	17 000		汇3	210		
					本期发生额	9 010	本期发生额	9 010
借	营业外收入		贷					
汇3	1 890	汇3	1 890		借	所得税费用		贷
本期发生额	1 890	本期发生额	1 890		汇3	13 125	汇3	13 125
					本期发生额	13 125	本期发生额	13 125
借	主营业务成本		贷					
汇3	314 900	汇3	314 900					
本期发生额	314 900	本期发生额	314 900					

五、科目汇总表核算程序的优缺点和适用性

科目汇总表核算程序的优点是采用科目汇总表登记总分类账,简化了总分类账的登记工作;科目汇总表编制方便,并可根据科目汇总表上本期借、贷方发生额合计数之间的相等关系进行试算平衡,以确保账簿记录的正确性。其缺点是科目汇总表以及据以登记的总分类账不能反映各个账户的对应关系以及经济业务的来龙去脉;不便于对经济活动进行分析检查。因此,这种核算程序适用于经营规模较大、经济业务繁多的企业、单位。

第五节 多栏式日记账核算程序

一、多栏式日记账核算程序的特点及凭证与账簿的设置

多栏式日记账核算程序的特点是:设置多栏式现金日记账和银行存款日记账,对于收付款业务,期末根据各多栏式日记账的本期发生额和各对应账户的发生额合计数登记总分类账。对于转账业务可以根据转账凭证编制汇总记账凭证或转账凭证科目汇总表;然后根据汇总记账凭证或转账凭证科目汇总表登记总分类账。倘若转账凭证不多的企业单位,也可以根据转账凭证直接登记总分类账。在多栏式日记账核算程序下,除了要设置多栏式现金日记账和多栏式银行存款日记账外,其采用的记账凭证、总分类账和明细分类账的种类和格式与汇总记账凭证核算程序相同,在此不再重述。

二、多栏式日记账核算程序的具体操作步骤

多栏式日记账核算程序的具体操作步骤有以下七个。

(1) 根据原始凭证或原始凭证汇总表编制记账凭证。

(2) 根据收款凭证和付款凭证分别登记多栏式现金日记账和多栏式银行存款日记账。

(3) 根据记账凭证及其所附的原始凭证或原始凭证汇总表登记各种明细分类账。

(4) 根据转账凭证定期编制汇总转账凭证[1]。

(5) 期末根据多栏式现金日记账、多栏式银行存款日记账和汇总转账凭证[1]。登记总分类账。

(6) 期末将各种明细分类账的余额之和分别与总分类账中相关账户的余额进行核对。

(7) 期末根据总分类账和明细分类账的记录编制财务报告。

---

[1] 或者转账凭证汇总表。

多栏式日记账核算程序的具体步骤如图表 10-26 所示。

图表 10-26

多栏式日记账核算程序

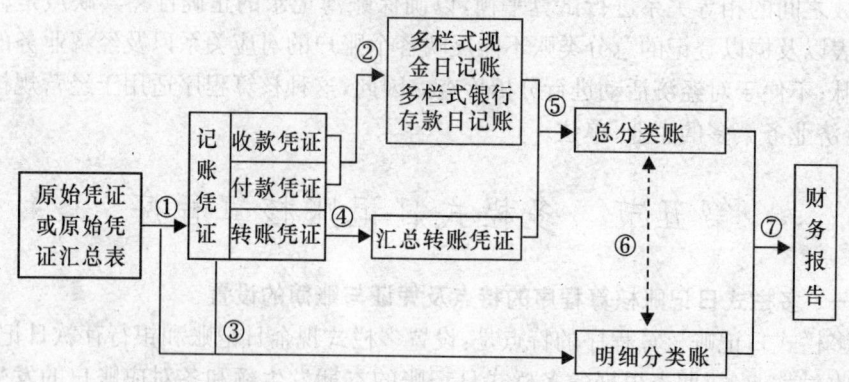

三、多栏式日记账核算程序的应用

在多栏式日记账核算程序下，记账凭证和汇总转账凭证的编制、明细分类账的登记与汇总记账凭证核算程序相同，不再重述。现就多栏式日记账和总分类账的登记举例予以说明。

【例 4】 捷利工厂采用多栏式日记账。每月根据转账凭证编制汇总转账凭证一张，每旬归类汇总一次，月末结算出多栏式日记账和汇总转账凭证各科目的合计数，据以登记总分类账。

1. 根据[例 1]编制的收款凭证和付款凭证登记多栏式现金日记账、银行存款收入日记账和银行存款付出日记账如图表 10-27、图表 10-28、图表 10-29 所示。

2. 根据多栏式现金日记账、银行存款收入日记账、银行存款付出日记账，以及与日记账中所列对应账户和有关汇总转账凭证（见图表 10-19），登记现金、银行存款和日记账中相关的总分类账[①]如图表10-30所示。

四、多栏式日记账核算程序的优缺点和适用性

多栏式日记账核算程序的优点是将多栏式日记账与汇总记账凭证[②]结合起来登记总分类账，简化了总分类账的登记手续。由于多栏式日记按账户对应关系设置专栏，根据各对应账户的本期发生额登记总分类账，从而简化了编制汇总收款凭

[①] 由于篇幅关系，采用 T 形账户，但在实际工作中采用三栏式账页，分别登记日期、记账依据（日记账名称或汇总转账凭证号数）、借方金额、贷方金额及余额。

[②] 或转账凭证科目汇总表。

第十章 会计核算程序

图表 10-27

现 金 日 记 账

单位：元

2016年		凭证号数	摘　要	收入金额				付出金额				结存金额
月	日			银行存款	应借贷对方科目 待处理财产损溢	其他应收款	合计	应借对方科目 应付职工薪酬	管理费用		合计	
1	1		上年结转									2 500
	5	现付 1	采购员李清预支差旅费	1 800			1 800				1 800	700
	7	银付 6	提现备用									2 500
	11	现付 2	补付采购员李清差旅费						60		60	2 440
	15	银付 12	提现备发工资	145 000			145 000	145 000			145 000	147 440
	15	现付 3	发放工资									2 440
	29	银付 1	收到王强赔偿款		210		210					2 650
	29	现付 4	支付职工学习学科学文化学费			1 800		1 250			1 250	1 400
1	31		本期发生额及余额	146 800	210	1 800	147 010	146 250	60		148 110	1 400

图表 10-28

银行存款收入日记账

单位：元

2016年		凭证号数	摘　要	应贷对方科目			收入合计	付出合计	结存金额
月	日			库存现金	应收账款	营业外收入			
1	1		上年结转						450 200
	8	银收 1	收到东风公司前欠货款		116 000		116 000		
	15	银收 2	收到广灵公司前欠货款		65 520		65 520		
	25	银收 3	收到东风公司前欠货款		193 050		193 050		
	31	银收 4	收到周桥工厂罚款			1 890	1 890		
1	31		本期发生额及余额		374 570	1 890	376 460	474 866	351 794

图表 10-29

银行存款付出日记账

单位：元

2016年		凭证号数	摘要	应借				对方科目					付出合计
月	日			库存现金	在途物资	制造费用	待摊费用	应付账款	应交税费	应付股利	销售费用	管理费用	营业外支出	
1	2	银付1	预付全年财产保险费				37 200							37 200
	4	银付2	支付A材料运输费和装卸费		6 000									6 000
	5	银付3	支付前天郑化工厂货款					102 500						102 500
	6	银付4	交纳增值税、城市维护建设税、教育费附加和所得税						37 136					37 136
	7	银付5	支付投资者利润							22 000				22 000
	7	银付6	提现备用	1 800										1 800
	8	银付7	支付郑化工厂B材料款		75 000									75 000
	8	银付7	支付进项税额						12 750					12 750
	9	银付8	支付销售乙产品运输费		3 000									3 000
	12	银付9	支付生产车间办公费								5 500			5 500
	13	银付10	支付行政管理部门办公费			1 340								1 340
	13	银付10	支付A材料运输费和装卸费		3 000							5 860		5 860
	14	银付11	支付A材料运输费和装卸费		3 000									3 000
	15	银付12	提现发工资	145 000										145 000
	19	银付13	捐赠希望小学工程										8 800	8 800
	22	银付14	支付B材料运输和装卸费		1 200									1 200
	24	银付15	支付推销产品广告费								6 780			6 780
1	31		本月合计	146 800	88 200	1 340	37 200	102 500	49 886	22 000	12 280	5 860	8 800	474 866

图表 10-30

总 分 类 账 户

借	库 存 现 金		贷		借	制 造 费 用		贷	
期初余额	2 500	现金日记账		148 110	银付日记账	1 340	汇转 5		54 450
现金日记账	147 010				汇转 3	8 700			
					汇转 7	2 480			
本期发生额	147 010	本期发生额		148 110	汇转 10	14 250			
期末余额	1 400				汇转 14	27 680			
					本期发生额	54 450	本期发生额		54 450

借	银 行 存 款		贷		借	待 摊 费 用		贷	
期初余额	450 200	银付日记账		474 866	银付日记账	37 200	汇转 7		2 480
银收日记账	376 460						汇转 7		620
本期发生额	376 460	本期发生额		474 866	本期发生额	37 200	本期发生额		3 100
期末余额	351 794				期末余额	34 100			

借	应 收 账 款		贷		借	待处理财产损溢		贷	
期初余额	116 000	银行日记账		374 570	汇转 3	400	现金日记账		210
汇转 11	75 820				汇转 6	420	汇转 8		400
汇转 17	429 000						汇转 8		210
汇转 18	17 000				本期发生额	820	本期发生额		820
本期发生额	521 820	本期发生额		374 570	期末余额	—			
期末余额	263 250								

借	其 他 应 收 款		贷		借	应 付 账 款		贷	
期初余额	1 280	汇转 1		1 800	银付日记账	102 500	期初余额		117 470
现金日记账	1 800						汇转 9		201 000
							汇转 9		34 170
本期发生额	1 800	本期发生额		1 800	本期发生额	102 500	本期发生额		235 170
期末余额	1 280						期末余额		250 140

借	在 途 物 资		贷		借	应付职工薪酬		贷	
银付日记账	88 200	汇转 2		289 200	现金日记账	146 250	期初余额		10 144
汇转 9	201 000						汇转 10		122 550
							汇转 10		14 250
							汇转 10		28 500
本期发生额	289 200	本期发生额		289 200	本期发生额	146 250	本期发生额		165 300
							期末余额		29 194

借	应交税费		贷
银付日记账	49 886	期初余额	37 136
汇转 9	34 170	汇转 11	75 820
		汇转 11	2 890
		汇转 11	13 125
本期发生额	84 056	本期发生额	91 835
		期末余额	44 915

借	应付股利		贷
银付日记账	22 000	期初余额	22 000
		汇转 13	29 925
本期发生额	22 000	本期发生额	29 925
		期末余额	29 925

借	营业外收入		贷
汇转 16	1 890	银收日记账	1 890
本期发生额	1 890	本期发生额	1 890

借	销售费用		贷
银付日记账	12 280	汇转 20	12 280
本期发生额	12 280	本期发生额	12 280

借	管理费用		贷
现金日记账	60	汇转 23	39 960
银付日记账	5 860		
汇转 1	1 800		
汇转 7	620		
汇转 8	400		
汇转 10	28 500		
汇转 14	2 720		
本期发生额	39 960	本期发生额	39 960

借	营业外支出		贷
银付日记账	8 800	汇转 25	9 010
汇转 8	210		
本期发生额	9 010	本期发生额	9 010

证和汇总付款凭证的手续。其缺点是在经济业务复杂,账户设置多的企业、单位,日记账因专栏的栏次过多而造成账页较长,不便于登记和查阅。这种核算程序适用于经营规模较大,业务量较多,但现金和银行存款收付的业务简单,涉及的账户不多的企业单位。

思 考 题

1. 什么是会计核算程序？其核心是什么？为什么？
2. 会计核算程序有哪些种类？组织会计核算程序有哪些要求？
3. 试述记账凭证核算程序的具体操作步骤、优缺点及适用性。
4. 试述汇总记账凭证的编制方法。
5. 试述汇总记账凭证核算程序的具体操作步骤、优缺点及适用性。
6. 试述科目汇总表的编制方法。
7. 试述科目汇总表核算程序的具体操作步骤、优缺点及适用性。
8. 试述多栏式日记账核算程序的具体操作步骤、优缺点及适用性。

第十章 会计核算程序

练 习 题

练 习 题 一

一、目的 练习记账凭证核算程序。

二、资料 东信工厂 2016 年 1 月份有关资料如下：

1. 各总分类账户的期初余额（单位：元）。

账户名称	借方余额	账户名称	贷方余额
库存现金	2 000	短期借款	250 000
银行存款	438 400	应付账款	141 510
应收账款	198 030	应付职工薪酬	13 360
其他应收款	620	应交税费	35 190
原材料	127 000	应付股利	22 600
生产成本	45 970	累计折旧	99 600
库存商品	281 180	实收资本	980 000
固定资产	532 000	盈余公积	58 420
		利润分配	24 520
合　　计	1 625 200	合　　计	1 625 200

2. 有关明细分类账户的期初余额。

(1) "应收账款"明细分类账：

　　嘉华公司　　　　　　　　　　　　　　　　102 200 元

　　泰安公司　　　　　　　　　　　　　　　　93 600 元

　　周村工厂　　　　　　　　　　　　　　　　2 230 元

(2) "原材料"明细分类账：

　　甲材料　2 600 千克　　单价　30 元　　金额　78 000 元

　　乙材料　1 960 千克　　单价　25 元　　金额　49 000 元

(3) "生产成本——A 产品"明细分类账户 45 970 元。
其中：直接材料 32 200 元，直接人工 10 600 元，制造费用 3 170 元。

3. 1 月份发生下列经济业务。

(1) 2 日，收到嘉华公司归还前欠账款 102 200 元，存入银行。

(2) 3 日，采购员王明预支差旅费 1 500 元，以现金付讫。

(3) 3 日，向沪南工厂购进甲材料 4 000 千克，每千克 28 元，货款 112 000 元，增值税额 19 040 元。甲材料已验收入库，账款尚未支付。

(4) 4 日，以银行存款支付 4 000 千克甲材料的运输费 6 400 元，装卸费 1 600 元。

(5) 4日,上项甲材料已采购完毕,结转其实际采购成本。

(6) 5日,以银行存款预付本年度财产保险费49 800元。

(7) 5日,以银行存款偿还前欠北兴工厂账款48 000元。

(8) 6日,向银行提取现金2 500元,备用。

(9) 6日,销售给泰安公司A产品300件,每件360元,货款108 000元,增值税额18 360元,账款尚未收到。

(10) 7日,采购员王明出差回来报销差旅费1 480元,退回多余现金20元,以结清其预支款。

(11) 8日,以银行存款缴纳增值税22 100元,城市维护建设税1 547元,教育费附加663元,所得税10 880元。

(12) 8日,向北兴工厂购进乙材料1 500千克,每千克24元,货款36 000元,增值税额6 120元。乙材料已验收入库,账款尚未支付。

(13) 9日,以银行存款支付1 500千克乙材料运输费1 250元,装卸费250元。乙材料已采购完毕,结转其实际采购成本。

(14) 9日,销售给嘉华公司B产品375件,每件380元,货款142 500元,增值税额24 225元,账款尚未收到。

(15) 10日,各部门领用甲材料3 300千克,每千克30元,其中,生产A产品耗用2 200千克,生产B产品耗用1 000千克,生产车间一般耗用100千克。领用乙材料1 650千克,每千克25元,其中,生产B产品耗用1 600千克,行政管理部门耗用50千克。

(16) 10日,以银行存款支付推销产品的广告费5 900元。

(17) 11日,以银行存款支付分配给投资者利润22 600元。

(18) 12日,以银行存款支付前欠沪南工厂账款46 250元。

(19) 12日,以银行存款支付办公费6 960元,其中,生产车间负担1 360元,行政管理部门负担5 600元。

(20) 13日,车间主任周海出差预支差旅费1 600元,以现金付讫。

(21) 14日,收到泰安公司归还前欠账款93 600元,存入银行。

(22) 15日,提取现金149 000元,备发工资。

(23) 15日,以现金149 000元发放本月份职工工资。

(24) 16日,分配本月份职工工资,其中,生产A产品工人工资60 000元;生产B产品工人工资50 000元;车间管理人员工资13 500元;行政管理部门人员工资25 500元。

(25) 17日,以本月份职工工资总额的14%计提职工福利费。

(26) 18日,向沪南工厂购进甲材料2 500千克,每千克28元,货款70 000元,增值税额11 900元。甲材料已验收入库,款项尚未支付。

(27) 19日,以银行存款支付2 500千克甲材料的运输费4 000元,装卸费1 000元,甲材料已采购完毕,结转其实际采购成本。

(28) 20日,各部门领用甲材料1 560千克,每千克30元,其中,生产A产品耗用1 500千克,行政管理部门耗用60千克,领用乙材料1 600千克,每千克25元,其中,生产B产品耗用1 500千克,生产车间一般耗用 100 千克。

(29) 20 日,车间主任周海出差回来报销差旅费 1 720 元,当即以现金补付其 120 元,以结清其暂支款。

(30) 21 日,收到泰安公司归还前欠账款 126 360 元,存入银行。

(31) 22 日,以银行存款支付前欠沪南工厂账款 131 040 元。

(32) 23 日,以银行存款 5 000 元捐赠希望工程。

(33) 23 日,向北兴工厂购进乙材料 2 000 千克,每千克 24 元,货款 48 000 元,增值税额 8 160 元。乙材料已验收入库,款项尚未支付。

(34) 24 日,以银行存款支付 2 000 千克乙材料的运输费 1 650 元,装卸费 350 元,乙材料已验收入库,结转其实际采购成本。

(35) 25 日,销售给泰安公司 A 产品 360 件,每件 360 元,货款 129 600 元,增值税额 22 032 元,账款尚未收到。

(36) 25 日,销售给广安公司乙材料 330 千克,每千克 30 元,货款 9 900 元,增值税额 1 683 元,账款尚未收到。

(37) 25 日,乙材料的单位成本为 25 元,结转已售乙材料的成本。

(38) 26 日,以银行存款支付前欠北兴工厂账款 42 120 元。

(39) 26 日,经盘点发现盘盈甲材料 10 千克,每千克 30 元;盘亏乙材料 20 千克,每千克 25 元;盘亏 A 产品 5 件,每件 276.40 元,予以转账。

(40) 27 日,销售给嘉华公司 B 产品 300 件,每件 380 元,货款 114 000 元,增值税额 19 380 元,账款尚未收到。

(41) 28 日,计提本月份固定资产折旧费 30 690 元,其中,生产车间 28 480 元,行政管理部门 2 210 元。

(42) 28 日,以银行存款支付销售 A、B 两种产品的运输费 6 600 元。

(43) 29 日,收到嘉华公司归还前欠账款 166 725 元,存入银行。

(44) 30 日,生产 A 产品领用甲材料 700 千克,每千克 30 元;生产 B 产品领用乙材料 560 千克,每千克 25 元,予以转账。

(45) 31 日,经查明盘盈甲材料系收发过程中的正常盈余;盘亏的乙材料系定额损耗,经批准予以转账;盘亏的 A 产品系管理人员周宏错发产品,经批准 50% 作为企业损失,50% 由周宏负责赔偿,并收到其付来的赔偿现金。

(46) 31 日,摊销应由本月份负担的财产保险费,其中:生产车间负担 80%,行政管理部门负担 20%。

(47) 31 日,计提本月份短期借款利息 2 759 元。

(48) 31 日,按生产工时分配制造费用,其中生产 A 产品耗用 4 200 工时,B 产品耗用 3 600 工时。

(49) 31 日,本月份生产的 1 000 件 A 产品已全部验收入库,结转其生产成本。

(50) 31 日,本月份销售 A 产品 660 件,每件成本 276.40 元;B 产品 675 件,每件成本 287.20 元,结转其销售成本。

(51) 31日,根据本月份发生的增值税销项税额与进项税额的差额按7%税率计提城市维护建设税,按3%征收率计提教育费附加。

(52) 31日,收取南桥工厂罚款1 400元,存入银行。

(53) 31日,应收周村工厂账款2 230元,因该企业已破产无法收回,经批准转作坏账损失。

(54) 31日,将损益类账户结转"本年利润"账户。

(55) 31日,按25%税率计提所得税,并将其结转"本年利润"账户。

(56) 31日,按净利润的20%计提盈余公积。

(57) 31日,按净利润的70%计提应分配给投资者的利润。

三、要求

1. 根据"资料1"设置总分类账户、现金日记账和银行存款日记账。
2. 根据"资料2"设置明细分类账户。
3. 根据"资料3"编制收款凭证、付款凭证和转账凭证。
4. 根据编制的记账凭证登记日记账、总分类账和明细分类账,并进行结账。
5. 根据总分类账户编制本期发生额及余额试算平衡表。
6. 根据明细分类账编制应收账款明细分类账户本期发生额及余额试算表和原材料明细分类账本期发生额及余额试算表,并将其与总分类账进行核对。
7. 根据总分类账和明细分类账,编制资产负债表和利润表。

练 习 题 二

一、目的　练习汇总记账凭证核算程序。

二、资料

1. 本章习题一中的资料1。
2. 本章习题一中的编制的收款凭证、付款凭证和转账凭证。

三、要求

1. 根据"资料1"设置总分类账。
2. 根据"资料2"编制汇总收款凭证、汇总付款凭证和汇总转账凭证。
3. 根据汇总记账凭证登记总分类账,并进行结账。

练 习 题 三

一、目的　练习科目汇总表核算程序。

二、资料

1. 本章习题一的"资料1"。
2. 本章习题一编制的收款凭证、付款凭证和转账凭证。

三、要求

1. 根据"资料1"设置总分类账。
2. 根据"资料2"编制科目汇总表。
3. 根据科目汇总表登记总分类账,并进行结账。

练 习 题 四

一、目的　练习多栏式日记账核算程序。

二、资料

1. 本章习题一中的"资料1"。
2. 本章习题一编制的收款凭证、付款凭证和转账凭证。

三、要求

1. 根据"资料1"设置总分类账。
2. 根据"资料2"编制的收款凭证和付款凭证登记多栏式现金日记账和多栏式银行存款日记账,并进行结账。
3. 根据转账凭证编制汇总转账凭证。
4. 根据多栏式日记账和汇总转账凭证登记总分类账,并进行结账。

第十一章　会计工作的组织

第一节　组织会计工作概述

一、组织会计工作的意义

会计工作组织是指会计机构的设置、会计人员的配备、会计法规的制定与执行和会计档案的保管。科学地组织会计工作对于完成会计的职能,实现会计的目标,发挥会计在经济管理中的作用,具有十分重要的意义,其具体表现在以下三个方面。

(一) 有利于提高会计工作的质量和效率

会计工作是一项严密细致的经济管理工作,其运用一系列专门方法,对反映经济业务的各种数据进行记录、计算、分类、汇总、分析和检查,从而为经营管理和与单位有经济利益关系的各方提供会计信息。在实际工作中,往往由于一个数字的差错,一个手续的遗漏或一道工作的脱节而造成会计信息不真实、不完整、不正确、不及时,从而贻误工作。科学地组织会计工作,可以使会计工作按照事先规定的手续和程序有条不紊地进行,以防止差错和遗漏。一旦发生差错和遗漏,也能及时发现,予以纠正,以提高会计工作的质量和效率,保证提供的会计信息真实可靠。

(二) 有利于协调与其他经济管理工作的关系

会计工作是一项综合性的经济管理工作,各单位所发生的各项经济业务,都必须通过会计工作加以核算和监督,这就使会计工作同各种经济管理工作发生密切的联系,这就需要相互配合,相互促进。科学地组织会计工作,能使会计工作协调好同其他经济管理工作的关系,有利于监督财政政策和财务制度的贯彻执行,共同完成经济管理的任务。

(三) 有利于加强经济责任制

经济责任制是各企业单位实行内部经济管理的重要手段,科学地组织会计工作可以促使各企业、单位内部各部门更好地履行自己的经济责任,管好、用好资金,增收节支,提高经营管理水平,追求最佳的经济效益。

二、组织会计工作的要求

组织好会计工作应遵循以下四个要求。

第十一章 会计工作的组织

(一) 按照国家统一的要求组织会计工作

由于会计所提供的会计信息既要满足与企业、单位有经济利益关系的各方和企业、单位内部经营管理的需要；又要满足国家加强国民经济宏观调控的需要。因此，各企业单位必须贯彻执行人大常委会通过的《中华人民共和国会计法》，遵循财政部颁发的《企业会计准则——基本准则》和38项具体准则以《企业会计准则——应用指南》的要求，组织会计工作。

(二) 根据各自经营管理的特点组织会计工作

各企业、单位在遵循国家统一要求的组织会计工作的前提下，应根据自身业务经营的特点、经营规模的大小和经营管理的需要，确定本企业、单位的会计制度，对会计机构的设置和会计人员的配备等方面作出切合实际的安排。

(三) 加强内部控制制度

为了维护与企业、单位有经济利益关系的各方的利益，在组织会计工作中，应实行内部控制制度。要建立和完善会计工作的岗位责任制，对经济活动中牵涉到财产物资和现金的收付、债权债务的结算及其登记、记账凭证和财务报告的编制等工作时，均应由两人以上分工负责，加强会计人员之间的相互核对和相互牵制，以防差错和弊端。

(四) 在保证会计工作质量的前提下，提高工作效率

企业、单位在组织会计工作时，在保证会计工作质量的前提下，对会计机构的设置和会计人员的配备，力求精简、合理；对会计核算程序和手续制度的规定，应切合实际需要，避免繁琐，以提高工作效率，节约核算费用。

第二节 会计机构和会计人员

一、会计机构

(一) 会计机构的设置

会计机构是指各单位内部直接从事和组织领导会计工作的职能部门。建立和健全会计机构，是加强会计工作、保证会计工作顺利进行的重要条件。

我国《会计法》第七条规定：国务院财政部门主管全国的会计工作。县级以上地方各级人民政府的财政部门管理本行政区域内的会计工作。因此，中央政府和地方政府均设立了会计管理机构。我国《会计法》第三十六条还规定：各单位应当根据会计业务的需要设置会计机构或者在有关机构中配备会计人员并指定会计主管人员；不具备设置条件的，可以委托经批准设立从事代理记账业务的中介机构代理记账。

1. 设置专职的会计机构　　我国的大中型企业、具有一定规模的行政事业单

位和其他经济组织均要设置专职的会计机构。我国由于会计工作和财务工作之间关系密切,因此各个企业、行政事业单位和其他经济组织通常设置财务会计科(或处、组)。在会计机构内部再根据具体的条件,进行合理的分工。会计机构要接受上级管理机构、国家财政、税务和审计部门的指导与监督,并按规定向它们报送财务报告。

2. 在有关机构中配备会计人员并指定会计主管人员　小型的企业、行政事业单位和其他经济组织,规模小,经济活动也比较简单,可以在企业或单位内部与财务会计工作比较接近的有关机构或综合部门,如计划、统计、办公室等部门,配备专职会计人员,并指定对财务会计工作负责的会计主管人员。

3. 委托代理记账　特小型的企业和其他经济组织,不具有配备会计人员条件的,可以委托经批准设立的、从事咨询、服务的会计中介机构代理记账。

(二) 会计机构的工作组织形式

会计机构的工作组织形式通常有独立核算和非独立核算两种。

1. 独立核算　它是指具有完整的会计凭证、会计账簿和会计报告体系,全面地记录所发生的经济业务,并定期编制财务报告的单位所进行的会计核算。

实行独立核算的单位称为独立核算单位,它拥有一定数额的资金,有独立经济的自主权,独立开设银行账户,办理各项收支结算业务;设置独立的会计机构进行全面的会计核算;单独编制预算和计算盈亏。

实行独立核算单位的会计工作组织形式又分为集中核算和非集中核算两种。

(1) 集中核算　它是指将整个单位的会计工作全部集中在会计部门进行。采用集中核算的组织形式,单位内部各部门对其本身发生的经济业务,只办理编制原始凭证手续,并定期将各种原始凭证送交会计部门,由会计部门审核无误后,据以进行会计核算。

集中核算的组织形式便于会计人员进行合理的分工,减少了核算层次,加速了核算工作,有利于提高工作效率,节约核算费用。但该种形式不便于各部门随时利用核算资料分析和考核其各项工作的完成情况。

(2) 非集中核算　它又称分散核算,是指单位内部各部门对其本身发生的经济业务进行较全面的核算。采用非集中核算的组织形式,单位内部各部门要填制和审核会计凭证,设置和登记会计账簿,独立计算盈亏,并定期编制内部会计报告,报送会计部门。非集中核算的组织形式便于各部门经常利用核算资料分析和考核其各项工作的完成情况。但该种形式下,会计人员难以进行合理分工,核算的工作量大,核算成本也高。

在实际工作中,各单位可以根据其经营的特点和管理的需要采用集中核算或非集中核算;也可以对有些部门采用集中核算,对有些部门采用非集中核算。无论采用哪种形式,单位同银行的往来以及债权债务的结算,都必须通过会计部门办理。

2. 非独立核算　　它是指没有完整的会计凭证和会计账簿体系,只记录部分经济业务的单位所进行的会计核算。

实行非独立核算的单位称为非独立核算单位,又称报账单位,它本身没有资本,其财产物资均由上级单位拨付,也没有独立的银行账户,其一切收入均存入上级单位账户,一切支出也由上级单位审核支付。非独立核算单位通常不设置会计机构,仅配备会计人员只进行原始凭证的填制、审核、整理和汇总,以及实物明细账的登记工作,不单独编制预算和计算盈亏。

(三) 会计工作岗位

会计工作岗位是指一个单位内部根据业务分工而设置的职能岗位。在会计机构内部设置会计工作岗位,有利于明确分工和确定岗位职责,以建立相应的责任制度。建立会计工作岗位责任制,有利于会计人员钻研业务,提高工作效率和质量;有利于分清职责,严明纪律,严格进行考核;有利于会计工作的程序化和规范化。

根据财政部印发的《会计基础工作规范》的规定,各单位应当根据会计业务的需要设置会计工作岗位。会计工作岗位可以分为:会计机构负责人或者会计主管人员,出纳,财产物资核算、工资核算、成本费用核算、财务成果核算、资金核算、往来结算、总账报表、稽核、档案管理等。会计工作岗位,可以一人一岗,一人多岗或者一岗多人。会计人员的工作岗位应当有计划地进行轮换。

二、会计人员

会计人员是指从事会计工作,处理会计业务的专业技术人员。

(一) 会计人员的从业资格

根据我国《会计法》第38条规定,从事会计工作的人员,必须取得会计从业资格证书。会计人员从业资格管理办法由国务院财政部门规定。我国会计人员从业资格证书为会计证。会计证是进入会计岗位的"通行证",未取得会计证的人员,不得从事会计工作。

根据我国财政部公布的《会计从业资格管理办法》中有关取得会计从业资格的规定,会计从业资格的取得实行考试制度,考试大纲由财政部统一制定并公布。考试科目为《财经法规与会计职业道德》、《会计基础》和《初级会计电算化》。会计从业资格考试工作由各省、自治区、直辖市财政厅(局)按照规定的管理范围负责组织实施。

《会计从业资格管理办法》还规定,申请参加会计从业资格考试的人员,应当符合:① 遵守会计和财经法律、法规。② 具备良好的道德品质。③ 具备会计专业基础知识和技能的基本条件。会计证申请人符合基本条件,且具备国家教育行政主管部门认可的中专以上(含中专)会计类专业学历的,自毕业之日起2年内(含2年)免试《会计基础》、《初级会计电算化》考试科目。

我国《会计法》还规定,会计人员应当遵守职业道德,提高业务素质,对会计人员的教育和培训工作应当加强。由于社会经济发展很快,会计工作不断面临新的情况,会计人员必须不断地更新知识,才能适应日益复杂的工作局面。因此,要求会计人员每年必须完成规定的培训计划,连续2年未参加会计业务培训接受继续教育的,不办理会计证年检;连续3年未接受继续教育的,取消会计证及会计专业技术职务资格。

(二) 会计人员职业道德

财政部印发的《会计基础工作规范》的通知中,要求会计人员在会计工作中应当遵守职业道德,树立良好的职业品质,严谨的工作作风;严守工作纪律,努力提高工作效率和工作质量。会计人员职业道德包括以下六个方面。

1. 爱岗敬业　　会计人员应当热爱本职工作,努力钻研业务,使自己的知识和技能适应所从事的工作要求。

2. 熟悉法规　　会计人员应当熟悉财经法律、法规和《企业会计准则》,并结合会计工作进行广泛的宣传。

3. 依法办事　　会计人员应当按照会计法律、法规和《企业会计准则》规定的程序和要求进行会计工作,保证所提供的会计信息合法、真实、准确、及时和完整。

4. 客观公正　　会计人员办理会计事务应当实事求是,客观公正。

5. 搞好服务　　会计人员应当熟悉本单位的生产经营和业务管理情况,运用掌握的会计信息和会计方法,为改善单位内部管理,提高经济效益服务。

6. 保守秘密　　会计人员应当保守本单位的商业秘密。除法律规定和单位领导人同意外,不能私自向外界提供或者泄露本单位的会计信息。

(三) 会计机构负责人的任职资格

我国《会计法》第38条还规定,担任单位会计机构负责人(会计主管人员)的,除取得会计从业资格证书外,还应当具备会计师以上专业技术具有职务资格或者具有从事会计工作3年以上的经历。

(四) 会计人员的职责

1. 进行会计核算　　会计人员要严格遵守职业道德,提高业务素质,要以实际发生的经济业务为依据,按照财政部颁发的《企业会计准则》、《企业会计准则——应用指南》和《企业财务通则》的规定,做好记账、算账、对账和报账工作。及时、真实地反映企业的财务状况、经营成果和现金流量。

2. 实行会计监督　　会计人员要以国家法令、财政部颁发的《企业会计准则》、《企业会计准则——应用指南》和《企业财务通则》为依据,对发生的各项经济业务及其会计处理的合法性、合理性进行监督。对不真实、不合法的原始凭证有权不予接受,并向单位负责人报告。对记载不准确、不完整的原始凭证予以退回,并要求更正、补充。发现会计账簿记录与实物、款项及有关资料不相符的,按照《企业会计准则》的有关规定,有权处理的,应当及时处理;无权处理的,应当立即向单位负责人报告,请求查明原因,作出处理。对违反我国《会计法》、《企业会计准则》和《企业财务通则》规定的行为,有权检举。

3. 拟定本单位办理会计事务的具体办法和制度　　各单位的会计机构要根据国家颁发的《会计法》、《企业会计准则》和《企业财务通则》,结合本单位的特点和需要,制定本企业的内部会计制度,其主要内容包括会计机构的设置,会计人员的配备,建立和健全本单位的会计人员岗位责任制、内部牵制和稽核制度、财产清查制度、成本计算方法和费用开支报销手续办法等。

4. 编制各项财务预算,考核和分析其执行情况　　各单位的会计机构要编制筹资、投资、成本、费用、收入和利润等各项财务预算,并根据会计核算资料考核和分析各项财务预算的执行情况,查明筹资与投资的效果,成本、费用、收入和利润升降的原因,揭露经营管理中存在的问题,并提出改进的措施。

(五) 会计人员的工作权限

为了保障会计人员能够顺利地履行自己的职责,国家赋予他们以下三个工作权限。

1. 有权要求本单位各部门、人员遵守会计法规　　会计人员对于违反我国《会计法》、《企业会计准则》和《企业财务通则》等会计法规的情况,如账实不符、弄虚作假、营私舞弊、贪污盗窃等,会计人员有权拒绝付款或拒绝执行,并向本单位领导人报告或有权检举。

2. 有权参与本单位的重要经济决策　　会计人员有权参与本单位编制预算、制定定额、签订经济合同、参加生产经营管理会议,并有权向单位领导人提出财务开支和经济效益方面的问题和意见。

3. 有权监督本单位的经济活动　　会计人员有权检查和监督本单位各部门的财务收支,资金使用和财产保管、收发、计量、检验等情况。有关部门要提供资料,应如实反映情况。

(六) 会计人员的法律责任

会计人员应当遵纪守法,对于不依法设置会计账簿的;私设会计账簿的;未按照规定填制、取得原始凭证或者填制、取得的原始凭证不符合规定的;以未经审核的会计凭证为依据登记会计账簿或者登记会计账簿不符合规定的;随意变更会计处理方法的;向不同的会计信息使用者提供的财务报告编制依据不一致的;未按照规定使用会计记录文字或者记账本位币的;未按照规定保管会计资料,致使会计资料毁损、灭失的;未按照规定建立并实施单位内部会计监督制度,或者拒绝依法实施监督的,或者不如实提供有关会计资料及有关情况的,甚至伪造、变造会计凭证、会计账簿、编制虚假财务报告等违法行为,尚不构成犯罪的,由县级以上人民政府财政部门予以通报,对其直接负责的主管人员和其他直接责任人员处以罚款;属于国家工作人员的,还应当由其所在单位或者有关单位依法给予行政处分,情节严重的,由县级以上人民政府财政部门吊销其会计从业资格证书。构成犯罪的,依法追究其刑事责任。

(七)会计人员的专业技术职务

我国会计专业职务名称有会计员、助理会计师、会计师和高级会计师。会计员和助理会计师为初级职务,会计师为中级职务,高级会计师为高级职务。

我国对会计专业技术资格实行统一考试制度,考试工作由财政部、人事部共同负责。初级、中级会计资格考试实行全国统一组织、统一考试时间、统一考试大纲、统一考试命题和统一合格标准的考试制度。初级会计资格考试科目为《初级会计实务》和《经济法基础》,考试实行1年内1次通过全部科目考试的方法。中级会计资格考试科目为《中级会计实务》、《财务管理》和《经济法》,考试成绩以2年为一个周期。单科成绩采取滚动计算的方法。高级会计师资格考试实行考试与评审相结合的制度,考试科目为《高级会计实务》,采取开卷笔答方式。参加考试并达到国家合格标准的人员,由全国会计专业技术资格考试办公室核发高级会计师资格考试成绩合格证。获得会计专业技术资格的会计人员,表明其已具备担任相应级别会计专业技术职务的任职资格,用人单位根据工作的需要,从获得会计专业技术资格的会计人员中择优聘任。

第三节 会计法规

一、会计法规体系

会计法规是指组织会计工作、处理会计事务应遵循的各种法律、法规、准则和制度等规范性文件的总称。会计法规以一定的会计理论为基础,根据国家的财经方针和政策,将会计工作所应遵循的各项原则和方法用法规的形式肯定下来。它既是人们在长期会计实践中评价会计质量标准的历史总结,又是对目前会计工作进行约束的现行标准。

会计法规体系是指由调整会计活动中所发生的社会关系的各种法律规范所形成的有机联系的统一整体。我国的会计法规体系由《会计法》、《企业会计准则》和

《企业会计制度》三个部分组成。

二、会计法

《中华人民共和国会计法》简称《会计法》,是为了规范会计行为,保证会计资料真实、完整,加强经济管理和财务管理,提高经济效益,维护社会主义市场经济秩序而制定的根本大法。

《会计法》在1985年1月21日第六届全国人民代表大会常务委员会第九次会议通过,于1985年5月1日起施行。1993年12月29日,第八届全国人民代表大会常务委员会第五次会议对其进行了修正;1999年10月31日,第九届全国人民代表大会常务委员会第十二次会议又对其进行了修订,于2000年7月1日起施行。通过两次修订后,我国的《会计法》更为完善。《会计法》明确规定财政部主管全国的会计工作。

现行的《会计法》共分七章五十二条。严格规定了单位负责人对本单位的会计工作和会计资料的真实性、完整性所负的责任;要求会计机构、会计人员依《会计法》的规定进行会计核算,实行会计监督,对会计机构的设置、会计人员的任职资格和工作提出了要求;并明确了单位负责人和会计人员应负的法律责任。

三、企业会计准则

《企业会计准则》是指导企业会计工作的行为规范。分为基本准则和具体准则。

1992年11月30日,由财政部颁发《企业会计准则——基本准则》。于1993年7月1日起施行。

具体会计准则是按照基本会计准则的内容要求,针对各种经济业务或财务报告作出的各种具体规定。具体会计准则的特点是操作性强,可以根据其直接组织该项业务的核算或编制财务报告。财政部自从1997年5月22日颁发的《企业会计准则——关联方关系及其交易的披露》具体会计准则起,已先后颁发了15个具体会计准则。

2006年2月15日,财政部又新颁发了《企业会计准则——基本准则》和《企业会计准则第1号——存货》等38个具体准则,对原有的《企业会计准则》进行修订。新《企业会计准则——基本准则》分为十一章五十条。其主要说明了制定《企业会计准则》的目的、《企业会计准则》的适用范围;规定了会计核算的基本假设、会计信息质量要求,进行会计确认、计量和报告的基础,应当采用的记账方法;还规定了会计要素包括的内容、会计计量,以及财务报告包括报表的种类、所反映的内容和附则等。

2006年10月30日,财政部还颁发了《企业会计准则——应用指南》,从而形成了一套完整、全部的企业会计准则体系,这是我国财政部为适应新形势下国内外经济发展的需要而作出的重大会计改革决策,以适应市场经济条件下对会计信息多元化的需要。这套新企业会计准则体系自2007年1月1日起在上市公司范围内施行,并鼓励其他企业执行。

四、企业会计制度

企业会计制度是指进行会计工作所应遵循的规则、方法和程序的总称。为了规范企业的会计工作,保证各企业的财务报告能够逐级汇总,满足国家宏观调控的需要,财政部于2000年12月制定了《企业会计制度》,从2001年起可以在除金融企业以外的企业施行,从而取代了我国长期以来各企业所采用的分行业会计制度。2001年11月,财政部制定了《金融企业会计制度》,从2002年起施行。2004年4月,财政部又制定了《小企业会计制度》,从2005年起施行。这些制度的出台,进一步规范了企业的会计核算工作,提高会计信息的质量。

这些会计制度通常由总说明、会计科目和财务报告三部分组成。各企业可以根据财政部颁发的《企业会计准则》或者《企业会计制度》,并结合本企业的具体情况和实际需要,制定适用于本企业的内部会计制度。

第四节 会 计 档 案

一、会计档案的意义和内容

(一) 会计档案的意义

会计档案是指会计凭证、会计账簿和财务报告等会计核算专业材料,是记录和反映单位经济业务的重要史料和证据。它具有法律效力。因此,会计档案是各单位的重要档案之一,也是国家档案的重要组成部分。

会计档案是经济业务的历史记录,它是总结生产经营管理的经验、教训和进行决策的重要资料,也是进行会计财务检查和审计的重要资料,因此,各单位必须加强对会计档案管理工作的领导,建立会计档案的立卷、归档、保管、查阅和销毁等管理制度,保证会计档案妥善保管、有序存放、方便查阅、严防其毁损、散失和泄密。

(二) 会计档案的内容

会计档案由会计凭证类、会计账簿类、财务报表类和其他类四个部分组成。

1. 会计凭证类　　它有原始凭证、记账凭证、汇总凭证和其他会计凭证。

2. 会计账簿类　　它有总分类账、明细分类账、日记账、固定资产卡片、辅助账和其他会计账簿。

3. 财务报告类　　它有月度、季度、年度财务报告,包括财务报表、附表、附注及文字说明,其他财务报告。

4. 其他类　它有银行存款余额调节表、银行对账单、其他应当保存的会计核算专业资料,会计档案移交清册、会计档案保管清册、会计档案销毁清册。

二、会计档案的归档和保管

各单位每年形成的会计档案应当由会计机构按照归档要求,负责整理立卷,装订成册,编制会计档案保管清册。当年形成的会计档案,在会计年度结束后,可暂由会计机构保管1年,期满以后,应由会计机构编制移交清册,全部移交给本单位档案机构,统一保管;未设立档案机构的,应当在会计机构内部指定专人保管。出纳人员不得兼管会计档案。档案部门对于会计机构移交的会计档案,原则上应当保持原卷册的封装。

各单位保存的会计档案不得借出。如有特殊需要,经本单位负责人批准,可以提供查阅或者复制,并办理登记手续。查阅或者复制会计档案的人员,严禁在会计档案上涂画、拆封和对会计档案抽换。

各种会计档案的保管期限,根据财政部和国家档案局的规定分为永久保管和定期保管两类。对于定期保管的会计档案,根据其重要程度,保管期限又分为25年、15年、5年和3年四类[①]。会计档案的保管期限从会计年度终了后的第一天算起。现将会计档案的保管期限列示如图表11-1所示。

图表 11-1

会计档案保管期限表[①]

序号	档案名称	保管期限	备注
一	会计凭证类		
1	原始凭证	15年	
2	记账凭证	15年	
3	汇总凭证	15年	
二	会计账簿类		
4	总分类账	15年	包括日记总账
5	明细分类账	15年	
6	日记账	15年	现金和银行存款日记账保管25年
7	固定资产卡片		固定资产报废清理后保管5年
8	辅助账簿	15年	
三	财务报告类		包括各级主管部门汇总财务报告
9	月、季度财务报告	3年	包括文字分析

[①] 财政总预算、行政单位、事业单位和税收会计档案除外。

(续表)

序号	档案名称	保管期限	备注
10	年度财务报告(决算)	永久	包括文字分析
四	其他类		
11	会计移交清册	15年	
12	会计档案保管清册	永久	
13	会计档案销毁清册	永久	
14	银行存款余额调节表	5年	
15	银行对账单	5年	

三、会计档案的销毁

保管期满的会计档案由本单位档案机构会同会计机构提出销毁意见，编制会计档案销毁清册，列明销毁会计档案的名称、卷号、册数、起止年度和档案编号，应保管期限、已保管期限和销毁时间等内容。由单位负责人在会计档案销毁清册上签署意见。销毁会计档案时，应当由档案机构和会计机构共同派员监销。监销人员在销毁会计档案前，应当按照会计档案销毁清册所列的内容清点核对所要销毁的会计档案，销毁后应当在会计档案销毁清册上签章，并将监销情况报告本单位负责人。

保管期满但未结清的债权债务原始凭证和涉及其他未了事项的原始凭证，不得销毁，应当单独抽出立卷，保管到未了事项完结时为止。单独抽出立卷的会计档案，应当在会计档案销毁清册和会计档案保管清册中列明。

正在项目建设期间的建设单位，其保管期满的会计档案不得销毁。

思 考 题

1. 什么是会计工作组织？科学地组织会计工作有哪些意义？
2. 试述组织会计工作的要求。
3. 什么是会计机构？会计机构有哪两种工作组织形式？分述它们的定义。
4. 独立核算单位的会计工作有哪两种组织形式？分述这两种组织形式的定义。
5. 试述会计人员的从业资格和职业道德。
6. 试述会计人员的职责和工作权限。
7. 试述会计人员的法律责任。
8. 试述会计人员的专业技术职务。
9. 什么是会计法规？我国的会计法规体系由哪些内容组成？
10. 什么是会计档案？它包括哪些内容？它们的归档、保管和销毁有哪些规定？

丁元霖最新财会系列教材

会计学基础	定价：35.00 元
会计学基础习题与解答	定价：26.00 元
财务会计	定价：42.00 元
财务会计习题与解答	定价：28.00 元
成本会计	定价：37.00 元
成本会计习题与解答	定价：25.00 元
财务管理	定价：33.00 元
财务管理习题与解答	定价：12.50 元
管理会计	定价：27.00 元
管理会计习题与解答	定价：13.50 元
税务会计	定价：25.00 元
税务会计习题与解答	定价：18.00 元

全国各地新华书店、经济书店均有销售

本社发行科可以办理邮购

电话：021-64411389、64411367　　　　传真：021-64411325

地址：上海市中山西路2230号　　　　邮编：200235

邮购汇款额＝书款＋邮资(书款总额10％)＋邮挂费(3元)

丁元霖最新财会系列丛书

商品流通企业会计   定价：43.00 元

商品流通企业会计习题与解答   定价：33.00 元

商品流通企业会计模拟实习   定价：32.00 元

商品流通企业会计模拟实习解答   定价：14.00 元

旅游饮食服务业会计   定价：33.00 元

旅游饮食服务业会计习题与解答   定价：24.00 元

银行会计   定价：40.00 元

银行会计习题与解答   定价：28.00 元

外贸会计   定价：39.00 元

外贸会计习题与解答   定价：28.80 元

物流企业会计   定价：42.80 元

物流企业会计习题与解答   定价：22.00 元

全国各地新华书店、经济书店均有销售

本社发行科可以办理邮购

电话：021－64411389、64411367   传真：021－64411325

地址：上海市中山西路 2230 号   邮编：200235

邮购汇款额＝书款＋邮资（书款总额 10％）＋邮挂费（3 元）